河北省导游人员资格考试系列教材

旅游法律法规

本书编写委员会　编

中国旅游出版社

责任编辑：殷　钰
责任印制：闫立中

图书在版编目（CIP）数据

旅游法律法规／《旅游法律法规》编写委员会编.
--北京：中国旅游出版社，2014.7（2016.2 重印）
河北省导游人员资格考试系列教材
ISBN 978 - 7 - 5032 - 5002 - 6

Ⅰ.①旅…　Ⅱ.①旅…　Ⅲ.①旅游业—法规—中国—
资格考试—教材　Ⅳ.①D922.296

中国版本图书馆 CIP 数据核字（2014）第 132217 号

书　　名：旅游法律法规
编 著 者：本书编写委员会
出版发行：中国旅游出版社
　　　　　（北京建国门内大街甲 9 号　邮编：100005）
　　　　　http：//www.cttp.net.cn　E-mail：cttp@cnta.gov.cn
　　　　　发行部电话：010 - 85166503
经　　销：全国各地新华书店
印　　刷：三河市灵山红旗印刷厂
版　　次：2014 年 7 月第 1 版　2016 年 2 月第 4 次印刷
开　　本：850 毫米×1168 毫米　1/32
印　　张：11.875
印　　数：9001 ~ 11000 册
字　　数：300 千
定　　价：25.00 元
ISBN　978 - 7 - 5032 - 5002 - 6

《河北省导游人员资格考试系列教材》
编审委员会

主　　　任：栗进路

副　主　任：赵学锋

委　　　员：王安良　温学军　单　云　龙媛媛　马慧龙

系列教材总编：王安良　单　云

《旅游法律法规》编写人员

主　编：张国成

副主编：王占龙　王子新　刘　博　丁新军

编　委：丁新军　王子新　王立升　王占龙

　　　　刘丽娟　刘　博　张　娴　张国成

出版说明

自 2002 年起,河北省导游人员资格考试开始使用《河北省导游人员资格考试系列教材》。该套教材由河北省旅游行业岗位资格考评委员会组织编写,为河北省导游人员资格考试、导游人才培养和导游教材体系建设发挥了极其重要的作用。近年来,河北省旅游业发展迅猛,旅游业态日新月异,尤其是 2013 年我国《旅游法》制定实施后,对旅游人才培养和教育培训工作提出了更高的要求。为适应发展形势的新需求,我们在认真总结经验、广泛征求意见的基础上,组织专家学者对此套教材进行了重新修订和编写。新版教材立足于现代旅游发展实际,在充分吸收最新研究成果的基础上,对框架结构进行了合理调整,较原教材更加系统化、条理化,增强了教材的针对性、实用性和可操作性,既方便考生学习使用,又利于指导导游教育培训工作实践。本次教材修编工作,重新编写了《旅游法律法规》和《模拟导游》,充实修订了《导游基础》、《导游实务》和《河北旅游》。本套教材共 5 本,包括中国旅游出版社出版的《导游基础》、《导游实务》、《旅游法律法规》、《模拟导游》和河北科学技术出版社出版的《河北旅游》。

值此新版《河北省导游人员资格考试系列教材》出版之际,谨对为本套教材付出辛勤劳动的旅游界同人表示衷心感谢。书中如有疏漏和不当之处,敬请广大读者给予批评指正。

河北省旅游行业岗位资格考评委员会

2014 年 6 月 10 日

目　　录

第一章　旅游法律基础

本章导读

通过本章学习：

——了解法的产生,我国旅游立法的现状,新中国宪法的发展历史。

——识记法的本质和基本特征,旅游法的概念和表现形式,旅游法律关系的概念与特征,我国公民的基本权利和义务。

——理解并掌握旅游法的调整对象,旅游法律关系的构成要素及要求,我国现行宪法的主要内容。

——应用所学宪法知识自觉维护公民的权利并履行公民的义务,用所掌握的法律法规知识分析旅游案例或相关民事、刑事、行政案例。

第一节　法的本质与特征

一、法的本质与特征

(一)法的产生

法是人类社会发展到一定历史阶段的产物,它是随着原始社会的解体,阶级和国家的产生而产生的,是阶级社会特有的现象。原始社会是一个没有私有、没有剥削、没有阶级和国家的社会,当然也就没有法。原始社会有自己的社会生活规范,习惯是调整原始社会人们行为的规范。

原始社会末期,由于生产力的发展,产品有了剩余,出现了私有制和剥削。奴隶主和奴隶两大对抗阶级随之出现，从而使阶级之间的矛盾和斗争变得不可避免：一方面是奴隶主阶级要压榨、剥削奴隶，占有和统治奴隶；另一方面是奴隶阶级也必然要起来反抗和斗争。在这种情况下，原来调整人们之间关系的风俗、习惯再也不能适应新的需要，奴隶主阶级为了巩固自己的统治，根据自己的阶级意志和利益，制定和认可了反映奴隶主阶级意志的行为规范，这就是最初的法。

总之，法不是从来就有的，也不会永恒存在，它是人类社会发展到一定历史阶段才出现的社会现象。它同国家一样，伴随着阶级的产生而产生，将来也会伴随着阶级的消灭和国家的消亡而消亡。

（二）法的本质

法的本质主要体现在两个方面：第一，法首先和主要体现执政阶级的意志，具有阶级性、社会性。这是马克思主义法学家对法的本质问题的高度科学概括。只有在政治上、经济上处于支配地位的阶级，通过它手中掌握的政权，才能把本阶级的意志上升为法，并强制社会的全体成员普遍遵守，所以法是统治阶级意志的体现。同时强调法的执政阶级意志性，又主要考虑到统治阶级内部也会有不同的利益集团，其利益也有差别，法或法律不可能全部体现每一个集团的利益，它只能体现执政阶级的意志。第二，法或法律最终决定于社会物质生活条件，它体现了法的客观性。社会物质生活条件培植了人们的法律需要，同时又决定着法的本质。社会物质生活条件是人类赖以存在和发展的基础，法作为社会上层建筑的组成部分，它不是人们随心所欲制造的，而是统治阶级特别是执政阶级的经济利益和要求的反映。无论剥削阶级的法还是社会主义的法，都是由统治阶级在生产关系中的地位决定的，所以，法的本质最终取决于社会物质生活条件。

（三）法的基本特征

1. 法是为人们提供行为标准的社会规范，这是法的最基本特征。法通过规定人们的权利和义务来确认、保护和发展对统治阶级有利的社会关系和社会秩序，它为人们提供了行为准则与规范，从而维护社会秩序的正常和社会运转的高效。

2. 法是以国家政权意志的形式出现的。法是由国家制定或认可，表明法是以国家意志表现出来的，具有国家意志的属性，这是法有别于其他各种规范的重要特性之一。法的这种权威性来自国家权力，其国家意志性赋予了法极大权威和神圣尊严。

3. 法是司法机关办案的依据。依法治国要求法律成为国家权力运转的基本依据，国家的各项工作都要依法进行。

4. 法具有普遍性、明确性和肯定性。法在国家权力管辖和法所界定的范围之内，具有普遍的约束力，作为一种社会规范具有规范性和概括性的特征，这种规范性和概括性是严格、具体、明确的，通过明确的规范，也肯定了社会所弘扬、赞赏的东西。

5. 法通过规定人们的权利义务调整社会关系。法总是明确规定人们在一定社会关系中的权利和义务，以此来调整人们的关系。这里显示了法律调整的特殊方式和范围。

二、旅游法的概念及调整对象

（一）旅游法的概念

旅游法是调整旅游活动领域中各种社会关系的法律规范的总称。这里强调"法律规范的总称"，表明旅游法的概念是广义的。广义的旅游法是一个法律规范体系，包括第十二届全国人民代表大会常务委员会第二次会议于 2013 年 4 月 25 日通过，2013 年 10 月 1 日正式实施的《中华人民共和国旅游法》、国务院制定颁布的旅游行政法规、国家旅游行政管理部门制定的旅游部门规章、各地方人大常委会和人民政府制定的地方性旅游法规和规章、我国政府缔结和承认的国际旅游公约和国际旅游协定等。狭义的旅游法是指旅游基本法,即规定一个国家发展旅游事业的根本宗旨、根本原则和旅游活动各主体权利义务关系的法律,在我国专指《中华人民共和国旅游法》(以下简称《旅游法》)。

（二）旅游法的调整对象

旅游法调整的主要是在旅游活动中形成的体现旅游活动特点的社会关系。在旅游业的发展过程中,需要由法律调整的特定的社会关系主要包括:

1. 国家旅游行政管理部门与旅游经营者之间的关系

国家旅游行政管理部门,在我国主要是指国家旅游局,省、自治区、直辖市旅游局以及市、县旅游局,还包括依法对旅游业实施管理的国家各级行政管理部门。这些管理机关在行使行政职能的过程中,与管理相对人之间形成权利义务关系。

2. 旅游经营者与旅游者之间的关系

在旅行游览过程中,旅游经营者要开发旅游资源、兴修旅游设施、提供各项旅游服务。旅游者因支付了一定的旅游费用成为旅游消费的权利享有者。旅游经营者因获得一定的旅游收入而成为旅游供应义务的承担者。旅游经营者与旅游者之间被旅游法调整的社会关系,就是因旅游供求关系而形成的旅游权利与旅游义务的关系。

3. 旅游经营者与旅游辅助服务者之间的关系

"旅游经营者"是指以自己的名义经营旅游业务,向公众提供旅游服务的人。"旅游辅助服务者"是指与旅游经营者存在合同关系,协助旅游经营者履行旅游合同义务,实际提供交通、游览、住宿、餐饮、娱乐等旅游服务的人。

旅游经营者要经营旅游者食、住、行、游、购、娱等方面的业务,就必然要同旅游辅助服务者发生经济和管理等方面的相互往来,形成多种多样的社会关系。旅游经营者与旅游辅助服务者之间因旅游业务经营而形成各种社会关系,主要是国民经济各部门企业间专业化分工和协作的关系。这种社会关系,被旅游法调整为平等互利和等价有偿的权利义务关系。

4.旅游经营者相互之间的关系

这主要是指旅行社相互之间、旅游饭店相互之间、旅游车船公司相互之间,以及旅行社、旅游饭店、旅游车船公司之间在协作经营时所形成的社会关系。被旅游法调整的旅游经营单位相互之间的业务联系,也是一种平等互利和等价有偿的权利义务关系。

5.旅游经营者内部的关系

这主要是指旅行社总社与分社之间、旅游饭店管理公司与所属饭店之间、旅游车船总公司与分公司之间、旅游工艺品总公司与营业部门之间的经营管理关系。

6.我国旅游经营者与外国旅游经营者、外国旅游组织之间的关系

我国旅游企业接待海外旅游者入境旅游或组织国内公民出境旅游,都是通过旅游合同来约定旅游服务项目、旅游费用标准、旅游服务质量、旅游安全保险等方面的内容,从而形成双方旅游经营者在国际旅游市场中的社会关系。这种含有涉外因素的权利义务关系也是受双方签订的旅游合同调整的旅游法律关系。

三、旅游法的形式及构成框架

到目前为止,我国已经逐步建立起规范的旅游立法体系,旅游法的形式分为国内形式和国际形式两大类。

(一)国内形式

我国旅游法的国内形式主要有以下五种:

1.宪法

宪法,是国家的根本大法,也是一切法律的"母法",它规定一个国家的社会制度和国家制度的基本原则,是民主制度的法律化,

在一国法律体系中居于统率地位。

2.《旅游法》及其他相关法律

《中华人民共和国旅游法》是我国的旅游基本法。除此之外，针对我国旅游业发展的实际需要，全国人大还制定颁布了一些涉及旅游活动的相关法律。如《民法通则》、《刑法》、《合同法》、《公司法》、《反不正当竞争法》、《消费者权益保护法》、《劳动法》等，这些法律对于保障旅游业这一综合性经济行业的发展起到了极其重要的作用。

3. 国务院行政法规

主要包括：

（1）旅游企业经营、管理方面的行政法规，如《旅行社条例》、《导游人员管理条例》、《娱乐场所管理条例》等。

（2）旅游者出入境管理方面的行政法规，如《出入境边防检查条例》、《中国公民出国旅游管理办法》、《中国公民往来台湾地区管理办法》等。

4. 旅游部门规章

部门规章也称行政规范性文件，是指由国务院所属职能部门（各部、委、办、局）在职权范围内制定和颁布的各种办法、规定、规则、实施细则等。旅游管理方面的部门规章主要由国家旅游局制定或发布，有的也与其他部门共同制定或发布。主要有：

（1）旅行社经营管理方面的规章，如《旅行社条例实施细则》、《旅行社服务质量赔偿标准》、《旅游统计管理办法》等。

（2）旅游饭店管理方面的规章，如《中华人民共和国评定旅游涉外饭店星级的规定》、《中华人民共和国旅游涉外饭店星级标准》、《星级饭店访查规范》等。

（3）导游人员管理方面的规章，如《导游人员管理实施办法》、《导游人员等级考核评定管理办法（试行）》、《导游证管理办法》等。

（4）旅游安全管理和保险方面的规章，如《旅游安全管理暂行办法》、《旅游安全管理暂行办法实施细则》、《旅行社投保旅行社责任保险规定》等。

（5）出境旅游管理方面的规章，如《出境旅游领队人员管理办法》、《大陆居民赴台湾地区旅游管理办法》等。

（6）旅游投诉处理方面的规章，如《旅游投诉处理办法》、《旅游行政处罚办法》。

5. 地方性旅游法规

海南省人大于 1995 年 6 月通过了全国第一部地方旅游法规——《海南省旅游管理条例》；河北省第十届人大常委会于 2003 年 11 月 29 日通过、2004 年 1 月 1 日正式实施了《河北省旅游条例》。

（二）国际形式

旅游法的国际形式主要包括：

1. 国际旅游条约和协定

国际旅游条约和协定包括由两个或两个以上国家间缔结的双边条约、多边条约或协定，如 1974 年 4 月 23 日签订于比利时布鲁塞尔的《关于旅行契约的国际公约》、国际饭店协会与国际旅行社协会联合会的《关于饭店与旅行社合同的协议》（1979 年协议）、关于统一国际航空运输的《华沙公约》、《芝加哥条约》及 1974 年签订的《国际海上人命安全公约》（伦敦公约）等。只要某一国家或地区的政府成为某一项国际条约的签字国，那么这一国家或地区就有义务遵守该条约所规定的条款。

2. 国际旅游组织、国际旅游会议做出的重要宣言、决议、法案

如 1980 年的《世界旅游宣言》（马尼拉宣言）、1985 年世界旅游组织在保加利亚索非亚会议上通过的《旅游权利法案》等。

3. 国际旅游惯例

国际旅游惯例是指有确定的、可操作的内容，在国际旅游长期实践中形成并在世界各国反复适用的，对当事人有约束力的不成

文的规定,如在国际旅馆业中的客房预订规则等。

第二节　旅游法律关系

一、旅游法律关系的概念及特征

法律关系是指由法律规范所确认和调整的当事人之间的权利和义务关系。各种法律规范所确认、调整的社会关系和具体规定的权利与义务不同,因而法律关系的种类也有所不同,旅游法律关系是其中的一种。旅游法律关系,是指由旅游法律规范所确认、调整的,在旅游活动过程中形成的当事人之间的权利与义务关系。旅游法律关系具有三个特征:第一,旅游法律关系是受旅游法律规范调整的具体社会关系;第二,旅游法律关系是以旅游权利和义务为内容的社会关系;第三,旅游法律关系的产生、变更和终止,是依据旅游法律的规定而进行的。

二、旅游法律关系的构成要素

旅游法律关系同其他法律关系一样,是由主体、客体、内容三大要素构成的,三要素相互联系和制约,缺一不可。

(一)旅游法律关系的主体

旅游法律关系的主体是指旅游法律法规所确认的,享有一定权利、承担一定义务的当事人或参加者,即旅游法律关系中享有旅游权利、承担旅游义务的个人或社会组织。在我国,能够作为旅游法律关系主体的当事人,主要有:

1.旅游者,包括境内旅游者和境外旅游者。

2.旅游企事业单位,包括旅行社、旅游饭店、旅游交通运输企业、旅游服务公司以及园林、文物管理部门和旅游景区(点)的管理部门。

3.旅游行政管理部门,包括国家旅游局和地方各级旅游局。

4.旅游组织,主要指境内旅游行业协会和境外旅游组织。

(二)旅游法律关系的客体

旅游法律关系的客体是指旅游法律关系主体间权利和义务共同指向的对象。通常旅游法律关系主体都是围绕一定事物设定权利、义务的,没有客体,主体的权利、义务就会失去目标,权利、义务是否能实现也无法衡量。旅游法律关系的客体主要有以下三类:

1.物

指在旅游法律关系中可以作为财产权对象的物品和其他有形物质财富。这些物品或物质能为人们所控制,并且具有经济和社会价值。例如,旅游资源、旅游基础设施、旅游消费品等,当旅游者支付一定价金后,便取得了参观权、使用权或所有权。

2.行为

指在旅游法律关系中主体的行为,即主体行使权利、履行义务的活动。包括服务行为和管理行为。服务行为指旅游从业人员利用旅游资源或设施为旅游者提供的一系列既分工又合作的劳务活动,如翻译、导游服务、组织游览、代订票务、代订客房、宾馆饭店工作人员提供的服务等。管理行为指各级旅游行政管理部门依据旅游法律法规授权行使旅游行业管理职能活动所做出的行为等。

3.智力成果

指旅游法律关系主体在从事智力活动中所创造的受法律保护的成果。如某旅游企业的注册商标(包括商品和服务)、法人名称、标志、某一项管理方案等。

旅游法律关系的客体可以是单一的,如旅行社为旅游者代订航空客票的行为就是单一客体。也可以是复合的,即客体具有交互性特点,表现为主体之间的权利、义务共同指向的对象不是单一的。如旅游者与旅行社订立的旅游合同,除了得到相应的领队或导游服务外,最终还要通过旅游资源、旅游设施满足旅游的需要,这种客体我们称之为复合客体。

（三）旅游法律关系的内容

旅游法律关系的内容是指旅游法律关系主体依法所享有的旅游权利和承担的旅游义务,它反映了旅游法律关系主体的具体要求,决定着旅游法律关系的实质。

旅游权利,是指旅游法律关系主体依照法律规定或者合同约定享有的某种权能和利益。它是旅游法律关系主体依自己意愿依法作为或不作为或有权要求他人作为或不作为的资格。旅游活动中常见的旅游权利有人身权、财产权、诉讼权以及旅游企业的商标权、专利权等知识产权。旅游法律关系主体所享有的合法权利,受国家保护。同时,旅游法律关系主体行使权利时必须遵守国家法律、政策和社会公德,不得损害国家利益、集体利益和他人合法利益。

旅游义务,是指旅游法律关系主体依照法律规定或者合同约定应履行的义务和承担的责任。旅游法律关系的义务主体必须按照法律法规的规定或者合同的约定,做出或不做出一定的行为以完成自己的职责,满足权利主体的要求,当其不履行或不适当履行自己应尽的责任时,将承担不利的法律后果,受到国家法律的制裁。旅游活动中常见的旅游义务主要是旅游合同义务、民事法律责任及行政法律责任。

三、旅游法律关系的确立与保护

（一）旅游法律关系的产生、变更和终止

1. 旅游法律关系的产生

旅游法律关系的产生指的是旅游法律关系主体间一定的权利义务关系的形成。如合法旅游合同的签订就会在旅游者和旅游经营者之间产生权利义务关系,这种关系受国家法律的保护和监督。

2. 旅游法律关系的变更

旅游法律关系的变更指的是旅游法律关系主体、客体和内容发生改变。由于主体的增加、减少或变化,客体范围或性质的改变,都会引起相应的权利或义务变化。如旅行社在组织旅游活动时,改变与旅游者约定的旅游线路、交通方式、住宿条件等,则会引起双方权利和义务的变更。同其他法律关系一样,旅游法律关系的变更绝不是随意的,它受法律的严格限制。

3. 旅游法律关系的终止

旅游法律关系的终止指的是旅游法律关系主体双方的权利、义务的消灭。在实践中,旅游法律关系的终止主要表现为各主体权利义务的实现,如旅游合同的圆满履行。

(二)旅游法律事实

法律事实是指法律规范所确认的足以引起法律关系产生、变更和消灭的客观情况。一般来说,法律规范本身并不能直接引起法律关系的出现,只有当法律规范的假定情况出现时,才会引起具体的法律关系的产生、变更和消灭。

旅游法律关系的产生、变更和终止都是由一定的旅游法律事实引起的。所谓旅游法律事实是指由旅游法律法规规定的,能够引起旅游法律关系产生、变更和终止的客观情况或客观现象。旅游法律事实包括旅游法律事件和旅游法律行为两种。

1. 旅游法律事件

是指不以人的意志为转移,能够直接引起旅游法律关系产生、变更和终止的客观现象。如在旅游活动中发生的地震、滑坡、水灾、风灾等自然灾害或因战争、动乱、传染性疾病等社会现象导致旅游活动受阻以及旅游者的出生、死亡、失踪事件以及旅游活动中的其他意外事故等。

2. 旅游法律行为

是指旅游法律关系主体某种有意识的自觉活动。在旅游活动中,旅游法律行为是引起旅游法律关系产生、变更和终止最常见、最普遍的现象。例如旅游团队办理住店手续、离店手续,前者使旅游法律关系产生,后者使旅游法律关系终止。

在旅游活动中,旅游法律行为可以是合法行为,也可以是无效行为、可变更或可撤销的行为,还可以是违法行为。

合法行为是指主体符合法律规定的行为,受到法律的确认和保护,具有法律效力的行为。

无效行为是指不具备或不完全具备合法行为的有效条件,不能产生行为人预期的法律后果,而是产生与行为人预期后果不同的甚至相反的法律后果的行为。

可变更或可撤销的行为是指行为人对行为的内容有重大误解以及显失公平,当事人有权请求人民法院或仲裁机构予以变更或撤销的行为。

违法行为是指主体违反法律的行为,它分为民事违法、行政违法和刑事违法三种情况,但无论是何种情况,都必须承担相应的法律责任。

（三）旅游法律关系的保护

旅游法律关系的保护是指国家机关监督旅游法律关系的主体正确行使权利、切实履行义务,并对侵犯旅游法律关系主体的合法权利,或不履行法定义务的行为依法追究法律责任、实施法律制裁的活动。

在旅游活动中,根据违法性质,涉及法律责任的种类主要有行政责任和民事责任,其中在侵权和违约中,造成损害的当事人主要承担的是民事责任。旅游行政管理机关及相关行政管理机构通过调解纠纷、受理投诉、设置质监所、行政复议等手段来保护合法主体的利益。仲裁机构以及司法审判机构通过仲裁活动以及司法审判权实现对主体权益的保护。

第三节　宪法基本知识

一、宪法概述

宪法,是国家的根本大法,它规定了一个国家的社会制度和国家制度的基本原则,是民主制度的法律化,是国家机关和公民活动应遵循的基本准则,是治国安邦的总章程。

宪法的基本特征有:

(一)宪法是国家的根本大法

宪法的根本法地位取决于三个方面的因素:

1. 内容上的根本性

宪法的内容涉及一个国家的国体、政体、国家结构形式、公民的基本权利和义务、国家机关与公民之间的关系等各个方面的重大原则性问题;而普通法律只是就国家和社会生活的某一方面问题做出规定。

2. 效力上的最高性

宪法具有最高的法律效力。主要表现在:(1)宪法是普通法律制定的基础和依据。(2)普通法律的规定与宪法相抵触无效。任何法律、行政法规和地方性法规都不得同宪法的原则和精神相抵触。(3)宪法是一切国家机关、社会组织和全体公民的最高行为准则。我国宪法规定:"全国各族人民、一切国家机关和武装力量、各政党和各社会团体、各企业事业组织,都必须以宪法为根本的活动准则,并且负有维护宪法尊严、保证宪法实施的职责。"

3. 制定和修改程序的严格性

一般说来,宪法的制定和修改都要成立"制宪会议"、"宪法起草委员会"、"宪法修改委员会"等立宪或修宪机构。而且,只有特定主体才可提出修改宪法的有效议案。宪法草案的通过程序比普通法律更为严格。

（二）宪法是各种政治力量对比关系的集中表现

宪法和其他法律一样，都是被上升为国家意志的统治阶级意志。但宪法是统治阶级意志和利益的更集中、更全面的表现，它客观地反映着各种政治力量的对比关系。当各种政治力量对比关系发生变化时，宪法也必然要发生变化，甚至要发生根本变化。有时在一个国家内部，虽然宪法没有发生根本变化，但随着各种政治力量对比关系的变化，也会引起宪法内容的部分变化。我国宪法是工人阶级为领导的广大人民群众的共同意志和利益的集中体现。新中国成立以来，我国宪法的制定和修改，也是随着政治力量对比关系的变化而变化的。

（三）宪法是人权和公民权利的保障书

从宪法产生看，宪法或宪法性文件最早是资产阶级在反封建专制斗争中，为了确认取得的民主权利，巩固胜利成果而制定出来的。没有近代资产阶级革命斗争和人民争取民主的事实，就不可能有宪法。从宪法内容看，宪法不仅是系统、全面规定公民基本权利的法律部门，而且其基本出发点就在于确认民主制度和民主原则，保障公民的权利和自由，尊重和保障基本人权。

我国宪法不仅详细规定了公民享有的基本权利，2004年宪法修正案还增加了"国家尊重和保障人权"的内容。

二、新中国宪法的历史发展

新中国成立后，我国先后颁布了一个宪法性文件，即《中国人民政治协商会议共同纲领》（以下简称《共同纲领》）和四部宪法，即1954年宪法、1975年宪法、1978年宪法和1982年宪法。

新中国宪法的历史从1949年的《共同纲领》开始之后，在各个不同的历史发展阶段制定了相应的宪法，经历了曲折的历程，逐步走向成熟。

1954 年 9 月召开的第一届全国人民代表大会,通过了中华人民共和国第一部宪法。分为序言、总纲、国家机构、公民基本权利和义务以及国旗、国徽、首都 5 部分,共 106 条。这是我国历史上第一部社会主义类型的宪法,是中国人民经过长期斗争而得来、由人民亲手制定、保障人民当家做主的根本法。

我国第二部宪法是 1975 年宪法,只有 30 条,是一部内容很不完善并有许多错误的宪法。我国第三部宪法是 1978 年宪法,共 60 条。由于它是在粉碎"四人帮"以后仅一年的时间里颁布的,所以没有完全摆脱 1975 年宪法的影响。

我国第四部宪法也就是现行的 1982 年宪法,它由序言、总纲、公民的基本权利和义务、国家机构以及国旗、国徽、首都等部分构成,共 138 条。这部宪法是新中国成立以来最好的一部宪法,是社会主义初级阶段治国安邦的总章程。

1982 年宪法颁布后,为了适应改革开放和社会主义现代化建设的需要,我国于 1988 年 4 月、1993 年 3 月、1999 年 3 月和 2004 年 3 月先后形成了四项宪法修正案,四次修正共有 31 条内容。

三、我国现行宪法的主要内容

(一)我国的国家制度

《宪法》第 1 条规定:"中华人民共和国是工人阶级领导的、以工农联盟为基础的人民民主专政的社会主义国家。""社会主义制度是中华人民共和国的根本制度。禁止任何组织和个人破坏社会主义制度。"这表明我国的国家性质是社会主义。

我国是人民民主专政的社会主义国家,工人阶级是人民民主专政的领导力量,工农联盟是人民民主专政的阶级基础,爱国统一战线是我国人民民主专政的一个重要特点。

爱国统一战线,是在长期的革命和建设过程中,由中国共产党领导的,有各民主党派和各人民团体参加的,包括全体社会主义劳动者、社会主义事业的建设者、拥护社会主义的爱国者和拥护祖国统一的爱国者。我国爱国统一战线的组织形式是中国人民政治协商会议,是实现中国共产党领导的多党合作和政治协商制度的重要机构,是我国政治生活中发扬人民民主,联系人民群众的一种重要形式。

(二)我国的政治制度

1. 我国的政权组织形式

我国《宪法》规定"中华人民共和国的一切权力属于人民,人民行使国家权力的机关是全国人民代表大会和地方各级人民代表大会","国家行政机关、审判机关和检察机关都由人民代表大会产生,对它负责,受它监督"。这表明我国的政权组织形式是人民代表大会制度,一切权力属于人民是人民代表大会的核心内容和根本准则。

人民代表大会制度是指我国各族人民在党的领导下,根据民主集中制原则,选举产生全国人大和地方各级人大,并以人大为基础,建立全部国家机构,以实现人民当家做主的制度。

人民代表大会制度的基本内涵包括:

(1)国家的一切权力属于人民,这是人民代表大会制度的逻辑起点。社会主义生产资料公有制,决定了人民不仅成了生产资料的主人,而且成了国家政治生活中的主人。广大人民群众根本利益的一致性,决定了建立一套使人民能够形成统一意志,集中统一地行使国家权力,从而既有民主又有集中的政治制度也就极为必要。

(2)选民民主选举代表,这是人民代表大会制度的前提。在我国,由于13亿人口的文化程度、生活水平、思想素质和各自所从事的职业以及具体的利益与要求的不同,决定了国家权力的所有者不可能直接地、经常地行使那些属于自己的权利,而只能实行间接民主的人民代表大会制。即由选民或代表通过民主选举程序选出人大代表,组成各级人民代表大会,代表人民行使国家权力,从而选民民主选举代表构成人民代表大会制度的基础。

(3)以人民代表大会为基础建立全部国家机构,这是人民代表大会制度的核心。我国的人民代表大会作为国家的权力机关,其行使国家权力主要通过两个途径:一是由人民代表大会直接行使宪法和法律赋予各级人民代表大会的职权,这些职权在国家政治生活中具有决定性的意义;二是由人民代表大会选举产生国家行政机关、审判机关和检察机关,这些国家机关行使宪法和法律赋予的职权,并对人民代表大会负责,受人民代表大会监督。

(4)对人民负责、受人民监督,这是人民代表大会制度的关键。根据《宪法》和人民代表大会组织法的规定,我国各级人大代表都由选民通过直接或间接选举的方式产生;各级人大代表必须对选民或者原选举单位负责,受选民或者原选举单位监督,选民或者原选举单位有权依法撤换自己选出的代表;人大代表必须深入选民中了解他们的意愿,及时向选民或原选举单位报告自己的工作,听取他们对自己工作的意见和要求;人大代表有权根据民主集中制的原则,讨论和决定国家生活中的重大问题等。这就保证了我国人民行使当家做主、管理国家的权利。

人民代表大会制度是中国人民在共产党领导下,经过长期的政权建设实践形成和发展起来的,既与我国国家性质相适应,又适合我国国情的国家政权组织形式。因此,人民代表大会制度在我国具有很强的生命力。

2.我国的民族区域自治制度

民族区域自治制度,是指在我国范围内,在中央政府的统一领导下,以少数民族聚居区为基础,建立相应的自治地方,设立自治机关,行使《宪法》和法律授予的自治权的政治制度。

我国民族区域自治的政治制度包括三项内容:

（1）民族区域自治必须以国家统一、领土完整为前提。民族自治地方是中华人民共和国的一个行政区域,是中国不可分离的组成部分;在民族自治地方设立的自治机关是中央政府统一领导下的一级地方政府。

（2）这种民族自治以少数民族聚居的区域为基础,是民族自治与区域自治的结合。

（3）自治权是少数民族聚居区实行民族区域自治的核心与标志。因为,只有让聚居的少数民族能够根据本民族政治、经济、文化以及历史等方面的具体特点,实行特殊政策,保证民族的自主性,才能促进民族地方的尽快发展,及早实现各民族的共同繁荣。

3. 我国的特别行政区制度

特别行政区,是指依据我国宪法和法律的规定,在我国行政区域范围内设立的具有特殊法律地位、实行特别的政治、经济制度的地方行政区域。特别行政区是依据我国《宪法》设立,是根据"和平统一、一国两制"的构想,在祖国统一后在香港、澳门和台湾设立的行政区域。

（三）我国的经济制度

1. 社会主义公有制是我国经济制度的基础

我国《宪法》规定:"中华人民共和国的社会主义经济制度的基础是生产资料的社会主义公有制,即全民所有制和劳动群众集体所有制。""国有经济,即社会主义全民所有制经济,是国民经济中的主导力量。国家保障国有经济的巩固和发展。"城乡集体所有制经济目前是我国社会主义公有制的重要组成部分,"国家保护城乡集体经济组织的合法权利和利益,鼓励、指导和帮助集体经济发展"。

2. 非公有制经济是我国社会主义市场经济的重要组成部分

现阶段,我国的非公有制经济主要包括三大类:个体经济、私营经济和中外合资企业、中外合作企业和外商独资企业。《宪法》

规定:"在法律规定范围内的个体经济、私营经济等非公有制经济,是社会主义市场经济的重要组成部分。""国家保护个体经济、私营经济等非公有制经济的合法的权利和利益。国家鼓励、支持和引导非公有制经济的发展,并对非公有制经济依法实行监督和管理。"同时规定,在中国境内的"三资"企业必须遵守中华人民共和国的宪法和法律。它们的合法权利和利益依照我国有关法律予以保护。

3. 我国的分配制度

我国实行以"按劳分配为主体、多种分配方式并存"的分配制度。这一分配制度,既体现了效率优先、兼顾公平的精神,又有利于优化资源配置,促进经济和生产力的发展,保持社会的稳定。

(四)我国公民的基本权利和义务

公民是指具有某个国家国籍的人。我国《宪法》第33条规定:"凡是具有中华人民共和国国籍的人都是中华人民共和国公民。""任何公民享有宪法和法律规定的权利,同时必须履行宪法和法律规定的义务。"

1. 我国公民的基本权利和自由

根据《宪法》的规定,我国公民的基本权利包括以下内容:

(1)平等权。平等权是指公民根据法律规定享有同等的权利和承担同等的义务,不因任何外在差别而予以不同的对待。我国《宪法》规定:"中华人民共和国公民在法律面前一律平等。"

(2)政治权利和自由。政治权利和自由是指公民有权参与国家政治生活,政治上享有表达个人见解和意愿的自由。主要包括:第一,选举权和被选举权,这是我国人民当家做主、参加国家管理的一项最基本的权利。《宪法》规定:"中华人民共和国年满十八周岁的公民,不分民族、种族、性别、职业、家庭出身、宗教信仰、教育程度、财产状况、居住期限,都有选举权和被选举权;但是依照法律被剥夺政治权利的人除外。"第二,言论、出版、集会、结社、游行、示威的自由,也称政治自由。政治权利和自由,集中反映了"一切权力属于人民"的宪法原则,构成公民基本权利的基础。

(3)宗教信仰自由。我国《宪法》规定:公民有宗教信仰自由。任何国家机关、社会团体和个人不得强制公民信仰宗教或者不信仰宗教,不得歧视信仰宗教的公民和不信仰宗教的公民。国家保护正常的宗教活动。任何人不得利用宗教进行破坏社会秩序、损害公民身体健康、妨碍国家教育制度的活动。宗教团体和宗教事务不受外国势力的支配。

(4)人身自由权。第一,中华人民共和国公民的人身自由不受侵犯。任何公民,非经人民检察院批准或者决定或者人民法院决定,并由公安机关执行,不受逮捕。禁止非法拘禁和以其他方法非法剥夺或者限制公民的人身自由,禁止非法搜查公民的身体。第二,中华人民共和国公民的人格尊严不受侵犯。禁止用任何方法对公民进行侮辱、诽谤和诬告陷害。第三,中华人民共和国公民的住宅不受侵犯。禁止非法搜查或者非法侵入公民的住宅。第四,中华人民共和国公民的通信自由和通信秘密受法律的保护。除因国家安全或者追查刑事犯罪的需要,由公安机关或者检察机关依照法律规定的程序对通信进行检查外,任何组织或者个人不得以任何理由侵犯公民的通信自由和通信秘密。

(5)批评建议权,申诉、控告、检举权和取得赔偿权。第一,批评建议权,是指公民对国家机关和工作人员的工作有权进行监督,对他们的缺点错误有权提出批评或通过一定的形式提出合理化建议。第二,申诉、控告、检举权,是指公民对任何国家机关和工作人员的违法失职行为,有向有关国家机关提出申诉、控告或者检举的权利,但是不得捏造或者歪曲事实进行诬告陷害。对公民的申诉、控告或者检举,有关国家机关必须查清事实,负责办理。任何人不得压制和打击报复。第三,取得赔偿权。由于国家机关和国家工作人员侵犯公民权利而受到损失的人,有依照法律规定取得赔偿的权利。

(6)社会经济权利。社会经济权利是指公民应当享有的经济生活和物质利益方面的权利。主要包括:第一,劳动的权利和义务。我国《宪法》把劳动既规定为公民的权利,同时又规定为公民的义务。为保障公民劳动权利与义务的实现,《宪法》规定,国家通过各种途径,创造劳动就业条件,加强劳动保护,改善劳动条件,在发展生产的基础上提高劳动报酬和福利待遇;国家对就业前的公民进行必要的劳动就业训练。第二,休息权。我国劳动者的休息权受宪法和法律保护,为实现这一权利,《宪法》规定,国家发展劳动者休息和休养的设施,规定职工的工作时间和休假制度。第三,退休人员的生活保障权。我国《宪法》和有关劳动法律、法规都对退休制度作了规定,使退休人员的生活受到国家和社会的保障。第四,物质保障权。《宪法》规定了我国公民在年老、疾病或者丧失劳动能力的情况下,有从国家和社会获得物质帮助的权利。国家支持和发展这些为公民享受权利所需要的社会保险、社会救济和医疗卫生事业。

(7)文化教育权利与自由。这主要包括:第一,受教育权。该项权利具有双重性,《宪法》规定:"中华人民共和国公民有受教育的权利和义务。""国家培养青年、少年、儿童在品德、智力、体质等方面全面发展。"第二,进行科学研究、文学艺术创作和其他文化活动的自由。国家对于从事教育、科学、技术、文学、艺术和其他文化事业的公民的有益于人民的创造性工作,给以鼓励和帮助。

(8)特殊主体的权利保护。主要有:第一,国家保护妇女的权益。依照《宪法》规定,我国妇女在政治的、经济的、文化的、社会的和家庭的生活等方面享有同男子平等的权利。国家保护妇女的权利和利益,实行男女同工同酬,培养和选拔妇女干部。第二,婚姻、家庭、母亲、老人和儿童受国家的保护。禁止破坏婚姻自由,禁止虐待老人、妇女和儿童。第三,国家保护华侨的正当权利和利益,保护归侨和侨眷的合法权利和利益。我国《宪法》对此做出了规定。

2.我国公民的基本义务

根据我国《宪法》规定,公民的基本义务有以下几项:

(1)维护国家统一和各民族团结。我国《宪法》规定我国公民有维护国家统一和全国各民族团结的义务。维护国家统一是指维护国家主权独立和领土完整,与破坏国家统一的言行作斗争,公民对此负有责任。维护民族团结的义务是指公民有责任维护各民族之间的平等、团结和互助关系,同一切破坏民族团结和制造民族分裂的言行作斗争。

(2)遵守宪法和法律,保守国家秘密,爱护公共财产,遵守劳动纪律,遵守公共秩序,尊重社会公德。宪法和法律是我国各族人民意志和利益的体现,是保护人民,打击敌人,惩罚犯罪,保障我国改革开放和社会主义现代化建设顺利进行的工具,因此,公民严格遵守宪法和法律是自己应尽的责任;保守国家秘密,就是公民要保护关系到国家安全和利益的国家秘密不被泄露和不被遗失;爱护公共财产,就是公民必须爱惜和维护国家和集体的财产,公民有责任同损害和浪费公共财产的行为作斗争;遵守劳动纪律主要是严格遵守劳动秩序、劳动规则、工作制度和操作规程等;遵守公共秩序,尊重社会公德,既是公民的法律义务,也是公民的一种道德要求。

(3)维护祖国的安全、荣誉和利益。国家的安全关系到国家的存亡和发展;国家的荣誉和利益关系到祖国的尊严。维护祖国的安全、荣誉和利益是爱国主义的具体表现,也是每一个公民的神圣职责。《宪法》规定,我国公民有维护祖国的安全、荣誉和利益的义务,不得有危害祖国的安全、荣誉和利益的行为。

(4)保卫祖国、抵抗侵略,依法服兵役和参加民兵组织。保卫祖国、抵抗侵略,是中华人民共和国每一个公民的神圣职责;依照法律规定服兵役和参加民兵组织,是中国公民的光荣义务。这是维护国家独立和安全的需要,是保卫社会主义现代化建设和保卫人民的幸福生活的需要,每一个公民都必须依法自觉履行这一义务。

(5)依法纳税。税收是国家机关依照法律的规定,向纳税对象按一定比例所征收的税款。税收是国家筹措资金的重要方式、国家财政收入的重要来源,对于保障国家经济建设、改善和提高人民生活水平均具有重要意义。因此,公民有依法纳税的义务。

思考题:

1. 法的本质与特征是什么?
2. 什么是旅游法? 其调整的社会关系和表现形式有哪些?
3. 旅游法律关系的构成要素有哪些?
4. 宪法的法律特征是什么? 我国的基本制度有哪些?
5. 宪法规定的我国公民的基本权利和义务有哪些?

第二章 《旅游法》概述

本章导读

通过本章学习:

——了解我国《旅游法》制定与颁布的背景。

——识记《旅游法》制定的主体、颁布与实施生效的时间,《旅游法》的基本结构和内容。

——理解并掌握《旅游法》颁布实施的意义,掌握《旅游法》的立法精神,熟悉《旅游法》的主要内容。

第一节 《旅游法》的制定与颁布

一、《旅游法》的制定背景

中华人民共和国第十二届全国人民代表大会常务委员会第二次会议于 2013 年 4 月 25 日表决,以 150 票赞成、5 票弃权通过了《中华人民共和国旅游法》,自 2013 年 10 月 1 日起施行。这是第十二届全国人大常委会通过的第一部法律,是习近平担任中华人民共和国主席后签署的第一部法律,也是中国旅游业发展史上的第一部法律。

《旅游法》是全面规范和指导我国旅游业发展的重要法律。这部法律以《宪法》为依据,系统总结了我国改革开放以来旅游业迅猛发展的实践,参考借鉴了世界各国的有益做法,广泛吸收了社会各界的意见建议,在我国旅游业发展史上具有里程碑的地位,标志着中国旅游业发展进入了依法兴旅、依法治旅的新阶段。

(一)《旅游法》的出台是我国经济社会发展的迫切需要

《旅游法》的制定首先与各方面的条件日趋成熟有关,与国民消费结构不断升级的社会大背景和旅游业不断发展的行业背景紧密相连。

在国民消费结构不断升级方面,改革开放之初,国家集中精力解决的主要问题是"吃穿";在过去十多年,解决的主要矛盾则是"住行"问题;最近几年,旅游呈现井喷式发展,旅游成为经济社会发展到当前阶段广大人民群众的必然需求和权利。在旅游业进入大众化快速发展时期,为保障国民旅游权利的实现,有必要通过制定旅游法确立我国旅游业的产业地位和发展措施,通过法律来规范旅游市场秩序、完善旅游公共服务,满足人民群众的旅游需求。

在旅游业发展方面,在党中央、国务院的正确领导和高度重视下,中国改革开放30多年来,旅游业走过了不平凡的历程,实现了由单纯的外事接待向综合性产业的转变,由新的增长点到国民经济支柱性产业的转变,由旅游资源大国向世界旅游强国的转变。2013年,中国居民人均出游达2.5次,出境旅游超过9800万人次,接待境外过夜游客5500多万人次,中国旅游业直接就业人数超过1350万,关联就业人员5000多万。2013年中国旅游消费近3万亿元人民币,占社会消费品零售总额的比例超过12%,旅游业对住宿业的贡献率超过90%,对民航和铁路客运业的贡献率超过80%。我国已是全球最大的国内旅游市场和第一出境旅游购买力国家,也将成为国际上第一旅游目的地国家。旅游业发展进入了大众化、产业化发展新阶段,旅游业已成为国民经济和社会发展的重要支柱产业。面对如此庞大的旅游市场,迫切需要有一部法律来保护旅游者和旅游经营者的合法权益,促进旅游业持续健康发展。随着国民出游次数的增加，旅游纠纷的数量和复杂程度都有所增加，如果没有相关法律，或者相关法律的层次较低，就难以协调处理这些复杂的旅游纠纷，难以提升旅游者满意度，无法从根本上解决长期制约旅游业发展的矛盾和问题。

(二)《旅游法》的出台具备坚实的制度基础做保障

从国家宏观经济布局上来看，旅游业对经济社会发展发挥着重要作用，发展旅游业成为转变经济发展方式、调整经济结构、实现科学发展的必由之路。旅游消费具有潜力大和长期性的特点，是发展质量很高的绿色经济。进入小康社会后，需要向人民群众提供较高质量的旅游服务，就要向前看，要提前规范市场，立法要与人民群众对较高旅游品质的需求同步。

改革开放以来，我国旅游业发展迅猛，法制建设也在加强，旅游法制建设为旅游立法奠定了坚实基础。在旅游业 30 多年发展历程中，国务院相继出台了《旅行社条例》等 3 部行政法规，2009年出台了《国务院关于加快发展旅游业的意见》；国家旅游局也出台了一系列规章制度，特别是 31 个省、自治区或直辖市分别出台了《旅游条例》或《旅游管理条例》等地方法规，其中，有的地方法规已经突破了行业管理的模式，从规划、保护与开发、产业促进以及市场监管的大格局上，为旅游产业化发展制定了各项制度。这些为《旅游法》的出台奠定了坚实的制度基础。

(三)《旅游法》的出台是国家立法机构高度重视的结果

《旅游法》的立法过程既短又长，短是指《旅游法》从起草到颁布仅用了三年时间，就完成了从进入立法计划到法案通过的整个过程；长是指早在 1982 年，国家旅游局就着手旅游立法工作，而它的最终落地，历经了 30 余年。

早在 20 世纪 80 年代初旅游业开始发展之时，就有人提出要制定旅游法。国家旅游局早在 1982 年就着手旅游立法工作。全国人大作为立法机构，1988 年曾将旅游法列入第七届全国人大常委会立法规划,当时旅游法也进入了国务院立法计划。但由于当时旅游业发展规模比较小,有关领导认为那时全国人大承担的立法任务太重,精力有限,所以没能进一步推动旅游法的立法进程。到第十一届全国人大,我国旅游业进入了快速发展的"黄金期",各方面条件比较成熟,制定旅游法便成了"水到渠成"的事情。社会上要求制定旅游法呼声很高,据统计,从第八届全国人大一次会议至第十一届全国人大五次会议,共有1400多名代表和3个代表团提交48件议案,建议制定旅游法。

2009年,经第十一届全国人大常委会批准,旅游法正式列入全国人大立法计划,并于当年9月启动立法计划。自此,旅游法立法工作驶入了快车道。

为了做好旅游法立法工作,2009年12月,全国人大财经委员会牵头组成了旅游法起草领导小组,组长由时任全国人大财经委主任委员的石秀诗担任,国家旅游局等23个部委为小组成员。自2010年起,起草小组先后赴多个省份、台湾地区和欧洲进行调研。2011年1月,第一稿文本征求各相关部门意见后,全国人大常委会先后3次对《旅游法(草案)》进行了审议,最终在2013年4月25日下午表决通过,为旅游立法工作画上圆满句号。

二、《旅游法》的立法特点与意义

(一)《旅游法》的立法特点

1. 加强国家层面综合性立法,具有综合性特点

一是部门法律综合。《旅游法》没有受法律部门划分的限制,该规定行政法的内容就规定行政法的内容,该规定经济法的内容就规定经济法的内容,该规定民法的内容就规定民法的内容。二是法律内容综合。《旅游法》不只对旅游业进行了规范,还规范了旅游业所涉及的各个环节和各相关行业;也不只是管理,还要促进旅游业的全面发展,在规划协调、资金保障、人员培训、推介宣传等

方面,都要强化立法扶持措施。

2. 突出《旅游法》的保障地位,具有保障法特点

让旅游者满意,是旅游业的立业之本。制定《旅游法》的目的,首先是保护旅游者。《旅游法》以保障旅游者合法权益为主线,同时保护旅游经营者及其从业人员的合法权益,平衡旅游者与旅游经营者及其从业人员、政府机构、旅游执法人员之间的权利、义务和责任。这是核心、基础和灵魂,是贯穿《旅游法》的一条红线。这种做法得到了各界的认可,联合国世界旅游组织把我国《旅游法》的这种做法当成一大亮点,认为是一种创新。

3. 强化《旅游法》的规范功能,具有规范法特点

针对社会上反应最为强烈的旅游市场秩序混乱问题,《旅游法》对旅游经营、旅游服务合同、旅游监督管理进行专门规定,根据旅游活动的特点和需求,以市场机制为基础,实行统一的服务标准和市场准则,明确旅游经营者资质、从业人员资格以及经营规则,建立健全旅游市场准入和退出机制,着力解决我国旅游市场失范、条块分割、服务设施不完善、旅游经营和管理不规范等问题。《旅游法》不仅规范了旅游经营者,也规范了旅游者;不仅规定了旅游者的权益,也规定了旅游者的义务。

4. 发挥《旅游法》的促进作用,具有促进法特点

《旅游法》对旅游发展规划、统筹旅游资源保护和开发、旅游协调机制、支持和促进措施进行了规定,进一步明确了旅游发展规划编制的主体、内容,以及旅游规划与相关规划的衔接,充分发挥政府主导作用,解决旅游资源无序开发问题,完善景区门票制度,促进公益性游览场所开放,引导各类市场主体在有效保护的前提下依法合理利用旅游资源,实现社会效益、经济效益和生态效益的有机统一,体现旅游为公众休闲服务、实现人的全面发展的本色。

(二)《旅游法》颁布实施的重要意义

《旅游法》的制定,是对我国旅游业30多年发展经验的总结;

《旅游法》的颁布,是我国旅游业发展史上的重要里程碑;《旅游法》的实施,是促进旅游业持续健康发展重要的制度基石。

1.制定《旅游法》是保护旅游者和市场经营者合法权益的迫切需要

这些年,有关部门在整顿和规范旅游市场秩序方面做了大量工作,但是部分旅游企业经营行为不规范、旅游市场秩序混乱的问题仍然比较突出,恶性竞争、"零负团费"、强迫购物、虚假广告等问题屡禁不止。这些行为不仅侵害了游客的合法权益,而且影响了中国旅游业的形象,制约了旅游业持续健康发展。造成这些问题的一个重要原因是法律法规不健全。《旅游法》运用行政法、经济法和民事法的基本原则和手段,对旅游业发展的重要领域进行规范,对于有效打击违法行为、维护旅游者和经营者的合法权益,具有不可替代的作用。

2.制定《旅游法》是有效保护和合理利用旅游资源的根本保障

在旅游业快速发展的过程中,一些地方盲目开发、过度开发旅游资源的问题日益突出。热点旅游景区普遍超负荷经营,人满为患;一些景区生态环境受到严重破坏;个别城市或景区在发展旅游业中破坏珍贵的自然遗产和文化遗产,造成的损失不可逆转。《旅游法》全面界定了政府、旅游经营者和旅游者三方的责任,确定了旅游规划的法律效力,对于旅游资源的整体性保护、禁止重复建设和掠夺性开发、促进旅游业持续健康发展意义重大。

3.制定《旅游法》是促进经济发展方式转变和经济结构调整的有力支撑

旅游业资源消耗低,关联产业多,带动作用大。发展旅游业能够有效扩大内需和提高第三产业在国民经济中的比重。2013年中国旅游消费近3万亿元人民币,占社会消费品零售总额的比例超过12%,旅游业对住宿业的贡献率超过90%,对民航和铁路客运业的贡献率超过 80%。我国人均国内生产总值已超过 6000 美元,居民旅游意愿显著增强,旅游业正处于黄金发展期,发展前景极其广阔。目前,全国 26 个省(区、市)把旅游业定位为支柱产业,其中 17 个省(区、市)定位为战略性支柱产业。我国旅游业的总体规模已经不小,关键是优化结构、提高效益、节约资源、保护环境,要走质量型、效益型的旅游发展之路。要进一步推进旅游业与其他相关产业的融合发展,增强旅游业的综合带动能力。以旅游信息化建设为基础,强化科技支撑,提高旅游消费、生产、经营、管理的效率。通过立法促进旅游业持续健康发展,对我国扩大内需和优化产业结构,提升经济增长的内生动力,将发挥重要作用。

4.制定《旅游法》将对倡导健康文明的旅游方式,提高我国游客的文明水平发挥规范作用

旅游是传播文明、交流文化、增进友谊、增加爱国情怀、提升国民精神的重要途径,旅游也有利于促进修身养性、人的全面发展。我国旅游消费已进入大众化的发展阶段,越来越多的居民出国旅游,受到世界各国的普遍欢迎。同时也要看到,部分游客的素质和修养还不高,公共场合大声喧哗、旅游景区乱刻字、过马路时闯红灯、随地吐痰等不文明行为,常常遭到媒体的非议,有损国人形象,影响比较恶劣。提高公民的文明素质,树立中国游客的良好形象,是各级政府、各有关部门和有关企业的共同责任。《旅游法》对旅游者的文明行为提出了明确要求,对不文明行为做出了禁止规定。有关方面要在宣传、贯彻、实施《旅游法》的过程中齐抓共管、综合施策,引导旅游者自觉遵守社会公共秩序和社会公德,尊重当地宗教信仰和风俗习惯,注意公众场合特别是涉外场合的言谈举止,爱护旅游资源,保护生态环境,做一名中华文明的传播者和中国形象的展示者。

5. 制定《旅游法》会对我国加强旅游市场监管,不断提高游客的满意度起助推作用

　　游客满意不满意,是评价旅游业发展质量的重要指标。维护旅游市场秩序,是旅游部门和各相关部门的重要职责。要进一步规范旅游行业价格管理,遏制部分景区门票涨价过快的趋势。加强导游从业管理,规范和监督导游执业行为,强化旅行社责任,保护导游人员的合法权益。继续开展提升旅游服务质量专项行动,完善旅游服务质量测评指标体系。加强旅游安全管理,特别是旅游交通安全管理,严防群死群伤事故。建立旅游违法行为查处信息共享机制,对需要跨部门、跨地区联合查处的违法行为进行督办。全面推动旅游诚信体系建设,建立旅游经营服务者诚信信息发布等制度,提高旅游企业和旅游从业人员的诚信水平。

6. 制定《旅游法》是适应国际交流与合作新形势的客观要求

　　用法律的手段规范旅游市场,促进旅游业健康发展是国际通行做法。一些国际旅游组织和区域组织都制定了多边旅游公约,旅游业发达的国家和地区也都有《旅游法》或相关法律。作为世界旅游大国,我国居民出境旅游需要熟悉和了解目的地的法律,境外居民入境旅游也须遵守我国法律。国内旅游企业经营活动需要与国际通行做法接轨。《旅游法》的实施,有利于拓展我国旅游业国际交流与合作,促进我国与世界各国的民间往来。

第二节 《旅游法》的基本内容

一、《旅游法》的基本结构

　　我国《旅游法》分总则、旅游者、旅游规划和促进、旅游经营、旅游服务合同、旅游安全、旅游监督管理、旅游纠纷处理、法律责

任、附则 10 章 112 条内容。逻辑结构上呈现为"橄榄形",即两头小、中间大的特点。第一章"总则"部分集中体现了本法的立法精神和立法价值,由八条内容构成;第十章"附则"部分由两条内容构成,明确了本法 6 个用语的含义,规定了本法实施生效的时间,内容简练、精准。而作为本法主体部分的是第二章至第九章,集中体现了《旅游法》的三层立法目的:一是保障旅游者和旅游经营者的合法权益,突出体现在第二章,散见于其他章节;二是规范旅游市场秩序,从第四章到第九章几乎都是围绕这个主题展开的,也鲜明体现出本次旅游立法的针对性和时效性;三是保护和合理利用旅游资源,促进旅游业持续健康发展,通过第三章"旅游规划与促进"和贯穿全部法律条文的立法精神,最终目标是确保旅游业的科学发展。这种"橄榄形"的立法结构确保了法律的稳定性。

　　为了全面掌握《旅游法》的基本内容,本教材采取集中和分散相结合的编写方法,一方面,本章作为《旅游法》概述,主要介绍《旅游法》的立法精神和国家对"旅游规划与促进"方面的法律规定,包括《旅游法》的制定、颁布背景、特点、意义以及"总则"、"旅游规划与促进"部分;另一方面,《旅游法》其余各章法律规定将分散在教材各章内容中分别阐述。《旅游法》与教材各章的对应大致如下:

　　《旅游法》第一章"总则"、第三章"旅游规划与促进"集中在教材第二章"旅游法概述"呈现;

　　《旅游法》第二章"旅游者"主要通过教材第三章"旅游者权益保护"呈现;

　　《旅游法》第四章"旅游经营"主要通过教材第四章"旅行社管理"、第五章"导游员管理"、第七章"旅游住宿餐饮娱乐管理"和第八章"旅游资源管理"分别呈现;

　　《旅游法》第五章"旅游服务合同"主要通过教材第六章"旅游服务合同"集中呈现,同时教材第四章"旅行社管理"有所涉及;

《旅游法》第六章"旅游安全"通过教材第九章"旅游安全与保险"呈现；

《旅游法》第七章"旅游监督管理"、第八章"旅游纠纷处理"主要体现在教材第十二章"旅游监督与旅游纠纷处理"中；

《旅游法》第九章"法律责任"则主要通过教材第四章"旅行社管理"、第五章"导游员管理"呈现，同时分散在各章"法律责任"条目中。

二、《旅游法》的立法精神

《旅游法》的出台，为维护旅游者和旅游经营者权益、规范旅游市场提供了法律保障，标志着中国旅游业全面进入了依法兴旅、依法治旅的新阶段，对中国旅游业持续健康发展具有重大意义，为把旅游业建设成国民经济战略性支柱产业和人民群众更加满意的现代服务业奠定了法律和制度基础。

我国《旅游法》的立法精神可以概括为 6 个字：保障、规范和促进。就是说，首先突出旅游法的保障地位，为维护旅游者和旅游经营者及其从业人员合法权益、保护旅游资源、保障旅游安全奠定了法律基础；其次强化旅游法的规范功能，为规范旅游经营、旅游服务合同、旅游监督管理、旅游市场秩序，发挥市场配置资源的基础性作用提供了法律依据；最后发挥旅游法的促进作用，为健全旅游管理体制、强化旅游发展规划、完善旅游产业发展机制、发挥政府主导作用、促进旅游业持续健康发展创造了法制环境。

我国《旅游法》的立法精神在第一章"总则"中得到了鲜明的体现。

（一）《旅游法》的立法目的

立法目的，是指制定法律所要达到的目标。立法目的作为法律存在的原因贯穿于法律条文始终，并指引法律的适用，一部法律中每一具体条款都应该围绕该法律的立法目的而展开，并为实现立法目的服务。

我国《旅游法》第一条明确规定："为保障旅游者和旅游经营者的合法权益,规范旅游市场秩序,保护和合理利用旅游资源,促进旅游业持续健康发展,制定本法。"这里包含三层含义:

第一,旅游立法的微观目的是保障旅游者和旅游经营者的合法权益,规范旅游市场秩序。目前我国旅游市场的经营规则还不健全,竞争秩序还不规范,旅游者的合法权益受到损害的情况时有发生,特别是"零负团费"经营模式引发的恶意低价竞争、强迫购物、欺客宰客等问题屡禁不止,造成了恶劣影响,既损害了旅游者的合法权益,也对旅游经营者的正当经营行为带来冲击,更加扰乱了旅游市场的正常秩序。通过立法明确旅游业的经营规范,确保旅游市场的经营秩序,进而实现维护旅游者和旅游经营者合法权益的目的。

第二,旅游立法的中观目的是保护和合理利用旅游资源。旅游业的健康发展,很大程度上依赖于旅游资源,旅游资源是旅游者进行旅游活动的基础和前提条件,从某种意义上讲,旅游资源具有不可替代性。因此,保护旅游资源是旅游开发利用的前提,合理利用是实现资源保护的有效途径。近年来,一些地方旅游项目存在盲目建设、过度开发、忽视资源的自然价值和人文内涵等问题,破坏了旅游资源的区域整体性、文化代表性、地域特殊性,影响到旅游资源的永续利用和旅游业的可持续发展。对此,通过旅游立法在有效保护旅游资源的前提下,依法合理利用旅游资源,实现保护和合理利用的有机统一是《旅游法》立法的目的之一。

第三,旅游立法的宏观目的是促进旅游业持续健康发展。旅游业涉及的领域广、产业带动力强、创造就业多、资源消耗低、综合效益好。发展旅游业,可以有效拉动居民消费和社会投资,优化产业结构,扩大劳动就业,增加居民收入,推动科学发展,促进社会和谐。制定旅游法,是促进旅游业持续健康发展,充分发挥旅游业对经济建设、文化建设、社会建设、生态文明建设的综合推动作用的需要。

(二)《旅游法》的适用范围

法律的适用范围,也称为法律的效力范围,即法律对什么人和什么行为适用。我国《旅游法》第二条规定:"在中华人民共和国境内的和在中华人民共和国境内组织到境外的游览、度假、休闲等形式的旅游活动以及为旅游活动提供相关服务的经营活动,适用本法。"

我国《旅游法》适用的地域范围效力仅限于我国境内的旅游活动和旅游经营活动。含义包括:一是在我国境内的旅游活动,主要包括我国公民在境内的旅游活动和外国旅游者的入境旅游活动;二是在我国境内,通过旅行社等经营者组织的,由我国境内赴境外的团队旅游活动,即旅行社组织的出境旅游活动的全程,包括对派出领队的管理、对境外旅行社和导游的谨慎选择、对境外导游和旅游者活动的监督、劝阻、旅游活动内容的安排都适用我国《旅游法》。

我国《旅游法》适用的行为范围主要包括两类:一类是从事游览、度假、休闲等形式的旅游活动;另一类是为这些旅游活动提供相关服务的旅游经营活动。

(三)旅游业的法律地位和国家责任

《旅游法》第三条规定:"国家发展旅游事业,完善旅游公共服务,依法保护旅游者在旅游活动中的权利。"一方面将旅游业置于更高层次、更多目标的广义事业法律地位上,另一方面也明确了国家在旅游业发展中的主要职责。

近年来,国家高度重视旅游业的发展,提出要把旅游业培育成国民经济战略性支柱产业和人民群众更加满意的现代服务业。为此,国家就加快旅游业发展做出了一系列重大部署,如将发展旅游业纳入国家战略体系,作为"十二五"期间我国服务业发展的重点产业等,也出台了一系列支持政策如中央财政不断加大对旅游业的投入,优化旅游业发展环境,目的是推动我国旅游业的快速发展。但是在旅游业发展中,仍然存在着一些急功近利、贪图速度而忽视质量的问题,为此《旅游法》明确"国家发展旅游事业",把旅游业作为一项事业来看待,首次确定了旅游事业的法律地位,并在后续的旅游业发展原则中强化"社会效益"——突出旅游企业应"承担社会责任",对我国旅游业未来发展释放了"事业"信号。

我国旅游业已经进入向大众化、休闲化发展的新阶段,旅游者更加注重旅游的品质与安全,更加注重合法权益的保障。旅游者权益的保护,是衡量一个地区或者国家旅游业发展水平的标志。休闲旅游对目的地信息服务、交通便捷服务、安全保障服务等旅游公共服务的需求更强、更高。完善旅游公共服务、依法保护旅游者在旅游活动中的权利已经成为适应旅游业发展新形势的必然选择,国家在完善旅游公共服务、依法保护旅游者在旅游活动中的权利方面应该承担起主要责任。这里的旅游公共服务至少应该包括旅游信息咨询服务系统、旅游安全保障服务系统、旅游交通便捷服务系统、旅游便民惠民服务系统、旅游行政服务系统等内容。根据世界旅游业发达国家的经验,政府提供的旅游公共服务最终会向普遍的社会公共福利方向发展。

(四)旅游业发展的原则

发展旅游业应当遵循什么样的原则,我国《旅游法》第四条做出了明确的规定:"旅游业发展应当遵循社会效益、经济效益和生态效益相统一的原则。国家鼓励各类市场主体在有效保护旅游资源的前提下,依法合理利用旅游资源。利用公共资源建设的游览场所应当体现公益性质。"

经过30多年的发展,我国旅游业从小到大、由弱到强,实现了历史性跨越,成为国民经济的重要产业。"十二五"时期,我国将以科学发展为主题,以加快经济发展方式转变为主线,更加注重扩大内需特别是消费需求,更加注重保障和改善民生,更加注重服务业发展,更加注重生态环境保护。旅游业作为扩大消费需求的重要领域,作为发展现代服务业的重要内容,作为建设资源节约型、环境友好型社会的重要产业,将进一步凸显自身的优势与地位。要正常发挥旅游业的优势,旅游业自身发展就必须坚持遵循社会效益、经济效益和生态效益相统一的原则,就必须在有效保护旅游资源的前提下,依法合理利用旅游资源。按照社会效益、经济效益和生态效益相统一的原则,利用公共资源建设的游览场所应该更多地考虑社会效益,努力体现公益性质,这是旅游业发展到现阶段的必然要求。

(五)旅游消费方式的引领

在旅游日益成为广大人民群众一种生活方式的今天,发展旅游不仅是政府、有关部门和旅游行业自身的职责,更需要全社会的共同参与。旅游业成为广义事业后,国家就要从社会效益目标出发,对社会、对公民参与旅游活动进行必要的引导,以更好地发挥旅游业的事业功能。为此,我国《旅游法》第五条明确规定:"国家倡导健康、文明、环保的旅游方式,支持和鼓励各类社会机构开展旅游公益宣传,对促进旅游业发展做出突出贡献的单位和个人给予奖励。"本条规定突出了三个导向:

第一,国家倡导健康、文明、环保的旅游方式。健康就是从事符合社会主义核心价值观要求,有利于身心愉悦的旅游活动;文明就是在旅游活动中遵守社会公共秩序,尊重社会公德,遵守文明行为规范;环保就是在旅游活动中节约能源资源,保护生态环境。健康、文明、环保既是国家宣传教育引导的方向,也应该成为社会公众旅游的习惯。

第二,国家支持和鼓励各类社会机构开展旅游公益宣传。目的在于提高各类社会机构参与旅游公益宣传的积极性,发挥各类社会机构在促进旅游业发展方面的作用。

第三,国家对促进旅游业发展做出突出贡献的单位和个人给予奖励。体现了国家对促进旅游业发展、充分发挥旅游业综合效益、实现旅游业综合目标的政策导向。奖励的主体是国家、地方有关部门,奖励的对象包括对旅游业发展做出突出贡献的单位和个人,奖励的方式包括精神奖励和物质奖励。

(六)旅游市场规范

为了进一步深化改革,实现旅游行业政企分开,规范各类主体的旅游市场活动,我国《旅游法》第六条规定:"国家建立健全旅游服务标准和市场规则,禁止行业垄断和地区垄断。旅游经营者应当诚信经营,公平竞争,承担社会责任,为旅游者提供安全、健康、卫生、方便的旅游服务。"一方面,明确了国家对旅游经济发展的责任是"建立健全旅游服务标准和市场规则,禁止行业垄断和地区垄断",体现了政府对市场规则的完善、对市场失灵时的干预和对市场公平竞争的保护。另一方面,对旅游经营者遵守旅游服务标准和市场规则提出了具体要求,即"诚信经营,公平竞争,承担社会责任,为旅游者提供安全、健康、卫生、方便的旅游服务"。政府和旅游企业双方职责的明确为深化旅游管理体制改革奠定了法治基础。

(七)旅游管理体制

旅游活动涉及多个行业,其监管涉及多个部门的职责。为了加强对旅游业发展的统筹规划,保障旅游业与有关行业工作的协调,需要通过旅游立法明确我国的旅游管理体制。为此,我国《旅游法》第七条、第八条分别规定:"国务院建立健全旅游综合协调机制,对旅游业发展进行综合协调。县级以上地方人民政府应当加强对旅游工作的组织和领导,明确相关部门或者机构,对本行政区域的旅游业发展和监督管理进行统筹协调。""依法成立的旅游行业组织,实行自律管理。"一方面,确定建立健全国务院和县级以上地方人民政府的旅游综合协调管理机制;另一方面,充分发挥旅游行业组织的桥梁、纽带和服务、管理作用,开展自律管理。

三、旅游规划和促进

(一)旅游规划

《旅游法》第三章"旅游规划和促进"首次将旅游规划纳入法律,其中多条涉及旅游行政规划,对旅游业的发展将起到促进作用。行政规划,是指行政主体为了履行其行政职能,实现其特定的行政目的,依照法律规定就所要解决的问题,事前制定出规划蓝图,并对实现该蓝图的有关方法、步骤或措施等所作的设计与规划。行政规划的功能主要体现在以下几个方面:一是保证行政的科学性、合理性;二是通过规划进行政策协调;三是有效利用资源,减少市场经济的盲目性;四是约束和引导行政主体与行政相对人。

旅游规划具有不同于其他类型的规划,是一种独立于其他行政规划的、其他规划类型无法取代的行政规划类型,在旅游法中做出规定是极为及时和正确的。旅游行政规划的功能主要体现在:

1. 长远规划,促进旅游业健康发展

凡事预则立,不预则废。只有在行政规划的指引下旅游业才有前进的目标和一致的努力方向。旅游行政规划一旦做出,公之于众,旅行社、景区等市场主体也可以利用行政规划来监督主管部门的行为,民众也可以享受更好的旅游服务。

2. 旅游行政规划对旅游业经营者具有启发和诱导的功能

一方面能使旅游经营者和潜在的旅游经营者更加理性地选择,另一方面也使旅游行政管理者的管理活动更加方便,旅游市场主体和旅游消费者的行为能够更加规范,使旅游业的发展更加顺利。

3. 旅游行政规划具有调整和整合的功能

旅游业是综合性比较强的行业,科学的旅游行政规划能有效地将各行政部门组织起来,共同完成旅游发展事业,从而具有调整和整合功能。

（二）旅游规划的法律要求

1. 旅游产业定位与政府组织编制旅游规划的职责

旅游业经过 30 余年的发展，已经成为国民经济的重要产业，也成为各地发展经济的引擎产业之一，有必要通过《旅游法》对国民经济和社会发展中的定位做出法律确认。为此《旅游法》第十七条明确规定："国务院和县级以上地方人民政府应当将旅游业发展纳入国民经济和社会发展规划。"国民经济和社会发展规划是由政府制定的，统筹安排和指导全国或者某一地区的社会、经济、文化、生态等全面工作的总体纲要，是具有战略意义的指导性文件。旅游业作为国民经济的战略性支柱产业必须纳入国民经济和社会发展规划。

"国务院和省、自治区、直辖市人民政府以及旅游资源丰富的设区的市和县级人民政府，应当按照国民经济和社会发展规划的要求，组织编制旅游发展规划。对跨行政区域且适宜进行整体利用的旅游资源进行利用时，应当由上级人民政府组织编制或者由相关地方人民政府协商编制统一的旅游发展规划。"在此，一方面明确了政府是旅游发展规划组织编制的主体，另一方面强调对于跨行政区域且适宜进行整体利用的旅游资源应当编制统一的旅游发展规划。

2. 旅游发展规划的内容

依据《旅游法》第十八条，旅游发展规划应当包括旅游业发展的总体要求和发展目标，旅游资源保护和利用的要求和措施，以及旅游产品开发、旅游服务质量提升、旅游文化建设、旅游形象推广、旅游基础设施和公共服务设施建设的要求和促进措施等内容。

旅游业发展的总体要求和发展目标是对国家或者地区旅游业发展提出的战略导向，包括旅游发展指导思想、发展定位和发展目标。其中发展定位主要包括总体定位、形象定位、产业定位及市场定位；发展目标主要包括发展速度、质量及具体指标，如经济目标、社会目标、文化目标、环境目标等。

旅游资源保护和利用的要求和措施是指旅游资源的保护是旅游活动顺利进行、旅游资源永续利用的根本保证。旅游发展规划中对旅游资源保护和利用的要求和措施,需要特别强调通过规划予以协调,对旅游资源利用的全过程进行保护,主要包括对依法保护和合理利用提出具体的措施和要求,对保护和利用规划科学衔接提出要求,合理划分禁止开发、适度开发、适宜开发区域,对不同资源的利用方式和强度做出规范,建立保护和利用的效果评估机制等。

旅游产品开发是旅游经营者通过开发、利用旅游资源提供给旅游者的旅游吸引物与服务的组合,伴随旅游新业态的发展,会不断涌现新的旅游产品。旅游发展规划中的旅游产品开发是对供给提出的要求,其核心是将旅游吸引物与服务进行组合,将食、住、行、游、购、娱各要素进行组合,是在旅游资源条件和旅游市场调研、旅游产品现状分析与问题总结的基础上,对市场潜在旅游产品的结构、类型、项目等发展目标及其实施战略和措施所进行的规划。

旅游服务质量提升主要包括提升旅游目的地质量、提升旅游企业服务质量、提升旅游行业自律水平、提升国民旅游素质等,旅游服务质量是旅游业发展品质的集中体现,是提升国家旅游竞争力的重要方面。

旅游文化是指旅游的文化性,即以食、住、行、游、购、娱六大要素为依托,以其中的内在文化价值为依据,在旅游活动中体现出的观念形态及其外在表现的总和。旅游发展规划对旅游文化建设提出要求,主要是结合旅游目的地实际,在保护和不改变原真性的前提下,打造能够体现本地文化特色、符合社会主义核心价值观的旅游产品、旅游商品,形成旅游文化品牌,实现对文化的深度挖掘和有效利用,弘扬和传播符合社会主义核心价值观的优秀文化。

旅游形象是指旅游目的地在市场上展示的整体旅游面貌,强有力的旅游形象推广对市场竞争力意义重大。旅游发展规划中需要确定的旅游形象推广内容包括:统一的旅游形象,对资金保障、推广方式、推广目标和绩效评估等提出的要求,以及针对目标市场,区分重点市场、新兴市场、潜在市场确定的营销策略等。重点旅游项目的形象推广,可以纳入旅游发展规划,其核心是策划。

旅游基础设施是指为适应旅游者在旅行游览中的需要和旅游经营者从事旅游经营必要的基础保障而建设的各种设施的总和,是旅游业存在与发展的物质基础,包括旅游住宿餐饮设施、旅游交通、旅游供应(电、水、气等)、旅游休闲场所、旅游娱乐设施、设备等,旅游发展规划中应该明确旅游基础设施的数量和质量要求、布局安排等。

旅游公共服务是指政府或者其他社会组织提供的,以满足旅游者共同需求为核心,不以营利为目的,具有明显公共性的产品和服务的总称。旅游公共服务设施是为旅游者提供便利的重要方面,主要包括旅游信息网、旅游咨询服务中心、移动旅游信息服务、旅游集散中心、观光巴士、自驾车服务配套、旅游公厕、无障碍旅游保障、标识、旅游安全救援系统、旅游投诉处理系统等。旅游发展规划中应该明确其布局及安排。

旅游促进措施主要包括资金促进、建设布局促进、要素配套促进、市场统筹促进、信息化促进、人才支撑促进等,促进方式主要是制定政策、完善体制机制等,这些同样需要在旅游发展规划中明确和细化。

《旅游法》还规定:根据旅游发展规划,县级以上地方人民政府可以编制重点旅游资源开发利用的专项规划,对特定区域内的旅游项目、设施和服务功能配套提出专门要求。

通过《旅游法》第十七、第十八条的规定,形成了我国旅游发展规划、跨区域旅游规划和旅游专项规划组成的旅游规划体系。

3. 旅游发展规划的衔接

我国《旅游法》要求政府在组织编制和批准包括旅游发展规

划在内的各类法定规划时,通过协调各方达到衔接的目的,即应从土地、城镇空间、产业布局、生态环境、自然及人文资源、交通等多个方面进行协调平衡,确保同是政府编制、批准的各项规划之间没有矛盾,彼此协调,相互促进,有效执行。

首先,《旅游法》第十九条要求,旅游发展规划应当与土地利用总体规划、城乡规划、环境保护规划以及其他自然资源和文物等人文资源的保护和利用规划相衔接。

其次,《旅游法》第二十条明确,各级人民政府编制土地利用总体规划、城乡规划,应当充分考虑相关旅游项目、设施的空间布局和建设用地要求。规划和建设交通、通信、供水、供电、环保等基础设施和公共服务设施,应当兼顾旅游业发展的需要。

最后,《旅游法》第二十一条强调,对自然资源和文物等人文资源进行旅游利用,必须严格遵守有关法律、法规的规定,符合资源、生态保护和文物安全的要求,尊重和维护当地传统文化和习俗,维护资源的区域整体性、文化代表性和地域特殊性,并考虑军事设施保护的需要。有关主管部门应当加强对资源保护和旅游利用状况的监督检查。

4.旅游发展规划的评估

《旅游法》确立了旅游发展规划的法定地位,为使规划能够真正得到有效执行,同时设定了旅游发展规划评估制度,意在增加政府工作透明度,并通过更加广泛的社会监督保证旅游发展规划编修的科学性,增强旅游发展规划的执行效力。

《旅游法》第二十二条规定,各级人民政府应当组织对本级政府编制的旅游发展规划的执行情况进行评估,并向社会公布。其含义有三:一是明确政府是旅游发展规划评估的组织主体;二是明确了评估的作用在于监督规划的执行和发现问题,调整和修编规划,评估的内容也是看规划确定的内容是否得到严格执行以及通过执行发现规划本身存在的问题;三是要求评估的结果向社会公布,这符合政府信息公开的有关要求。

(三)旅游产业政策扶持

1.政府责任

《旅游法》第二十三条规定:"国务院和县级以上地方人民政府应当制定并组织实施有利于旅游业持续健康发展的产业政策,推进旅游休闲体系建设,采取措施推动区域旅游合作,鼓励跨区域旅游线路和产品开发,促进旅游与工业、农业、商业、文化、卫生、体育、科教等领域的融合,扶持少数民族地区、革命老区、边远地区和贫困地区旅游业发展。"

政府通过制定政策,促进旅游业发展,提出了四个方面的重点内容:一是大力推进旅游休闲体系建设。2013年国务院出台《国民旅游休闲纲要》,提出的一系列发展导向,需要进行配套和细化。二是推动区域旅游合作。加强区域合作,有利于打破地区间的行政和非行政壁垒,形成旅游发展合力,共同促进旅游业健康发展。三是促进旅游与其他产业的融合发展,加快旅游与工业、农业、商业、文化、卫生、体育、科教等领域的深度融合,不断创新旅游新业态;四是大力扶持老少边穷地区旅游业的发展,进一步发展红色旅游、乡村旅游、生态旅游、民俗旅游等旅游新业态。

2.资金保障

《旅游法》第二十四条规定:国务院和县级以上地方人民政府应当根据实际情况安排资金,加强旅游基础设施建设、旅游公共服务和旅游形象推广。

一是明确政府应当根据实际情况投入资金,促进旅游业发展;二是明确政府投入的资金主要用于促进旅游基础设施建设、促进旅游公共服务和促进旅游形象推广。

3.旅游形象推广

国家旅游形象是一个国家在国际社会中所展示的整体旅游面貌,整体旅游形象推广是旅游业具有特殊要求的产业规律,加强国家旅游形象推广对于旅游业发展和扩大国家影响力具有重要意义。为此,《旅游法》第二十五条规定:"国家制定并实施旅游形象推广战略。国务院旅游主管部门统筹组织国家旅游形象的境外推广工作,建立旅游形象推广机构和网络,开展旅游国际合作与交流。县级以上地方人民政府统筹组织本地的旅游形象推广工作。"

首先,《旅游法》明确国家制定和实施旅游形象推广战略,正式将旅游形象推广提升到国家战略的高度,就是要将旅游形象推广纳入国家整体形象推广的战略布局。各级政府应当承担起相应职责,国家制定旅游形象推广战略,县级以上地方人民政府统筹组织本地的旅游形象推广工作。

其次,旅游形象推广战略的内容主要包括:一是将旅游形象推广纳入国家整体形象推广的战略布局,明确战略定位;二是对旅游形象推广进行总体规划,明确工作的目标、推进步骤、主要措施、传播渠道等;三是形成国家旅游形象统一,各地旅游形象各具特色;四是确定旅游形象推广工程重点工作,即旅游核心价值观理念塑造和传播工程、政府旅游政策优化和影响工程、旅游产品服务升级和品牌打造工程、国民文明旅游素质提升和宣传工程等;五是配套旅游形象推广的保障机制;六是转变推广理念、创新推广方式和手段。

最后,国家旅游局在旅游形象境外推广中的主要职责是:对国家旅游形象境外推广工作统筹组织;建立旅游形象推广机构和网络;开展旅游国际合作与交流。

4.旅游公共服务体系建设

公共服务提供本身就是政府的应有职责,旅游公共服务提供涉及多个部门、多个产业,应当由政府统一协调和推动。为此《旅游法》第二十六条明确规定:"国务院旅游主管部门和县级以上地方人民政府应当根据需要建立旅游公共信息和咨询平台,无偿向旅游者提供旅游景区、线路、交通、气象、住宿、安全、医疗急救等必要信息和咨询服务。设区的市和县级人民政府有关部门应当根据需要在交通枢纽、商业中心和旅游者集中场所设置旅游咨询中心，在景区和通往主要景区的道路设置旅游指示标识。""旅游资源丰富的设区的市和县级人民政府可以根据本地的实际情况，建立旅游客运专线或者游客中转站，为旅游者在城市及周边旅游提供服务。"一方面，明确了旅游公共服务提供的责任主体是政府；另一方面，明确了政府提供旅游公共服务的内容主要包括建立旅游公共信息和咨询平台、建立旅游客运专线和游客中转站。

5. 旅游职业教育培训

旅游业是劳动密集型的现代服务业，通过旅游立法促进旅游业人力资源的发展，是转变旅游发展方式、增加劳动就业的迫切需要。同时，旅游从业人员直接与旅游者接触，其服务水平关乎整体的旅游者满意度，有必要鼓励积极开展对从业人员的教育与培训工作，实现旅游从业人员综合素质与旅游者满意度的同步提升，因此我国《旅游法》第二十七条明确规定："国家鼓励和支持发展旅游职业教育和培训，提高旅游从业人员素质。"

思考题：

1. 我国《旅游法》制定颁布的背景是什么？

2. 如何理解《旅游法》制定颁布的特点和意义？

3. 我国《旅游法》的立法精神是什么？立法目的和适用范围是什么？

4. 依据《旅游法》我国发展旅游业的原则是什么？旅游消费引领的方向是什么？

5. 依据《旅游法》旅游发展规划应包括哪些内容？旅游形象推广战略包括哪些方面？

第三章　旅游者权益保护

本章导读

通过本章学习：

——了解国际旅游者、国内旅游者的定义，旅游者的特点，旅游者的法律地位，国际旅游者的待遇。

——识记旅游者的权利与义务，旅游者合法权益的保护，旅游者争议解决的途径。

——应用旅游者的权利、义务原理分析具体案例，确定经营者法律责任。

第一节　旅游者概述

一、国际旅游者的定义

旅游是人们离开日常生活环境暂时到异地进行的观光、游览、休闲、度假等活动。而对于旅游者的定义，由于研究的学科、视角、目的以及主体的不同，人们的认识并不统一。总的来看，人们对旅游者的定义可以分为两类：一类是概念性定义（conceptual definition），旨在对旅游者的概念进行一般性描述。另一类是技术性定义，主要是为了满足旅游统计等实际工作需要而从技术层面做出的。与概念性定义相比，技术性定义具有较高的可操作性。同时，依照一个为世界各国所共同认可的技术性定义统计出来的旅游数据,也具有更高的国际间可比性。基于这一原因,国际联盟(the League of Nations)、联合国(UN)、世界旅游组织(WTO)等国际组织乃至各国的旅游组织很早就开始了对这一问题的研究。目前,对于国际旅游者的界定,国际上已经基本形成了统一认识。

(一)临时国际联盟统计专家委员会的定义

1937 年,临时国际联盟统计专家委员会(the Committee of Statistics Experts of the Short – lived League of Nations)把"国际旅游者"或"外国旅游者"定义为"离开定居国到其他国家访问旅行超过 24 小时的人"。可列入国际旅游者统计范围的人员包括:

1. 为消遣、娱乐、家庭事务或健康等原因而出国旅行的人;

2. 为出席国际会议或作为公务代表而出国旅行的人(包括科学、行政、外交、宗教、体育等会议或公务);

3. 为工商业务原因而出国旅行的人;

4. 在海上巡游途中停靠某国,登岸访问的人员,即使停留时间不足 24 小时(停留时间不足 24 小时的应另外分为一类,必要时可不管其长居何处)。

不可列为旅游者的人员包括:

1. 到某国就业谋职的人,不管其是否订有合同;

2. 到国外定居者;

3. 到国外学习、寄宿在校的学生;

4. 居住在边境地区、日常跨越国境到邻国工作的人;

5. 临时过境但不作法律意义上停留的人,即使在境内时间超过 24 小时。

不难看出,临时国际联盟统计专家委员会对"国际旅游者"的定义和规定,针对的只是由外国来访的旅游者,其目的是规范各国的旅游统计口径。

（二）国际官方旅游组织联盟的定义

1950 年,国际官方旅游组织联盟(the International Union Office Travel Organization,IUOTO)对上述定义做了修改,包括将修学形式旅游的学生视为旅游者,并界定了一个新的旅游者类型"International Excursionists"(通常译为"短途国际旅游者"或"当日往返国际旅游者")。"短途国际旅游者"是在另一个国家访问不超过 24 小时的人。另外,IUOTO 还定义了过境旅行者:路过一个国家但不作法律意义上的停留的人,不管其在该国逗留多久。

（三）联合国有关机构定义

随着现代旅游业的迅速发展,统一世界各国旅游统计口径的问题得到了有关国际组织和世界各国的重视。在国际官方旅游组织联盟的积极推动下,1963 年,联合国在罗马举行的国际旅行与旅游会议上,对上述定义做了修改和补充。会议提出采用"游客"(visitors)这一总体概念,然后又分为逗留时间超过 24 小时的旅游者(tourists)与逗留时间不足 24 小时的游客(visitors),并继续承认临时国际联盟统计专家委员会规定的不属于旅游者的 5 种人。具体定义如下:游客是指除为获得有报酬职业以外,出于任何原因到一个不是自己常住国家去访问的人。

1976 年,联合国统计委员会第 19 次会议又通过了《关于国际旅游者暂时性准则方案》,对国际旅游者做了更为明确的规定,认为国际旅游者可分为:一是从外国到某特定国访问的人(来自外国旅游者);二是从某特定国去国外访问的人(出国旅游者)。1981 年,世界旅游组织(WTO)将该定义纳入当年出版的《国际和国内旅游信息收集和反映技术手册》中,向世界各国推广。

1991 年,世界旅游组织在加拿大举行的国际旅游统计大会上,对国际游客、国际旅游者的基本概念进行了再次修订,并以《国际旅游统计大会建议书》向联合国推荐,经联合国统计委员会1995 年通过后在全球推广使用。目前,世界大多数国家都接受

1995 年世界旅游组织和联合国统计委员会的定义,从而初步实现了有关国际游客、国际过夜游客和国际一日游游客的较统一的规范性定义。具体内容是:国际游客(international visitors)不包括下列人等:为移民或就业而进入目的地国家的人;以外交官或军事人员身份访问该国的人;上述人员的随从;避难者、流民以及边境工作人员;逗留时间超过 1 年的人。但下列人员是或可以是国际游客:出于休闲、医疗、宗教、探亲、体育运动、会议、学习或过境的目的而访问他国的人;中途停留在他国的外国轮船或飞机上的乘务人员;逗留时间不到一年的外国商业或企业人员,包括安装机器设备的技术人员;国际团体雇用的任职不到一年或回国作短暂停留的侨民。

国际游客又分为国际过夜旅游者和国际不过夜旅游者(international tourists and international excursionists)两类,前者指在目的地国家的接待设施中度过至少一夜的国际游客;后者指利用目的地国家的接待设施少于一夜的国际游客,包括那些居留在巡游船上只上岸游览的乘客。不过夜旅游者中不包括那些虽然落脚于他国却未在法律意义上进入该国的过境旅客(如乘飞机在某国中转的乘客)。

(四)我国对入境游客的定义

目前,在我国的旅游统计中,对来我国观光、度假、探亲访友、就医疗养、购物、参加会议或从事经济、文化、体育、宗教活动的外国人、华侨、港澳台同胞称为入境游客。入境游客又分为入境旅游者和入境一日游游客。

入境(过夜)旅游者是指入境游客中,在我国旅游住宿设施内至少停留一夜的外国人、华侨、港澳台同胞。入境(过夜)旅游者不包括下列人员:

1. 应邀来华访问的政府部长级以上官员及其随从人员;

2. 外国驻华使领馆官员、外交人员以及随行的家庭服务人员和受赡养者；

　　3.常驻我国一年以上的外国专家、留学生、记者、商务机构人员等；

　　4.乘坐国际航班过境不需要通过护照检查进入我国口岸的中转旅客；

　　5.边境地区往来的边民；

　　6.回内地(大陆)定居的港澳台同胞；

　　7.已在我国大陆定居的外国人和原已出境又返回我国定居的外国侨民；

　　8.归国的我国出国人员。

　　入境一日游游客指入境游客中,未在我国旅游住宿设施内过夜的外国人、华侨、港澳台同胞。入境一日游游客应包括乘坐游船、游艇、火车、汽车来华旅游,在车(船)上过夜的游客和机、车、船上的乘务人员,但不包括在境外(内)居住而在境内(外)工作,当天往返的港澳同胞和周边国家的边民。

二、国内旅游者的定义

　　与国际旅游者的定义基本趋于认识统一相比,国内旅游者的概念解释更多。世界上不同国家所给出的定义,多是依照本国的理解,按本国的情况给出的,可以说是各不相同。

　　1978 年美国国家旅游资源评审委员会(the National Tourism Resource Review Commission)提出,旅游者是为了出差、消遣、个人事务或者出于工作上下班之外的其他任何原因而离家外出旅行至少50 英里(单程)的人。而不管其是否在外过夜。

　　世界旅游组织1984 年参照国际旅游者的定义与界定标准,将国内游客区分为国内旅游者(Domestic tourists)和国内短程游览者(Domestic excursionists)。国内旅游者指在其居住国国内旅行超过24 小时,但不足一年的人,其目的可以为消遣、度假、体育、商务、公务、会议、疗养、学习和宗教等。此后又补充规定,国内旅游者不包括那些外出就业的人。国内短程游览者指基于任何以上目的的访问地逗留不足24小时的人。

英格兰旅游局在其进行的英国旅游调查(British Tourism Survey)中规定:国内旅游者指基于上下班以外的任何原因,离开居住地外出旅行过夜至少一次的人。

法国旅游总署对国内旅游者的定义则是:基于消遣、健康、会议、商务或修学目的,离开其主要居所外出旅行超过24小时但不足4个月的人。

在我国的旅游统计中,国内游客是在国内观光游览、度假、探亲访友、就医疗养、购物、参加会议或从事经济、文化、体育、宗教活动的本国居民,其出游目的不是通过所从事的活动谋取报酬。国内游客包括国内(过夜)旅游者和国内一日游游客。

国内旅游者,指国内居民离开惯常居住地在境内其他地方的旅游住宿设施内至少停留一夜,最长不超过12个月的国内游客。国内旅游者应包括在我国境内常住一年以上的外国人、港澳台同胞。但不包括到各地巡视工作的部级以上领导、驻外地办事机构的临时工作人员、调遣的武装人员、到外地学习的学生、到基层锻炼的干部、到境内其他地区定居的人员和无固定居住地的无业游民。

国内一日游游客,指国内居民离开惯常居住地10公里以上,出游时间超过6小时,不足24小时,并未在境内其他地方的旅游住宿设施过夜的国内游客。

三、旅游者的分类

在旅游研究和实践工作中,经常需要根据研究和工作目的,将旅游者按不同的标准划分为不同的类型。常见的划分标准有旅游目的、组织形式、消费水平、旅游方式、地理范围、旅行距离等。显然,依照不同标准划分的旅游者类型,彼此之间互有交叉重叠。

不论运用哪种标准来划分旅游者的类型,都可以发现不同类型的旅游者所表现出的特点既有共性,也有差异。下面仅对按旅游目的划分的各种类型的旅游者的特点做简要说明。

(一)观光型旅游者

观光型旅游者以观赏游览异国他乡的名胜古迹、风土人情等为主要目的,同时可以与购物、娱乐、考察、公务等相结合,是最常见、最基本的旅游者类型,也是目前我国旅游者类型的主体。其特点为:希望通过观赏游览异国他乡的自然景观和人文景观,增长见识、开阔视野、陶冶情操,获得新、奇、异、美、特的感受;喜欢到知名度高的地方旅游;在旅游目的地逗留时间较短、重游率低、花费较少,对旅游景点特色和价格比较敏感;游览的季节性强。

(二)娱乐消遣型旅游者

娱乐消遣型旅游者以松弛精神、享受临时变换环境所带来的欢愉为主要目的。由于娱乐消遣型旅游能够调节人们的生活节奏,摆脱日常紧张工作带来的烦恼,该种类型的旅游者日趋增多。在发达国家的旅游者中,娱乐消遣型旅游者所占比重最大。其特点是:追求娱乐、参与、消遣、刺激和享受;对旅游产品的质量、旅游安全和价格比较敏感;外出季节性较强,几乎都会选择旅游目的地最好的季节,利用带薪假期外出旅游;对旅游目的地和旅行方式的选择自由度大;重游率较高,出游和停留时间较长。

(三)公务型旅游者

公务型旅游者是根据工作需要,以贸易合作、商务洽谈、出席会议、举办展览、科学文化交流等为主要目的,在完成公务的前提下进行参观游览等活动的旅游者。其特点是:有一定的身份地位,对旅游产品和服务质量要求较高;费用主要由团体的公费开支,支付能力较强,对价格不大敏感,消费较高;因为公务在身,对旅游目的地和旅游时间没有太多选择余地,一般以就近短途和短时为多;人数相对较少,但出行次数较多,季节性不强。

（四）个人及家庭事务型旅游者

这类旅游者的需求比较复杂。他们在需要方面不同于消遣型和公务型，但又兼具两者的某些特点。例如，在出游时间上，他们中虽有不少人利用带薪假期探亲访友，但相当多人都选择传统节假日外出探亲，而各国传统节假日又不尽统一。此外，很多家庭及个人事务，如出席婚礼、参加开学典礼等日期限制较紧。因此，其总体特点是：出行季节性较差，对旅游价格比较敏感；没有选择旅游目的地的自由。

（五）医疗保健型旅游者

医疗保健型旅游主要有疗养旅游、休闲度假旅游、温泉旅游、森林旅游、体育保健旅游、气功专修旅游等形式。医疗保健型旅游者的主要目的是通过参加有益于身心健康的旅游活动，治疗某些慢性疾病、消除日常工作疲劳。其特点是：有较高的收入、较多的闲暇时间；保持健康或恢复健康的欲望较强；对旅游项目中保健、康体、医疗等功能比较敏感；中老年人比重较大，停留时间较长；近距离旅游者为多。

（六）文化知识型旅游者

文化知识型旅游是一种旨在观察社会、体验民族民俗民风、丰富历史文化积累、增长知识的旅游形式。文化知识型旅游者的主要目的是通过文化知识旅游达到积极的休息和娱乐，同时获得知识的启迪和充实。其特点是：具有较高的文化素养，较强的求知欲；具有某种专长或特殊兴趣，乐于与人切磋交流；对导游的文化知识基础有较高的要求，对旅游日程安排的周密性和旅游线路的科学性比较敏感。

（七）生态/探险型旅游者

生态/探险型旅游是目前国际国内旅游市场新兴起的一种旅游形式，它强调观光旅游、自然保护与文化保存相结合，是一种肩负环境责任、具备环境伦理的旅游新项目。生态/探险型旅游者的主要目的是通过旅游达到接触大自然、了解大自然、宣传和保护大自然积极地休息和娱乐,同时获得知识的启迪和充实。其特点是:具有较高的自然科学、社会科学综合知识和生态意识,较强的求知欲;具有某种专长或特殊兴趣,乐于与当地居民交流;一般经过专门的培训,有基本生存本领;对接待设施和服务内容相对较宽容,但对旅游日程安排的周密性和旅游线路的科学性比较敏感。

（八）宗教型旅游者

宗教型旅游是指以宗教朝圣等为主要目的而进行的旅游形式。是世界上最古老和稳定的旅游类型。宗教型旅游者的主要目的是通过旅游达到宗教交流、陶冶身心、祈求平安。其特点是:具有宗教信仰、知识或出于兴趣;注重宗教景点场所的原真性和接待形式的规范性,强调灵验性和归宿感;具有很高的市场稳定性和重游率。

第二节　旅游者的权利和义务

一、旅游者的权利

（一）知悉真情权

即旅游者享有知悉其购买的旅游产品和服务的真实情况的权利。具体表现为:一是旅游者有权要求旅游经营者的宣传信息真实。旅游活动经常跨地域进行,旅游宣传信息的描述,对旅游者购买旅游产品和服务的决定起着至关重要的作用。多数旅游者是第一次接触旅游目的地信息,旅游经营者在对外宣传营销及合同中的各项信息、行程安排、价格等时,必须真实准确,杜绝"准星级"、"同标准"、"相当于"等字眼。对旅游中存在的风险必须予以充分提示,不能利用其掌握的信息优势,做夸大或者虚假的宣传,误导、诱骗旅游者购买其旅游产品和服务。二是旅游者有权要求为其提供旅游产品和服务的旅游经营者的情况真实,以便在发生问题和纠纷时,能够及时维护自身的合法权益。譬如,在包价旅游合同中,负责签约的旅行社将接待业务委托给地接社履行的,应当载明地接社的名称及相关信息;如果签约的旅行社是受其他旅行社的委托代理销售包价旅游产品的,应当载明委托社和签约旅行社的名称及相关信息。三是旅游者有权获知旅游产品和服务的真实详情。如果旅游者与旅行社签订了包价旅游合同,旅游者有权就合同中的行程安排、成团最低人数、服务项目的具体内容和标准、自由活动时间安排、旅行社责任减免信息,以及旅游者应当注意的旅游目的地相关法律、法规和风俗习惯、宗教禁忌,依照我国法律不宜参加的活动等内容,要求旅行社做详细说明,并有权要求旅行社在旅游行程开始前提供旅游行程单。

（二）自主选择权

即旅游者有自主选择旅游产品和服务的权利。具体而言,旅游者自主选择权的内容包括:旅游者是否参加旅游、是参加团队旅游还是参加自助旅游、是在境内旅游还是出境旅游、是否参加自费项目、是否参加购物等,都应当由旅游者自己决定,旅游经营者不得强迫旅游者交易或者消费。例如,旅游者外出旅游可选择甲旅行社,也可选择乙旅行社为其服务;有权根据自己的意愿自主选择旅游经营者提供的旅游产品和服务,即使是在已事先设计好的旅游服务格式合同中,旅游经营者也应当允许、尊重和保护旅游者的自主选择。如果旅游者不希望参加旅游产品中的某类项目,旅游经营者应当同意,不得强迫其购买。特别是旅行社,在为旅游者提供服务的过程中,不得指定具体购物场所,不得安排另行付费旅游项目。在未达到约定的人数不能出团时,必须在征得旅游者的书面同意后,才能将旅游者转团、并团,否则会损害旅游者的自主选择权。

（三）拒绝强制交易权

即旅游者有拒绝旅游经营者的强制交易行为的权利。对于旅行社而言,应当将旅游行程中的各项消费明明白白写进包价旅游合同,让游客明白消费。对于旅行社未与自己协商一致或未经自己要求,而指定的购物场所或安排自己参加另行付费的项目,导游或领队强迫或者变相强迫自己购物等,旅游者既有权利拒绝,也可以在旅游行程结束后 30 日内,要求旅行社为其办理退货并先行垫付退货货款、退还另行付费项目的费用。旅行社在旅程中增加服务项目需加收费用的,应当事先征得旅游者的同意,不得强制服务,强制收费。

（四）要求履约权（获得诚信服务权）

即旅游者有权利要求旅游经营者按照约定提供产品和服务。具体表现为:一是有权要求旅游经营者按照约定提供产品和服务。约定既可以是口头的,也可以是书面的。二是要求旅游经营者严格依照合同约定和旅游行程单的安排,全面履行义务,旅游经营者在旅游行程开始前、过程中,均不得随意减少旅游项目,增加自费项目,降低服务标准,压缩游览时间,擅自变更旅游行程安排。导游和领队也不得擅自变更旅游行程或者中止服务活动。如果旅游经营者不履行或者未按合同约定全面履行义务,旅游者有权要求其承担继续履行、采取补救措施或者赔偿损失等责任;如果发生不可抗力或者旅游经营者已尽合理注意义务仍不能避免的事件,影响旅游行程,导致合同不能完全履行的,旅游经营者应向旅游者做出说明,可以在合理范围内变更合同;旅游者不同意变更的,可以解除合同。无论合同变更还是解除,旅游经营者都应当采取适当措施,将损失减少到最小限度。三是除旅游者自己提出,或者发生《旅游法》规定的因旅游者自身原因引起的以及发生不可抗力或者旅游经营者已尽合理注意义务仍不能避免的事件等可以解除合同的法定情形外,旅游经营者不得擅自解除合同。

（五）旅游合同的转让与解除权

旅游合同的转让是指除旅行社有正当的拒绝理由外,旅游者有权在旅游行程开始前,将包价旅游合同中自身的权利义务转让给第三人,因此增加的费用由旅游者和第三人承担。

旅游合同的解除是指《旅游法》规定的下列情形:

1. 包价旅游合同订立后,因未达到约定人数不能出团时,旅游者不同意组团社委托其他旅行社履行合同的,有权解除合同,并要求退还已收取的全部费用。

旅游行程结束前,旅游者解除合同的,组团社应当在扣除必要的费用后,将余款退还旅游者。

2. 因不可抗力或者旅行社、履行辅助人已尽合理注意义务仍不能避免的事件,导致旅游合同不能继续履行,旅行社和旅游者均可以解除合同;导致合同不能完全履行,旅游者不同意旅行社变更合同的,有权解除合同;合同解除的,旅游者有权获得扣除组团社已向地接社或者履行辅助人支付且不可退还的费用后的余款。

（六）受尊重权

即旅游者的人格尊严、民族风俗习惯和宗教信仰应当得到尊重;旅游者有权要求旅游经营者对其在经营活动中知悉的旅游者个人信息予以保密。为了保障旅游者在旅游活动中,真正能够愉悦身心,增强幸福感和满足感,《旅游法》规定:旅游者的人格尊严、民族风俗习惯和宗教信仰应当得到尊重。具体表现为:一是旅游者不分民族、种族、性别、职业、家庭出身、宗教信仰、教育程度、财产状况等,都有权参与与自身行为能力和健康状况相适应的旅游活动。二是来自各民族、各地区的旅游者要互相尊重,和睦相处。我国是一个多民族的国家,在长期的发展中,各民族有着历史形成的、独特的生活习性、风俗习惯和宗教信仰。旅游经营者及其从业人员看到或者听到旅游者的各种习惯或者传统,即使不喜欢、不认同或者不理解,也必须予以尊重和理解,而不能按照自己的喜好妄加评论,更不能藐视或者指责,损害旅游者的感情。当旅游者有一些特别的宗教或膳食要求时,旅游经营者及其从业人员在条件允许的情况下,应该尽可能地予以安排。三是旅游者有权要求旅游经营者对其在经营活动中知悉的旅游者个人信息予以保密。

(七)特殊群体的特惠权

《旅游法》第十一条规定:"残疾人、老年人、未成年人等旅游者在旅游活动中依照法律、法规和有关规定享受便利和优惠。"随着我国社会经济的发展和文明程度的提高,一方面,残疾人、老年人、未成年人等特殊群体有愿望、有条件参与旅游活动;另一方面,残疾人、老年人、未成年人等由于年龄和生理特点,在社会生活中属于应当受到照顾的群体,需要得到旅游经营者的特别服务和保护。为这些特殊群体提供旅游便利和优惠服务是社会文明的基本体现和要求。我国历来重视对残疾人、老年人、未成年人等特殊群体的保护,满足他们对精神文化生活的需求。《老年人权益保障法》和《未成年人保护法》都规定,博物馆、美术馆、科技馆、纪念馆、公共图书馆、文化馆、影剧院、体育场馆、公园、旅游景点等场所,都应当按照有关规定对老年人和未成年人免费或者优惠开放。《国民旅游休闲纲要(2013—2020年)》提出,国家和社会鼓励、帮助残疾人参加各种文化、体育、娱乐活动,努力满足残疾人精神文化生活的需要。改善国民旅游休闲环境。落实对未成年人、残疾人、老年人、高校学生、教师、现役军人等群体实行减免门票等优惠政策。鼓励设立公众免费开放日。各级人民政府一方面要根据国家的法律、法规和有关政策规定,要求公共文化设施以及实行政府定价、政府指导价管理的游览参观点,对老年人、残疾人、未成年人及学生、现役军人等,实行门票免费或者优惠;列入爱国主义教育基地的游览参观点,对大中小学学生集体参观实行免票;学生个人参观实行半票。有条件的地区,对公益性城市休闲公园,可逐步实行免票开放;另一方面,旅游经营者在为老年人、残疾人、未成年人等群体提供旅游服务时,要尽可能地提供各种方便和照顾,如旅游景区公共区域应当设置盲道和残疾人通道,为老年人、未成年人修建必要的休息设施。旅游经营者安排的旅游项目和餐饮要适应老年人的需要;由于未成年人行为能力尚不完全,且活泼好动,组织未成年人参加旅游活动时,要关注旅游服务项目的安全性,根据需要有针对性地安排服务人员陪同。

(八)请求救助保护权

旅游者出门在外,由于各种各样的原因,有时人身财产安全会遇到各种危险,如在旅行途中,旅游者患上传染病或者其他严重疾病等。当旅游者的人身财产安全遭遇危险时,有权请求旅行社及其从业人员、景区以及为旅游者提供交通、住宿、餐饮、购物、娱乐等服务的经营者、危险发生地的乡镇、市(县)或者省级人民政府,法律规定的人民警察、医疗机构等特定义务人进行求助。中国出境旅游者在境外陷于困境时,有权请求我国驻当地的使领馆在其职责范围内给予协助和保护。在接到旅游者的求助后,在其能力范围内给予适当的帮助,是旅游经营者的义务。一般而言,旅行社及有关旅游经营者应立即按照法律法规的规定向有关部门报告,同时展开必要的救助,事后还应配合有关方面做好善后工作。危险发生地的人民政府及法律规定的特定义务人接到求助后必须按照各自的职责,对旅游者开展及时的救助和保护,协助旅游者返回出发地或者旅游者指定的合理地点,将旅游者的损失降到最低限度。对于在跨行政区域的地区发生的危险,相关的当地政府要协调配合,共同援救。旅游者接受相关组织或者机构的救助后,应当支付应由个人承担的费用。

(九)损害赔偿请求权

由于旅游活动涉及食、住、行、游、购、娱六大要素,涉及多个行业和部门,因而造成旅游者人身、财产受到侵害的因素和主体较为复杂。有因旅游经营者合同违约给旅游者造成的侵害,如旅行社不履行包价旅游合同义务或者履行合同义务不符合约定等,也有旅游经营者因侵权行为给旅游者造成的侵害等。在旅游过程中,如果由于旅游经营者的原因造成旅游者的人身、财产受到侵害,旅游者享有依法律规定或合同约定向旅游经营者索赔的权利。如由于地接社、履行辅助人的原因造成旅游者人身损害、财产损失的,旅游者可以要求地接社、履行辅助人承担赔偿责任,也可以要求组团社承担赔偿责任;旅游者可通过与旅游经营者协商,或向消费者协会、旅游投诉受理机构或者有关调解组织申请调解,或根据与旅游经营者达成的仲裁协议提请仲裁机构仲裁,也可以向人民法院直接起诉来要求赔偿。但是,旅游者在请求赔偿时,一方面要理性地通过合法的程序来维护自己的权益,不能提出不当的要求,不能以极端甚至违法的手段维权,否则会得不偿失;另一方面,在提出任何赔偿主张时,都要提供相应的证据;而旅游经营者也应当按照《旅游法》、《侵权责任法》及相关法律的规定承担相应的责任。如《旅游法》第七十条第一款规定:旅行社不履行包价旅游合同义务或者履行合同义务不符合约定的,应当依法承担继续履行、采取补救措施或者赔偿损失等违约责任;造成旅游者人身损害、财产损失的,应当依法承担赔偿责任。旅行社具备履行条件,经旅游者要求仍拒绝履行合同,造成旅游者人身损害、滞留等严重后果的,旅游者还可以要求旅行社支付旅游费用一倍以上三倍以下的赔偿金。第三款规定,在旅游者自行安排活动期间,旅行社未尽到安全提示、救助义务的,应当对旅游者的人身损害、财产损失承担相应责任。由于地接社、履行辅助人的原因造成旅游者人身损害、财产损失的,旅游者可以要求地接社、履行辅助人承担赔偿责任,也可以要求组团社承担赔偿责任;组团社承担责任后可以向地接社、履行辅助人追偿。但是,由于公共交通经营者的原因造成旅游者人身损害、财产损失的,由公共交通经营者依法承担赔偿责任,旅行社应当协助旅游者向公共交通经营者索赔。《旅游法》第七十四条规定,旅行社接受旅游者的委托,为其代订交通、住宿、餐饮、游览、娱乐等旅游服务,收取代办费用的,应当亲自处理委托事务。因旅行社的过错给旅游者造成损失的,旅行社应当承担赔偿责任。

(十)安全保障权

安全保障权是指旅游者在购买、消费旅游产品或者接受旅游服务时,依法享有的人身、财产安全不受侵害的权利。其中人身权主要指人的生命、健康、人格、名誉和人身自由等权利。财产权是公民作为权利主体所享有的具体经济利益的权利。人身财产安全不受损害是每一名旅游者最基本、最重要的一项权益。在旅游过程中,旅游者有权要求旅游经营者保证其提供的产品和服务符合保障人身、财产安全的要求,有权要求为其提供服务的旅游经营者就正确使用相关设施设备的方法、必要的安全防范和应急措施、未向旅游者开放的经营服务场所和设施设备、不适宜参加相关活动的群体等事项,以明示的方式事先向其做出说明或者警示。旅行社为招徕、组织、接待旅游者而选择的交通、住宿、餐饮、景区等企业,应当符合具有合法经营资格和接待服务能力的要求。景区开放应当具有必要的安全设施及制度,经过安全风险评估,满足安全条件;经营高空、高速、水上、潜水、探险等高风险旅游项目的经营者,应当按照国家有关规定取得经营许可。旅游经营者应当对提供的产品和服务进行安全检验、检测和评估,采取必要措施防止危害发生。在发生危及旅游者人身、财产安全的事故时,旅游经营者应履行对旅游者的救助义务,采取必要的救助措施,防止损失进一步扩大。

(十一)投诉举报权

旅游者发现旅游经营者有违法行为的,有权向旅游、工商、价格、交通、质监、卫生等相关主管部门举报;旅游者与旅游经营者发生纠纷的,有权向相关主管部门或旅游投诉受理机构投诉、申请调解,也可以向人民法院提起诉讼。

　　旅游者,作为旅游活动的主体之一,主要是通过向旅游经营者购买旅游产品或者接受服务来满足其旅游需求,这种消费明显属于生活消费,因此,我国《消费者权益保护法》规定的消费者的权利同样适用于旅游者。

二、旅游者的义务

(一)文明旅游的义务

　　即遵守社会公共秩序和社会公德,尊重当地的风俗习惯、文化传统和宗教信仰,爱护旅游资源,保护生态环境,遵守旅游文明行为规范的义务。随着我国人民生活水平的提高,外出旅游的人越来越多。但是,在旅游过程中,时常有旅游者因不顾及社会公共秩序和社会公德,无视旅游目的地的风俗习惯、文化传统和宗教信仰,引发与当地居民的摩擦和矛盾,甚至因违反当地禁忌而发生不愉快的事件。也有个别旅游者在一些名胜古迹、文物上乱涂乱画,或者随地吐痰、乱扔垃圾、攀爬树木、踩踏绿地、追捉动物,随意插队、在公共场所大声喧哗等。减少乃至杜绝旅游中的不文明行为,不仅需要教育、宣传、旅游等部门以及旅游经营者共同努力,采取多种方法与措施对旅游者的行为进行引导与管理,而且更需要旅游者自觉提升个人修养,树立文明旅游意识,了解文明旅游常识和旅游目的地的风俗禁忌。旅游者在出游过程中应当遵守社会公共秩序和社会公德,遵守《中国公民出境旅游文明行为指南》和《中国公民国内旅游文明行为公约》等旅游行为规范,尊重当地的风俗习惯、文化传统和宗教信仰,爱护旅游资源,保护生态环境,做到友好旅游,文明旅游。特别要摒弃那些不文明的生活习惯,尊重领队人员的文明旅游提示。

(二)不损害他人合法权益的义务

　　即在旅游活动中或者在解决纠纷时,不得损害当地居民的合法权益,不得干扰他人的旅游活动,不得损害旅游经营者和旅游从业人员的合法权益的义务。旅游者在旅游活动中,会与其他旅游者、旅游经营者、旅游从业人员和旅游目的地的居民打交道,有时也可能会与旅游从业人员和旅游经营者等发生纠纷,如旅游者与旅行社因其没有按照合同约定的标准或质量提供服务而发生纠纷等。但是,在包价旅游形成的旅游团中,每一位旅游者在旅游活动中或者在解决旅游纠纷时要遵守兼顾他人利益的行为准则,不能为了自己的利益而人为拖延时间致使整团行程受阻,人为扩大损失等侵害他人合法权益的行为,如采取拒绝登车、船、飞机等行为拖延行程,谩骂甚至殴打导游、领队等旅游从业人员,在旅行社门市吵闹而影响旅行社的正常经营活动等。因此,《旅游法》规定,旅游者在旅游活动中或者在解决纠纷时,不得损害当地居民的合法权益,不得干扰他人的旅游活动,不得损害旅游经营者和旅游从业人员的合法权益。这是对旅游者的基本要求,也是法定义务。此外,《旅游法》还规定,旅游者从事严重影响其他旅游者权益的活动,且不听劝阻、不能制止的,旅行社可以解除合同,给旅行社造成损失的,旅游者应当依法承担赔偿责任;旅游者在旅游活动中或者在解决纠纷时,损害旅行社、履行辅助人、旅游从业人员或者其他旅游者的合法权益的,应依法承担赔偿责任。因此,旅游者在解决旅游纠纷时,要保持冷静和理智,避免言行过激,在不影响其他旅游者的旅游活动和不破坏旅游经营者正常经营的前提下,留存好有关票据、文字材料等相关证据,适时向旅游经营者主张权利,或向旅游投诉处理机构投诉。

(三)告知个人健康信息和遵守安全警示的义务

即旅游者购买、接受旅游服务时,应当向旅游经营者如实告知与旅游活动相关的个人健康信息,审慎选择参加旅游行程或旅游项目的义务。旅游者暂时离开自己的常住地到其他地方去旅游,会使自己的身心得到放松和愉悦。但是旅游过程中,要经常改变环境和作息时间,而且免不了舟车劳顿。此外,有的旅游活动也不适合一些有特定疾病的旅游者参加,比如高血压患者可能就不太适合参加高原地区的旅游活动。患有传染病等疾病的,可能也不太适合参加旅游活动。因此,旅游者购买、接受旅游服务时,应当向旅游经营者如实告知与旅游活动相关的个人健康信息。这不仅有利于旅游经营者判断是否接纳旅游者参加相应的旅游活动,而且有利于旅游经营者在接受旅游者报名后在合理范围内给予特别关照,减少安全隐患。同时,为保障旅游者的人身安全,旅行社、景区以及为旅游者提供交通、住宿、餐饮、购物、娱乐等服务的经营者,应当根据《旅游法》的规定,就旅游活动中不适宜参加相关活动的群体,正确使用相关设施、设备的方法;必要的安全防范和应急措施,可能危及旅游者人身、财产安全的其他情形等事项,以明示的方式事先向旅游者做出说明或者警示,旅游者对此也有义务严格遵守。

(四)安全配合的义务

旅游者在旅游过程中遇到自然灾害、事故灾难、公共卫生事件和社会安全事件等突发事件时,事件发生地的人民政府为了尽快妥善处理突发事件,或者将突发事件损失降到最低限度,会根据《中华人民共和国突发事件应对法》,组织有关部门采取相应的应急处置措施,比如疏散、撤离并妥善安置受到威胁的人员;标明危险区域,封锁危险场所,规定警戒区,实行交通管制以及其他控制措施;禁止或者限制使用有关设备、设施,关闭或者限制使用有关场所,中止人员密集的活动或者可能导致危害扩大的生产经营活动以及采取其他保护措施。同时,旅游经营者也会根据《旅游法》的相关规定,采取必要的处置措施,对旅游者做出妥善安排。对此,旅游者应当服从指挥和安排,配合为应对重大突发事件而采取的暂时限制旅游活动的措施以及有关部门、机构或者旅游经营者采取的安全防范和应急处置措施。旅游者如果违反安全警示规定,或者不配合有关部门、机构或者旅游经营者采取的安全防范和应急处置措施而造成自身损失的,应当由自己承担;如果因此给国家、有关部门和旅游经营者造成损失的,应当依照相关法律法规的规定承担赔偿责任。有些情况下,甚至可能承担更为严重的刑事责任。

(五)遵守我国出入境管理法规的义务

根据《中华人民共和国出境入境管理法》:我国公民前往其他国家或者地区旅游,除应当依法申请办理护照或者其他旅行证件外,一般还需要取得前往国签证或者其他入境许可证明。该签证或者其他入境许可证明上载有入境有效期、停留期间等事项,出境旅游者不得超出签证有效期、超出停留期间在境外非法滞留。根据《中国公民出国旅游管理办法》,如果我国公民有报名参加旅游团出境旅游的,旅游团队须从国家开放口岸整团出入境。在境外进行旅游活动,持有团队旅游签证的旅游者须作为一个团队,不得擅自分团、脱团。同样,入境旅游者在我国境内旅游的,须遵守我国的法律规定,按照许可的期限在我国境内旅游,不得非法滞留。如入境旅游者是随团入境参加旅游活动的,不得擅自脱团、分团。旅行社在组织、接待出入境旅游时,如果发现有非法滞留和擅自分团、脱团情形的,应当按照《旅游法》的有关规定,及时向公安机关、旅游主管部门或者我国驻外机构报告。否则,旅行社及其直接负责的主管人员和其他直接责任人员将会受到旅游主管部门根据《旅游法》第九十九条的规定给予的处罚。

第三节　旅游者权益的保护

一、旅游者法律地位的确立

(一)旅游者的法律地位

旅游者的法律地位是指世界旅游组织通过召开旅游国际会议

或国家与国家通过双边、多边会议及国家通过法律确认旅游者在旅游活动中的性质、作用、权利和义务。它是旅游者在旅游活动中所处地位的法律表现。

旅游者在市场交易中处于弱者地位。他们通过合同形式,以支付货币的方式,从旅游经营者那里获得消费资料。而旅游消费具有在生疏的环境、陌生的地域上进行的特点。且旅游商品具有特殊性,旅游者不仅承担经济风险,还要承担生存风险,同时旅游者的利益只有在旅游活动进行中才能实现。这种利益形态的差异、利益满足方式的不同及旅游者对旅游经营者的依赖性,导致了旅游者的弱者地位,由此决定旅游者需要特殊的法律保护。

(二)中国旅游者的法律地位

旅游者作为旅游活动的主体,其合法权益既受《旅游法》保护,也受《消费者权益保护法》、《合同法》等保护。人身和财产安全不受侵害是旅游者的最基本权利,此外旅游者还享有知悉真情权、自主选择权、公平交易权、求偿权、结社权、获得有关知识权、受尊重权、监督权等。旅游者只有充分享有权利,自觉履行义务,旅游者的需求才能得到满足。

(三)国际旅游消费者特定的法律地位

旅游者离开本国前往其他国家旅游时,将受两个主权国家(目的地国和国籍国)的管辖,导致国际旅游者具有特定的法律地位。

1.国际旅游者法律地位的含义

所谓国际旅游者的法律地位,是指旅游者离开本国前往他国参加旅游活动,在途经、出境、通过他国过境以及到他国游览期间的权利和义务。确定国际旅游者的法律地位首先要根据他的外国人身份,其次考虑他作为旅游者的特定身份。因此,国际旅游者的法律地位适用于国际法规定的外国人的一般原则,外国人的法律地位通常由国内法规定,有时也由双边或多边条约规定。

2. 国际旅游者的属地管辖权和属人管辖权

国际旅游者离开本国前往他国旅游时,受两个主权国家(目的地国和国籍国)的管辖,这就是属地管辖权和属人管辖权。

所谓国际旅游者的属地管辖权就是一国境内的外国人,无论长期居留还是短期旅行,除享有外交豁免权者,一律受驻在国管辖,一律要服从和遵守该国法律、法规等规定。同时,居住在一国境内的外国人其合法权益必须得到驻在国法律的保护。国际旅游者的属人管辖权驻在国不能涉及,应依该人的国籍确定管辖权。

3. 国际旅游者的待遇

在国际司法实践中,既要考虑到主权国家的管辖权别国无权干涉,又要根据国际惯例,注意尊重外国人应有的权利,照顾国际间的关系和该外国人本国的利益,因此在国际交往中通常采用以下方式规定外国人的待遇。

(1)国民待遇。即在一定事项或范围内,国家给予其境内的外国人与其本国国民同等的待遇。目前几乎所有国家都在国内立法或国际条约中采用了这一方式,并具体规定了它的适用范围,一般国民待遇限于民商事和诉讼权利方面,而不适用于政治权利方面。

(2)最惠国待遇。即一国给予另一国国家或国民的待遇不低于现在或将来给予任何第三国国家或国民的待遇。最惠国待遇是国家给予他国的一种优惠,国家有权决定给予那些国家在什么范围的最惠国待遇。最惠国待遇被广泛用于国家间经贸活动领域。

(3)差别待遇。即一国给予外国人不同于本国人的待遇,或给予不同国家的外国人不同的待遇。前者一般是指给予外国人和外国法人的权利在有些方面小于本国国民和法人,但也包括有些时候给予外国人和外国法人某些方面超过本国国民和法人的待遇,如某些税收的减免。后者是指基于地理、历史、民族等因素而给予某些国家的待遇比给予其他国家的更为优惠。国际法承认上述差别待遇,但禁止基于宗教种族等原因的歧视待遇。

(4)互惠原则和普惠制。互惠原则是指一国给予外国国民某种权利、利益或优惠须以该国给予本国国民同等权利、利益或待遇为前提。在上述国民待遇或最惠国待遇的采用中,一般都同时遵循这项原则,以防止国家获取片面利益。但是基于某种原因,国家自愿同意的片面优惠待遇不受此限制,普惠制就是一个典型。普惠制是指为减少经济发展的极端不平衡,发达国家在与发展中国家的经济交往中,单方面给予发展中国家某些特殊优惠,而不要求发展中国家给予发达国家同样的优惠。

二、旅游者合法权益的保护

旅游者是消费者的重要组成部分,国家对消费者合法权益的保护同样适用于旅游者权益的保护。

(一)国家对消费者合法权益的保护

国家是公共权利的代表,维护消费者利益,对消费领域实施适当的干预,以矫正市场经济条件下经营者与消费者之间的不平等,是国家应尽的职责。国家对消费者权益的保护是由立法机关、行政机关、司法机关通过采取相应的措施来实现的。依据修订后于2014年3月15日实施的《消费者权益保护法》相关规定,国家对消费者合法权益的保护主要体现在:

1.国家制定有关消费者权益的法律、法规、规章和强制性标准,应当听取消费者和消费者协会等组织的意见。

2.各级人民政府应当加强领导,组织、协调、督促有关行政部门做好保护消费者合法权益的工作,落实保护消费者合法权益的职责。各级人民政府应当加强监督,预防危害消费者人身、财产安全行为的发生,及时制止危害消费者人身、财产安全的行为。

3.各级人民政府工商行政管理部门和其他有关行政部门应当依照法律、法规的规定,在各自的职责范围内,采取措施,保护消费者的合法权益。有关行政部门应当听取消费者和消费者协会等组织对经营者交易行为、商品和服务质量问题的意见,及时调查处理。

有关行政部门在各自的职责范围内,应当定期或者不定期对经营者提供的商品和服务进行抽查检验,并及时向社会公布抽查检验结果。

有关行政部门发现并认定经营者提供的商品或者服务存在缺陷,有危及人身、财产安全危险的,应当立即责令经营者采取停止销售、警示、召回、无害化处理、销毁、停止生产或者服务等措施。

4.有关国家机关应当依照法律、法规的规定,惩处经营者在提供商品和服务中侵害消费者合法权益的违法犯罪行为。人民法院应当采取措施,方便消费者提起诉讼。对符合《中华人民共和国民事诉讼法》起诉条件的消费者权益争议,必须受理,及时审理。

（二）消费者组织对消费者合法权益的保护

保护消费者的合法权益是全社会的共同职责。国家鼓励、支持一切组织和个人对损害消费者合法权益的行为进行社会监督,各种消费者组织在社会监督中起着举足轻重的作用。目前中国的消费者组织主要是指中国消费者协会和地方各级消费者协会,它们是依法成立的对商品和服务进行社会监督的保护消费者合法权益的社会团体,其宗旨是维护消费者的合法权益。《消费者权益保护法》对消费者组织的范围、性质、设立、任务等都做了明确的规定。

消费者协会履行下列公益性职责:

1.向消费者提供消费信息和咨询服务,提高消费者维护自身合法权益的能力,引导文明、健康、节约资源和保护环境的消费方式;

2.参与制定有关消费者权益的法律、法规、规章和强制性标准；

3.参与有关行政部门对商品和服务的监督、检查；

4.就有关消费者合法权益的问题,向有关部门反映、查询,提出建议；

5.受理消费者的投诉,并对投诉事项进行调查、调解；

6.投诉事项涉及商品和服务质量问题的,可以委托具备资格的鉴定人鉴定,鉴定人应当告知鉴定意见；

7.就损害消费者合法权益的行为,支持受损害的消费者提起诉讼或者依照本法提起诉讼；

8.对损害消费者合法权益的行为,通过大众传播媒介予以揭露、批评。

各级人民政府对消费者协会履行职责应当予以必要的经费等支持。

消费者协会应当认真履行保护消费者合法权益的职责,听取消费者的意见和建议,接受社会监督。

消费者组织不得从事商品经营和营利性服务,不得以收取费用或者其他谋取利益的方式向消费者推荐商品和服务。

(三)其他组织对旅游消费者合法权益的保护

《消费者权益保护法》第三十七条规定:依法成立的其他消费者组织依照法律、法规及其章程的规定,开展保护消费者合法权益的活动。

仅有消费者组织的保护是不够的,应该建立对消费者组织起辅助作用的其他类型的各种民间组织如消费者协会组织联合会、消费者协会基金会、消费者保护法学研究会、公共关系协会、质量管理协会等保护消费者的合法权益,发挥各自的优势,切实将消费者合法权益的保护落到实处。

三、旅游者争议解决的途径及经营者法律责任的确定

（一）旅游者争议解决的途径

《消费者权益保护法》第三十九条规定：消费者和经营者发生消费者权益争议的，可以通过下列途径解决：

1. 与经营者协商和解；

2. 请求消费者协会或者依法成立的其他调解组织调解；

3. 向有关行政部门投诉；

4. 根据与经营者达成的仲裁协议提请仲裁机构仲裁；

5. 向人民法院提起诉讼。

这与我国《旅游法》第九十二条规定的争议解决途径基本一致。

旅游者与旅游经营者发生纠纷，可以通过下列途径解决：

1. 双方协商；

2. 向消费者协会、旅游投诉受理机构或者有关调解组织申请调解；

3. 根据与旅游经营者达成的仲裁协议提请仲裁机构仲裁；

4. 向人民法院提起诉讼。

同时，县级以上人民政府应当指定或者设立统一的旅游投诉受理机构。受理机构接到投诉，应当及时进行处理或者移交有关部门处理，并告知投诉者。

（二）经营者法律责任的确定

根据《消费者权益保护法》的相关规定，经营者侵犯消费者合法权益应当承担相应的法律责任，包括民事责任、行政责任和刑事责任，相关规定同样适用于旅游者权益保护。

1. 民事责任

（1）经营者提供商品或者服务有下列情形之一的，除本法另有规定外，应当依照其他有关法律、法规的规定，承担民事责任：

①商品或者服务存在缺陷的;

②不具备商品应当具备的使用性能而出售时未作说明的;

③不符合在商品或者其包装上注明采用的商品标准的;

④不符合商品说明、实物样品等方式表明的质量状况的;

⑤生产国家明令淘汰的商品或者销售失效、变质的商品的;

⑥销售的商品数量不足的;

⑦服务的内容和费用违反约定的;

⑧对消费者提出的修理、重做、更换、退货、补足商品数量、退还货款和服务费用或者赔偿损失的要求,故意拖延或者无理拒绝的;

⑨法律、法规规定的其他损害消费者权益的情形。

(2)经营者对消费者未尽到安全保障义务,造成消费者损害的,应当承担侵权责任。

(3)经营者提供商品或者服务,造成消费者或者其他受害人人身伤害的,应当赔偿医疗费、护理费、交通费等为治疗和康复支出的合理费用,以及因误工减少的收入。造成残疾的,还应当赔偿残疾生活辅助具费和残疾赔偿金。造成死亡的,还应当赔偿丧葬费和死亡赔偿金。

(4)经营者侵害消费者的人格尊严、侵犯消费者人身自由或者侵害消费者个人信息依法得到保护的权利的,应当停止侵害、恢复名誉、消除影响、赔礼道歉,并赔偿损失。

(5)经营者有侮辱诽谤、搜查身体、侵犯人身自由等侵害消费者或者其他受害人人身权益的行为,造成严重精神损害的,受害人可以要求精神损害赔偿。

(6)经营者提供商品或者服务,造成消费者财产损害的,应当依照法律规定或者当事人约定承担修理、重做、更换、退货、补足商品数量、退还货款和服务费用或者赔偿损失等民事责任。

(7)经营者以预收款方式提供商品或者服务的,应当按照约定提供。未按照约定提供的,应当按照消费者的要求履行约定或者退回预付款;并应当承担预付款的利息、消费者必须支付的合理费用。

(8)依法经有关行政部门认定为不合格的商品,消费者要求退货的,经营者应当负责退货。

(9)经营者提供商品或者服务有欺诈行为的,应当按照消费者的要求增加赔偿其受到的损失,增加赔偿的金额为消费者购买商品的价款或者接受服务的费用的三倍;增加赔偿的金额不足500元的,为500元。法律另有规定的,依照其规定。

经营者明知商品或者服务存在缺陷,仍然向消费者提供,造成消费者或者其他受害人死亡或者健康严重损害的,受害人有权要求经营者依照《消费者权益保护法》第四十九条、第五十一条等法律规定赔偿损失,并有权要求所受损失两倍以下的惩罚性赔偿。

2.行政责任

经营者承担的行政责任,主要是由工商行政管理部门依据《消费者权益保护法》的规定或者其他行业主管部门依照有关行业管理法规对违规经营者行使处罚权。

经营者有下列情形之一的,除承担相应的民事责任外,其他有关法律、法规对处罚机关和处罚方式有规定的,依照法律、法规的规定执行;法律、法规未作规定的,由工商行政管理部门或者其他有关行政部门责令改正,可以根据情节单处或者并处警告、没收违法所得、处以违法所得一倍以上十倍以下的罚款,没有违法所得的,处以50万元以下的罚款;情节严重的,责令停业整顿、吊销营业执照:

(1)提供的商品或者服务不符合保障人身、财产安全要求的;

(2)在商品中掺杂、掺假,以假充真,以次充好,或者以不合格商品冒充合格商品的;

(3)生产国家明令淘汰的商品或者销售失效、变质的商品的;

（4）伪造商品的产地,伪造或者冒用他人的厂名、厂址,篡改生产日期,伪造或者冒用认证标志等质量标志的;

（5）销售的商品应当检验、检疫而未检验、检疫或者伪造检验、检疫结果的;

（6）对商品或者服务作虚假或者引人误解的宣传的;

（7）拒绝或者拖延有关行政部门责令对缺陷商品或者服务采取停止销售、警示、召回、无害化处理、销毁、停止生产或者服务等措施的;

（8）对消费者提出的修理、重做、更换、退货、补足商品数量、退还货款和服务费用或者赔偿损失的要求,故意拖延或者无理拒绝的;

（9）侵害消费者人格尊严、侵犯消费者人身自由或者侵害消费者个人信息依法得到保护的权利的;

（10）法律、法规规定的对损害消费者权益应当予以处罚的其他情形。

经营者有上述规定情形的,除依照法律、法规规定予以处罚外,处罚机关应当记入信用档案,向社会公布。

3.刑事责任

经营者违反《消费者权益保护法》规定提供商品或者服务,侵害消费者合法权益,构成犯罪的,依法追究刑事责任。

经营者违反《消费者权益保护法》规定,应当承担民事赔偿责任和缴纳罚款、罚金,其财产不足以同时支付的,先承担民事赔偿责任。

以暴力、威胁等方法阻碍有关行政部门工作人员依法执行职务的,依法追究刑事责任;拒绝、阻碍有关行政部门工作人员依法执行职务,未使用暴力、威胁方法的,由公安机关依照《中华人民共和国治安管理处罚法》的规定处罚。

思考题:

1. 按照旅游目的划分旅游者的类型有哪些?
2. 简述我国《旅游法》规定的旅游者的权利。
3. 我国《旅游法》规定的旅游者的义务是什么?
4. 旅游者"文明旅游的义务"包括哪些具体要求?
5. 旅游者"不损害他人合法权益的义务"包括哪些具体内容?
6. 消费者组织的职能包括哪些具体内容?

第四章　旅行社管理

本章导读

通过本章学习：
——了解旅行社设立分支机构的条件要求。
——识记旅行社的设立条件、业务经营范围；旅行社的经营规则和法律责任。
——理解并掌握旅行社的概念，申报审批的要求与程序；外商投资旅行社申报与审批程序；我国主要旅行社的管理制度。
——应用《旅游法》有关旅行社法律责任的规定分析具体案例。

第一节　旅行社的设立与审批

一、旅行社的概念与法律特征

（一）旅行社的概念

1996 年，国务院发布了《旅行社管理条例》；2001 年，为履行我国加入 WTO 的承诺，国务院对《旅行社管理条例》进行了适应性修订，增加了"外商投资旅行社的特别规定"一章。2009 年 2 月 20 日，温家宝总理签署国务院令，公布《旅行社条例》，该条例于 2009 年 5 月 1 日起施行，《旅行社条例》共七章 68 条内容。为配合新《条例》的实施，2009 年 4 月 2 日国家旅游局发布《旅行社条例实施细则》，自 2009 年 5 月 3 日起施行。

《旅行社条例》首先明确立法目的在于加强对旅行社的管理,保障旅游者和旅行社的合法权益,维护旅游市场秩序,促进旅游业的健康发展。《旅行社条例》适用于中华人民共和国境内旅行社的设立及经营活动。

旅行社属于旅游经营者范畴,根据《旅游法》的规定:旅游经营者,是指旅行社、景区以及为旅游者提供交通、住宿、餐饮、购物、娱乐等服务的经营者。

结合《旅游法》、《旅行社条例》的规定,旅行社是指从事招徕、组织、接待旅游者等活动,为旅游者提供相关旅游服务,开展境内旅游业务、出境旅游业务、边境旅游业务以及入境旅游业务的企业法人。一般包括组团社和地接社。

组团社,是指与旅游者订立包价旅游合同的旅行社。

地接社,是指接受组团社委托,在目的地接待旅游者的旅行社。

旅行社的基本内涵可以从以下几个方面理解:

1.招徕、组织、接待旅游者提供的相关旅游服务的含义,主要包括:

(1)安排交通服务;

(2)安排住宿服务;

(3)安排餐饮服务;

(4)安排观光、游览、休闲、度假、娱乐等服务;

(5)导游、领队服务;

(6)旅游咨询、旅游活动设计服务。

旅行社还可以接受委托,提供下列旅游服务:

(1)接受旅游者的委托,代订交通客票、代订住宿和代办出境、入境、签证手续等;

(2)接受机关、事业单位和社会团体的委托,为其差旅、考察、会议、展览等公务活动,代办交通、住宿、餐饮、会务等事务;

（3）接受企业委托，为其各类商务活动、奖励旅游等，代办交通、住宿、餐饮、会务、观光、游览、度假、休闲等事务；

（4）其他旅游服务。

上述所列出境、签证手续等服务，应当由具备出境旅游业务经营范围的旅行社代办。

2. 境内旅游业务，是指旅行社招徕、组织和接待中国内地居民在中华人民共和国领域内，除香港特别行政区、澳门特别行政区以及台湾地区之外的地区进行旅游活动的业务。

3. 入境旅游业务，是指旅行社接受境外旅行社或者其他企业、组织、个人的委托，接待外国旅游者来我国旅游，接待香港特别行政区、澳门特别行政区旅游者来内地和接待台湾地区居民来大陆旅游，以及招徕、组织、接待在中国内地的外国人，在内地的香港特别行政区、澳门特别行政区居民和在大陆的台湾地区居民在境内旅游的业务。

4. 出境旅游业务，是指旅行社招徕、组织、接待中国内地居民出国旅游，赴香港特别行政区、澳门特别行政区和台湾地区旅游，以及招徕、组织、接待在中国内地的外国人，在内地的香港特别行政区、澳门特别行政区居民和在大陆的台湾地区居民出境旅游的业务。

5. 边境旅游业务，是指经批准的旅行社组织和接待我国及毗邻国家的公民，集体从指定的边境口岸出入境，在双方政府商定的区域和期限内进行旅游活动的业务。

（二）旅行社的法律特征

1. 旅行社是从事旅游业务的企业法人。设立旅行社企业，必须具备《旅游法》规定的条件，并依《旅游法》和《旅行社条例》规定的程序设立，经有权审批的旅游行政管理部门批准，取得《旅行社业务经营许可证》，并到工商行政管理部门登记、领取《营业执照》，取得旅行社企业法人的资格。

2. 旅行社所从事的业务主要是招徕、组织、接待旅游者,为旅游者提供相关旅游服务等经营活动。

3. 旅行社经营旅游业务的范围主要包括境内旅游业务和入境旅游业务。旅行社经营边境旅游业务和出境旅游业务,应当取得相应的业务经营许可,具体条件由国务院规定。

(三)旅行社的管理

国务院旅游行政主管部门负责全国旅行社的监督管理工作。

县级以上人民政府旅游主管部门负责对本行政区域内旅行社的经营行为进行监督管理。各级旅游行政管理部门对旅行社及其分支机构的监督管理,应当按照《旅游法》《旅行社条例》《旅行社条例实施细则》的规定和职责,实行分级管理和属地管理。

县级以上人民政府应当组织旅游主管部门、有关主管部门和工商行政管理、产品质量监督、交通等执法部门对旅行社的相关旅游经营行为实施监督检查。

依法成立的旅行社行业组织依照法律、行政法规和章程的规定,制定行业经营规范和服务标准,对其会员的经营行为和服务质量进行自律管理,组织开展职业道德教育和业务培训,提高从业人员素质。

国家鼓励旅行社实行服务质量等级制度;鼓励旅行社向专业化、网络化、品牌化发展。

二、旅行社的设立条件

依据《旅游法》,在我国旅行社的设立实行"双重注册制度",即经营旅行社业务须先报经有权审批的旅游行政管理部门审批,待获取《旅行社业务经营许可证》后,申请人再持此证到工商行政管理机关依法办理工商登记注册手续并领取营业执照。《旅游法》从营业场所、经营设施、经营人员和注册资本等方面对旅行社的设立条件做出了明确的规定。

（一）设立旅行社，经营境内旅游业务和入境旅游业务的，应当具备下列条件

1.有固定的经营场所

（1）申请者拥有产权的营业用房，或者申请者租用的、租期不少于一年的营业用房；

（2）营业用房应当满足申请者业务经营的需要。

2.有必要的营业设施

（1）两部以上的直线固定电话；

（2）传真机、复印机；

（3）具备与旅游行政管理部门及其他旅游经营者联网条件的计算机。

3.有符合规定的注册资本

《旅行社条例》规定，申请设立旅行社，经营国内旅游业务和入境旅游业务的，注册资本应当不少于30万元。

4.有必要的经营管理人员和导游

（1）必要的经营管理人员是指具有旅行社从业经历或者相关专业经历的经理人员和计调人员；

（2）必要的导游是指有不低于旅行社在职员工总数的20%且不少于3名、与旅行社签订固定期限或者无固定期限劳动合同的持有导游证的导游。

5.法律、行政法规规定的其他条件

（二）旅行社分支机构的设立条件

旅行社可以依法设立分支机构，主要指旅行社分社和旅行社服务网点。旅行社分社（简称分社）及旅行社服务网点（简称服务网点），不具有法人资格，以设立分社、服务网点的旅行社（简称设立社）的名义从事《旅行社条例》规定的经营活动，其经营活动的责任和后果，由设立社承担。

1. 旅行社分社的设立条件

旅行社设立分社的,应当持旅行社业务经营许可证副本向分社所在地的工商行政管理部门办理设立登记,并自设立登记之日起3个工作日内向分社所在地的旅游行政管理部门备案。旅行社分社的设立不受地域限制。但分社的经营范围不得超出设立分社的旅行社的经营范围。

设立分社也应有固定的经营场所,必要的营业设施,适用《旅行社条例实施细则》对此规定的要求。分社的名称中应当包含设立社名称、分社所在地地名和"分社"或者"分公司"字样。

2. 旅行社服务网点的设立条件

服务网点是指旅行社设立的,为旅行社招徕旅游者,并以旅行社的名义与旅游者签订旅游合同的门市部等机构。

设立社、服务网点的区域范围,应当在设立社所在地的设区的市的行政区划内。设立社不得在设区的市的区域范围外设立服务网点。服务网点应当设在方便旅游者认识和出入的公众场所。服务网点的名称、标牌应当包括设立社名称、服务网点所在地地名等,不得含有使消费者误解为是旅行社或者分社的内容,也不得作易使消费者误解的简称。

服务网点应当在设立社的经营范围内,招徕旅游者、提供旅游咨询服务。

(三)外商投资旅行社的设立条件

《旅行社条例》规定对外商投资旅行社的设立条件实行国民待遇,适用《旅行社条例》第三章的规定。外商投资旅行社,包括中外合资经营旅行社、中外合作经营旅行社和外资旅行社。未经批准,旅行社不得引进外商投资。

外商投资旅行社不得经营中国内地居民出境旅游业务,包括赴香港特别行政区、澳门特别行政区和台湾地区旅游的业务,但是国务院决定或者我国签署的自由贸易协定和内地与香港、澳门关于建立更紧密经贸关系的安排另有规定的除外。

三、旅行社的申报和审批

（一）旅行社申报和审批的一般程序

申请设立旅行社,应当向省、自治区、直辖市旅游行政管理部门(简称省级旅游行政管理部门)提交下列文件:

1. 设立申请书。内容包括申请设立的旅行社的中英文名称及英文缩写,设立地址,企业形式、出资人、出资额和出资方式,申请人、受理申请部门的全称、申请书名称和申请的时间。

2. 法定代表人履历表及身份证明。

3. 企业章程。

4. 依法设立的验资机构出具的验资证明。

5. 经营场所的证明。

6. 营业设施、设备的证明或者说明。

7. 工商行政管理部门出具的《企业名称预先核准通知书》。

另外,国家旅游局在 2013 年 9 月发布的《关于执行〈旅游法〉有关规定的通知》中明确规定:2013 年 10 月 1 日之后申请设立旅行社的,还应提供必要的经营管理人员和导游的证明材料,2013 年 10 月 1 日前已取得旅行社业务经营许可证的旅行社,在 2014 年 10 月 1 日前,应当具备《旅游法》规定的相应许可条件。

受理申请的旅游行政管理部门可以对申请人的经营场所、营业设施、设备进行现场检查,或者委托下级旅游行政管理部门检查。

受理申请的旅游行政管理部门应当自受理申请之日起 20 个工作日内做出许可或者不予许可的决定。予以许可的,向申请人颁发旅行社业务经营许可证,申请人持旅行社业务经营许可证向工商行政管理部门办理设立登记;不予许可的,书面通知申请人并说明理由。

省级旅游行政管理部门可以委托设区的市(含州、盟,下同)级旅游行政管理部门,受理当事人的申请并做出许可或者不予许可的决定。

旅行社申请出境旅游业务的,应当向国务院旅游行政主管部门提交原许可的旅游行政管理部门出具的,证明其经营旅行社业务满两年,且连续两年未因侵害旅游者合法权益受到行政机关罚款以上处罚的文件。

旅行社申请经营边境旅游业务的,适用《边境旅游暂行管理办法》的规定。边境地区开办边境旅游业务,必须具备法律法规所规定的条件,做好可行性研究,拟定的实施方案,由省、自治区旅游局征求外事、公安、海关等有关部门的意见,并报省、自治区人民政府审核后,由省、自治区人民政府转国家旅游局审批。

旅行社申请经营赴台湾地区旅游业务的,适用《大陆居民赴台湾地区旅游管理办法》的规定。

(二)旅行社分支机构的申报和审批

旅行社设立分社,应由设立社向分社所在地工商行政管理部门办理分社设立登记后,持下列文件向分社所在地与工商登记同级的旅游行政管理部门备案:

1.设立社的旅行社业务经营许可证副本和企业法人营业执照副本;

2.分社的《营业执照》;

3.分社经理的履历表和身份证明;

4.增存质量保证金的证明文件。

没有同级的旅游行政管理部门的,向上一级旅游行政管理部门备案。

旅行社设立服务网点,应由设立社向服务网点所在地工商行政管理部门办理服务网点设立登记后,在3个工作日内,持下列文件向服务网点所在地与工商登记同级的旅游行政管理部门备案:

1. 设立社的旅行社业务经营许可证副本和企业法人营业执照副本；

2. 服务网点的《营业执照》；

3. 服务网点经理的履历表和身份证明。

没有同级的旅游行政管理部门的，向上一级旅游行政管理部门备案。

旅行社分社、服务网点备案后，受理备案的旅游行政管理部门应当向旅行社颁发《旅行社分社备案登记证明》或者《旅行社服务网点备案登记证明》。

设立分支机构的设立社应当与分社、服务网点的员工订立劳动合同。应当加强对分社和服务网点的管理，对分社实行统一的人事、财务、招徕、接待制度规范，对服务网点实行统一管理、统一财务、统一招徕和统一咨询服务规范。

（三）外商投资旅行社的申报和审批

设立外商投资旅行社，由投资者向国务院旅游行政主管部门提出申请，并提交符合《条例》第 6 条规定条件的相关证明文件。国务院旅游行政主管部门应当自受理申请之日起 30 个工作日内审查完毕。同意设立的，出具外商投资旅行社业务许可审定意见书；不同意设立的，书面通知申请人并说明理由。

申请人持外商投资旅行社业务许可审定意见书、章程，合资、合作双方签订的合同向国务院商务主管部门提出设立外商投资企业的申请。国务院商务主管部门应当依照有关法律、法规的规定，做出批准或者不予批准的决定。予以批准的，颁发外商投资企业批准证书，并通知申请人向国务院旅游行政主管部门领取旅行社业务经营许可证，申请人持旅行社业务经营许可证和外商投资企业批准证书向工商行政管理部门办理设立登记；不予批准的，书面通知申请人并说明理由。

四、旅行社的变更和终止

旅行社变更名称、经营场所、法定代表人等登记事项或者终止经营的,应当到工商行政管理部门办理相应的变更登记或者注销登记,并在登记办理完毕之日起 10 个工作日内,向原许可的旅游行政管理部门备案,换领或者交回旅行社业务经营许可证。

旅行社名称、经营场所、出资人、法定代表人等登记事项变更的,应当在办理变更登记后,持已变更的《企业法人营业执照》向原许可的旅游行政管理部门备案。

旅行社终止经营的,应当在办理注销手续后,持工商行政管理部门出具的注销文件,向原许可的旅游行政管理部门备案。

第二节　旅行社的经营

一、旅行社的业务经营规则

旅行社在经营活动中应当遵循自愿、平等、公平、诚信的原则,提高服务质量,维护旅游者的合法权益。

依据《旅游法》和《旅行社条例》的相关规定,旅行社业务经营规则也是法定义务,主要包括:

（一）不得出租、出借旅行社业务经营许可证

《旅游法》第三十条规定:"旅行社不得出租、出借旅行社业务经营许可证,或者以其他形式非法转让旅行社业务经营许可。"出租是指将旅行社业务经营许可证件租给他人使用并收取租金,是非法行为;出借是指无偿将旅行社业务经营行政许可证件借给他人使用,是非法行为;非法转让,是指旅行社没有通过法律、法规允许的转让方式、程序等要求转让业务经营许可。旅行社出租、出借

旅行社业务经营许可证,或者以其他形式非法转让旅行社业务经营许可的行为逃避了国家的许可和监管制度,扰乱了旅游市场秩序,侵害了旅游者利益,是法律严格禁止的。

(二)不得进行虚假宣传,误导旅游者

《旅游法》第三十二条规定:"旅行社为招徕、组织旅游者发布信息,必须真实、准确,不得进行虚假宣传,误导旅游者。"旅行社在宣传自身的信誉、资金能力以及旅游产品线路等信息时,信息来源应当可以信赖,信息内容应当完整到位,符合信息发布当时的客观事实。旅行社不得为了获取竞争优势和不正当利益,利用广告或其他方法使旅游者在主观上对旅游商品或服务的真实情况产生错误的判断,从而影响其购买决定。

《旅游法》第四十八条规定,通过网络经营旅行社业务的,应当依法取得旅行社业务经营许可,并在其网站主页的显著位置标明其业务经营许可证信息。发布旅游经营信息的网站,应当保证其信息真实、准确。

(三)不得安排参观或者参与违反我国法律、法规和社会公德的项目或者活动

《旅游法》第三十三条规定:"旅行社及其从业人员组织、接待旅游者,不得安排参观或者参与违反我国法律、法规和社会公德的项目或者活动。"旅行社不得安排或者介绍的活动,主要包括:

1.含有损害国家利益和民族尊严内容的;

2.含有民族、种族、宗教歧视内容的;

3.含有淫秽、赌博、涉毒内容的;

4.其他含有违反法律、法规规定内容的。

(四)不得以"零负团费"经营旅游业务

《旅游法》第三十五条明确规定:"旅行社不得以不合理的低价组织旅游活动,诱骗旅游者,并通过安排购物或者另行付费旅游项目获取回扣等不正当利益。旅行社组织、接待旅游者,不得指定

具体购物场所,不得安排另行付费旅游项目。但是,经双方协商一致或者旅游者要求,且不影响其他旅游者行程安排的除外。"同时明确规定"发生违反前两款规定情形的,旅游者有权在旅游行程结束后三十日内,要求旅行社为其办理退货并先行垫付退货货款,或者退还另行付费旅游项目的费用"。这是直接针对旅行社"零负团费"违法操作的规定。

按照国家旅游局的解释:旅行社在旅游活动中指定具体购物场所和安排另行付费旅游项目的,应当按照诚实信用、自愿平等、协商一致的原则,与旅游者订立书面合同,且不得以不合理的低价组织旅游活动,不得诱骗旅游者,不得通过指定具体购物场所和安排另行付费旅游项目获取回扣等不正当利益,也不得影响其他不参加相关活动的旅游者的行程安排。旅游者不同意参加旅行社指定的具体购物场所或者另行付费旅游项目活动的,旅行社及其从业人员不得因此拒绝订立旅游合同,也不得提高旅游团费或者另行收取费用。

以上明确规定:

1.旅行社以低于接待和服务费用的价格或者行业公认的合理价格提供旅游服务,且无正当理由和充分证据证明的,应认定为"以不合理的低价组织旅游活动"。

2.旅行社或者其从业人员通过虚假宣传,隐瞒旅游行程、具体购物场所及商品或者另行付费旅游项目等真实情况的手段,诱使旅游者参加旅游活动或者购买相关产品和服务的,应认定为"诱骗旅游者"。

3.旅行社或者其从业人员违反反不正当竞争的有关规定,或者通过诱骗、强迫、变相强迫旅游者消费,收受的旅游经营者以回扣、佣金、人头费或者奖励费等各种名义给予的财物或者其他利益,应认定为"回扣等不正当利益"。

4.旅行社安排旅游者在指定具体购物场所或者另行付费旅游

项目活动时,没有对其他不参加相关活动的旅游者做出合理的行程安排,导致其合法权益受到损害的,应认定为"影响其他旅游者行程安排"。

为了严禁旅行社的"零负团费"违法经营活动,《旅游法》进一步加大规范力度,第五十一条规定:"旅游经营者销售、购买商品或者服务,不得给予或者收受贿赂。"

（五）旅行社应当与旅游者签订书面的包价旅游合同

《旅游法》规定,旅行社组织和安排旅游活动,应当与旅游者订立合同。包价旅游合同应当采用书面形式,旅行社应当按照《旅游法》规定严格履行包价旅游合同内容。

（六）旅行社应当按照规定交纳旅游服务质量保证金

旅行社应当按照规定交纳旅游服务质量保证金,用于旅游者权益损害赔偿和垫付旅游者人身安全遇有危险时紧急救助的费用。旅游服务质量保证金是用于保障旅游者合法权益的专用款项,按照规定交纳旅游服务质量保证金是旅行社的法定义务。

（七）旅行社应当向合格的供应商订购产品和服务

旅行社组织旅游活动应当向合格的供应商订购产品和服务。其选择的交通、住宿、餐饮、景区等企业,应当符合具有合法经营资格和接待服务能力的要求。为旅游者提供交通、住宿、餐饮、娱乐等服务的经营者,应当符合法律、法规规定的要求,按照合同约定履行义务。

旅行社需要对旅游业务做出委托的,经旅游者同意,旅行社将包价旅游合同中的接待业务委托给其他具有相应资质的地接社履行,应当与地接社订立书面委托合同,约定双方的权利和义务,向地接社提供与旅游者订立的包价旅游合同的副本,并向地接社支付不低于接待和服务成本的费用。地接社应当按照包价旅游合同和委托合同提供服务。

（八）旅行社应当按照规定安排领队或者导游

旅行社组织团队出境旅游或者组织、接待团队入境旅游,应当按照规定安排领队或者导游全程陪同。旅行社组织中国内地居民出境旅游的,应当为旅游团队安排领队全程陪同,组织、接待团队入境旅游的,应当为旅游团队安排导游全程陪同。旅行社为接待旅游者委派的导游或者为组织旅游者出境旅游委派的领队,应当持有国家规定的导游证、领队证。

（九）旅行社应当与其聘用的导游依法订立劳动合同、支付劳动报酬、缴纳社会保险费用

向导游支付的工资不得低于当地最低工资标准。旅行社临时聘用导游为旅游者提供服务的,应当全额向导游支付在包价旅游合同中载明的导游服务费用。

旅行社安排导游为团队旅游提供服务的,不得要求导游垫付或者向导游收取任何费用。旅行社不得要求导游和领队接待不支付接待和服务费用或者支付的费用低于接待和服务成本的旅游团队,不得要求导游和领队承担接待旅游团队的相关费用。

旅行社不得要求导游和领队承担接待旅游团队的相关费用,主要包括:

1. 垫付旅游接待费用;

2. 为接待旅游团队向旅行社支付费用;

3. 其他不合理费用。

（十）旅游经营者应当保证其提供的商品和服务符合保障人身、财产安全的要求

旅游经营者包括旅行社取得相关质量标准等级的,其设施和服务不得低于相应标准;未取得质量标准等级的,不得使用相关质量等级的称谓和标识。

旅行社应当保障旅游者的人身、财产安全,旅行社对可能危及旅游者人身、财产安全的事项,应当向旅游者做出真实的说明和明

确的警示,并采取防止危害发生的必要措施。

在旅游行程中的自由活动时间,旅游者应当选择自己能够控制风险的活动项目,并在自己能够控制风险的范围内活动。

旅行社应当投保旅行社责任险。为减少自然灾害等意外风险给旅游者带来的损害,旅行社在招徕、接待旅游者时,旅行社应当提示参加团队旅游的旅游者按照规定投保人身意外伤害保险。

(十一)旅游经营者应当对其在经营活动中知悉的旅游者个人信息予以保密

旅行社不得向其他经营者或者个人泄露旅游者因签订旅游合同提供的个人信息;超过保存期限的旅游者个人信息资料,应当妥善销毁。

旅行社应当妥善保存《旅行社条例》规定的招徕、组织、接待旅游者的各类合同及相关文件、资料,以备县级以上旅游行政管理部门核查。上述合同及文件、资料的保存期,应当不少于 2 年。

(十二)旅游经营者应当履行及时报告的义务

旅游经营者主要是旅行社组织、接待出入境旅游,发现旅游者从事违法活动,或者出境旅游者在境外非法滞留,或者随团出境的旅游者擅自分团、脱团的,或者入境旅游者在境内非法滞留,随团入境的旅游者擅自分团、脱团情形的,应当及时向公安机关、旅游主管部门或者我国驻外机构报告。

在旅游活动中,发生危及旅游者人身安全的情形的,旅行社及其委派的导游人员、领队人员应当采取必要的处置措施并及时报告旅游行政管理部门;在境外发生时,还应当及时报告中华人民共和国驻该国使领馆、相关驻外机构、当地警方。

二、旅行社的权利

旅行社及其委派的导游人员、领队人员在经营、服务中享有下列权利:

1.要求旅游者如实提供旅游所必需的个人信息,按时提交相关证明文件;

2.要求旅游者遵守旅游合同约定的旅游行程安排,妥善保管随身物品;

3.出现突发公共事件或者其他危急情形,以及旅行社因违反旅游合同约定采取补救措施时,要求旅游者配合处理防止扩大损失,以将损失降到最低限度;

4.拒绝旅游者提出的超出旅游合同约定的不合理要求;

5.制止旅游者违背旅游目的地的法律、风俗习惯的言行。

第三节　旅行社管理制度

一、旅行社业务经营许可证制度

旅行社业务经营许可证制度、旅游服务质量保证金制度、旅行社统计调查制度和旅行社公告制度是我国旅行社行业管理的四大制度,其中许可证制度是最先设立的,也是其他制度得以建立和整个旅行社行业管理的基础。因此,旅行社业务经营许可证制度是我国旅行社行业管理的根本制度。

"旅行社业务经营许可证"是由有审批权的旅游行政管理部门颁发的、经营旅游业务的法定资格证明文件。只有依据《旅游法》、《旅行社条例》规定的程序,向旅游行政管理部门提出书面申请,并经有审批权的旅游行政管理部门颁发"旅行社业务经营许可证",依法办理工商登记注册手续之后,方可从事旅游业务的经营活动;未取得"旅行社业务经营许可证"的,不得从事旅游业务的经营活动。

旅行社及其分社、服务网点,应当将"旅行社业务经营许可证"、"旅行社分社备案登记证明"或者"旅行社服务网点备案登记证明",与营业执照一起,悬挂在经营场所的显要位置。

通过网络经营旅行社业务的,应当依法取得旅行社业务经营许可,并在其网站主页的显著位置标明其业务经营许可证信息。发布旅游经营信息的网站,应当保证其信息真实、准确。

旅行社因业务经营需要,可以向原许可的旅游行政管理部门申请核发旅行社业务经营许可证副本。旅行社业务经营许可证及副本,由国务院旅游行政主管部门制定统一样式,国务院旅游行政主管部门和省级旅游行政管理部门分别印制。

旅行社业务经营许可证及副本损毁或者遗失的,旅行社应当向原许可的旅游行政管理部门申请换发或者补发。

申请补发旅行社业务经营许可证及副本的,旅行社应当通过本省、自治区、直辖市范围内公开发行的报刊,或者省级以上旅游行政管理部门网站,刊登损毁或者遗失作废声明。

《旅游法》第三十条规定:旅行社不得出租、出借旅行社业务经营许可证,或者以其他形式非法转让旅行社业务经营许可。

依据《旅行社条例实施细则》的规定,旅行社的下列行为属于转让、出租或者出借旅行社业务经营许可证的行为:

1.除招徕旅游者和符合《旅行社条例实施细则》第34条第一款规定的接待旅游者的情形外,准许或者默许其他企业、团体或者个人,以自己的名义从事旅行社业务经营活动的;

2.准许其他企业、团体或者个人,以部门或者个人承包、挂靠的形式经营旅行社业务的;

3.旅行社设立的办事处、代表处或者联络处等办事机构,不得从事旅行社业务经营活动。

二、旅游服务质量保证金制度

（一）旅游服务质量保证金的概念

《旅游法》第三十一条规定：旅行社应当按照规定交纳旅游服务质量保证金，用于旅游者权益损害赔偿和垫付旅游者人身安全遇有危险时紧急救助的费用。2013 年 9 月国家旅游局发布的《旅游服务质量保证金存取管理办法》规定：旅游服务质量保证金（以下简称"保证金"）是指根据《中华人民共和国旅游法》及《旅行社条例》的规定，由旅行社在指定银行缴存或由银行担保提供的一定数额用于旅游服务质量赔偿支付和团队旅游者人身安全遇有危险时紧急救助费用垫付的资金。

（二）旅游服务质量保证金的管理、降低与退还

1. 旅游服务质量保证金的缴纳管理

为旅行社开设保证金专用账户或提供保证金担保业务的银行，由国家旅游局指定。国家旅游局本着公平、公开、公正的原则，指定符合法律、法规和《旅游服务质量保证金存取管理办法》规定并提出书面申请的中国境内（不含港澳台地区）商业银行作为保证金的存储银行。

旅行社须在国家旅游局指定的范围内，选择一家银行（含其银行分支机构）存储保证金。保证金实行专户管理，专款专用。银行为旅行社开设保证金专用账户。当专用账户资金额度不足时，旅行社可对不足部分申请银行担保，但担保条件须符合银行要求。

旅行社应当自取得旅行社业务经营许可证之日起 3 个工作日内，在国务院旅游行政主管部门指定的银行开设专门的质量保证金账户，存入质量保证金，或者向做出许可的旅游行政管理部门提交依法取得的担保额度不低于相应质量保证金数额的银行担保。

经营境内旅游业务和入境旅游业务的旅行社，应当存入质量

保证金 20 万元;经营出境旅游业务的旅行社,应当增存质量保证金 120 万元。

旅行社每设立一个经营境内旅游业务和入境旅游业务的分社,应当向其质量保证金账户增存 5 万元;每设立一个经营出境旅游业务的分社,应当向其质量保证金账户增存 30 万元。

旅行社要按照《旅行社条例》的规定,到指定银行办理存款、取款和支付手续。旅行社需要存缴保证金时,须持《营业执照》副本、《旅行社业务经营许可证》副本到银行办理存款手续。存缴保证金的旅行社须与银行签订《旅游服务质量保证金存款协议书》,并将复印件送许可的旅游行政主管部门备案。

为最大限度提高资金效益、简化续存手续,银行按照不少于一年定期、到期自动结息转存方式管理保证金,中途提取部分改按活期结算利息。利息收入全部归旅行社所有。为防止保证金存单质押,银行应在存单上注明"专用存款不得质押"字样。银行提出保证金担保的,由银行向许可的旅游行政主管部门出具《旅游服务质量保证金银行担保函》。银行担保期限不得少于一年。担保期限届满前 3 个工作日,应续办担保手续。

2. 旅游服务质量保证金的降低与取款

旅行社自缴纳或者补足质量保证金之日起三年内未因侵害旅游者合法权益受到行政机关罚款以上处罚的,旅游行政管理部门应当将质量保证金的交存数额降低 50%,并向社会公告。

旅行社因解散或破产清算、业务变更或撤减分社减交、三年内未因侵害旅游者合法权益受到行政机关罚款以上处罚而降低保证金数额的 50%等原因,需要支取保证金时,须向许可的旅游行政主管部门提出,许可的旅游行政主管部门审核出具《旅游服务质量保证金取款通知书》。银行根据《旅游服务质量保证金取款通知书》,将相应数额的保证金退还给旅行社。

（三）旅游服务质量保证金的使用

《旅行社条例》第十五条规定：有下列情形之一的，旅游行政管理部门可以使用旅游服务质量保证金：

1. 旅行社违反旅游合同约定，侵害旅游者合法权益，经旅游行政管理部门查证属实的；

2. 旅行社因解散、破产或者其他原因造成旅游者预交旅游费用损失的。

银行应根据旅游行政主管部门出具的《旅游服务质量保证金取款通知书》及《旅游行政主管部门划拨旅游服务质量保证金决定书》，经与旅游行政主管部门核实无误后，在 5 个工作日内将保证金以现金或转账方式直接向旅游者支付。

《旅行社条例》第十六条规定人民法院判决、裁定及其他生效法律文书认定旅行社损害旅游者合法权益，旅行社拒绝或者无力赔偿的，人民法院可以从旅游服务质量保证金账户上划拨赔偿款。

发生《旅游法》第三十一条规定的旅游者人身安全遇有危险时紧急救助费用垫付的情形，旅行社提出申请的，旅游行政主管部门应立即予以审核；旅游行政主管部门决定垫付的，需按实际所需确定垫付额度。申请额度和决定垫付额度均应在保证金账户现有额度内。

银行收到旅游行政主管部门出具的《旅游服务质量保证金取款通知书》及《关于使用旅游服务质量保证金垫付旅游者人身安全遇有危险时紧急救助费用的决定书》后 24 小时内，经与旅游行政主管部门核实无误后，将保证金以现金或转账方式直接汇入《旅游服务质量保证金取款通知书》中确定的单位或账户。

提供保证金担保的银行，因发生《旅行社条例》第十五条、第十六条规定的情形，在收到《旅游服务质量保证金取款通知书》及《旅游行政主管部门划拨旅游服务质量保证金决定书》或人民法院判决、裁定及其他生效法律文书 5 个工作日内履行担保责任；因发生《旅游法》第三十一条旅游者人身安全遇有危险时紧急救助费用垫付的情形,在收到《旅游服务质量保证金取款通知书》及《关于使用旅游服务质量保证金垫付旅游者人身安全遇有危险时紧急救助费用的决定书》后24小时内履行担保责任。

旅行社在旅游行政管理部门使用旅游服务质量保证金赔偿旅游者的损失,或者使用旅游服务质量保证金垫付旅游者人身安全遇有危险时紧急救助费用,或者依法减少质量保证金后,因侵害旅游者合法权益受到行政机关罚款以上处罚的,应当在收到旅游行政管理部门补交质量保证金的通知之日起5个工作日内补足质量保证金。

旅行社按照规定补足质量保证金后7个工作日内,应当向原许可的旅游行政管理部门提交补足的证明文件。

(四)旅行社服务质量赔偿标准

1.《旅行社服务质量赔偿标准》的制定与适用

国家旅游局于2011年4月12日发布《旅行社服务质量赔偿标准》,该《标准》适用于旅行社不履行合同或者履行合同不符合约定的服务质量标准,旅游者和旅行社对赔偿标准未做出合同约定的,旅游行政管理部门或者旅游质监执法机构在处理相关旅游投诉时,参照适用本赔偿标准。

但由于不可抗力等不可归责于旅行社的客观原因或旅游者个人原因,造成旅游者经济损失的,旅行社不承担赔偿责任。

2.旅行社服务质量赔偿具体规定

(1)旅行社与旅游者订立合同或收取旅游者预付旅游费用后,因旅行社原因不能成行的,旅行社应在合理期限内通知旅游者,否则按下列标准承担赔偿责任:

①国内旅游应提前7日(不含7日)通知旅游者,否则应向旅游者全额退还预付旅游费用,并按下述标准向旅游者支付违约金:出发前7日(含7日)至4日,支付旅游费用总额10%的违约金;

出发前3日至1日,支付旅游费用总额15%的违约金;出发当日,支付旅游费用总额20%的违约金。

②出境旅游(含赴台游)应提前30日(不含30日)通知旅游者,否则应向旅游者全额退还预付旅游费用,并按下述标准向旅游者支付违约金:出发前30日至15日,支付旅游费用总额2%的违约金;出发前14日至7日,支付旅游费用总额5%的违约金;出发前6日至4日,支付旅游费用总额10%的违约金;出发前3日至1日,支付旅游费用总额15%的违约金;出发当日,支付旅游费用总额20%的违约金。

(2)旅行社未经旅游者同意,擅自将旅游者转团、拼团的,旅行社应向旅游者支付旅游费用总额25%的违约金。解除合同的,还应向未随团出行的旅游者全额退还预付旅游费用,向已随团出行的旅游者退还未实际发生的旅游费用。

(3)在同一旅游行程中,旅行社提供相同服务,因旅游者的年龄、职业等差异增收费用的,旅行社应返还增收的费用。

(4)因旅行社原因造成旅游者未能乘坐预定的公共交通工具的,旅行社应赔偿旅游者的直接经济损失,并支付直接经济损失20%的违约金。

(5)旅行社安排的旅游活动及服务档次与合同不符,造成旅游者经济损失的,旅行社应退还旅游者合同金额与实际花费的差额,并支付同额违约金。

(6)导游或领队未按照国家或旅游行业对旅游者服务标准提供导游或者领队服务,影响旅游服务质量的,旅行社应向旅游者支付旅游费用总额1%至5%的违约金,本赔偿标准另有规定的除外。

(7)旅行社及导游或领队违反旅行社与旅游者的合同约定,损害旅游者合法权益的,旅行社按下述标准承担赔偿责任:

①擅自缩短游览时间、遗漏旅游景点、减少旅游服务项目的,旅行社应赔偿未完成约定旅游服务项目等合理费用,并支付同额

违约金。遗漏无门票景点的,每遗漏一处旅行社向旅游者支付旅游费用总额5%的违约金。

②未经旅游者签字确认,擅自安排合同约定以外的用餐、娱乐、医疗保健、参观等另行付费项目的,旅行社应承担另行付费项目的费用。

③未经旅游者签字确认,擅自违反合同约定增加购物次数、延长停留时间的,每次向旅游者支付旅游费用总额10%的违约金。

④强迫或者变相强迫旅游者购物的,每次向旅游者支付旅游费用总额20%的违约金。

⑤旅游者在合同约定的购物场所所购物品系假冒伪劣商品的,旅行社应负责挽回或赔偿旅游者的直接经济损失。

⑥私自兜售商品,旅行社应全额退还旅游者购物价款。

(8)旅行社违反合同约定,中止对旅游者提供住宿、用餐、交通等旅游服务的,应当负担旅游者在被中止旅游服务期间所订的同等级别的住宿、用餐、交通等必要费用,并向旅游者支付旅游费用总额30%的违约金。

三、旅行社统计调查制度

国家旅游局自2011年2月1日起施行的《旅行社统计调查办法》取代了旅行社业务年检制度。旅行社统计调查,是指旅行社按照《旅行社条例》第四十四条、《旅行社条例实施细则》第四十七条的规定,向旅游行政管理部门报送企业经营、财务信息等统计资料,及国家旅游局部署开展的旅行社经营管理、产业发展等方面的专项调查。

(一)旅行社统计调查的适用范围

按照《旅行社统计调查办法》的规定:在旅行社统计调查年度内,凡经旅游行政管理部门批准设立并领取"旅行社业务经营许可证",在工商行政管理部门办理登记注册手续并领取营业执照的旅行社,均应当参加旅行社统计调查。

在旅行社统计调查年度内,经旅游行政管理部门批准设立并领取"旅行社业务经营许可证"、未完成工商登记和领取营业执照的旅行社,可不参加统计调查中的有关经营情况的数据填报,但应提交办理工商登记情况的报告。

在旅行社统计调查年度内,被注销、吊销"旅行社业务经营许可证"的旅行社,不参加旅行社统计调查。

旅行社分社参加设立该分社的旅行社的统计调查,同时将数据报送分社所在地旅游行政管理部门备案。

(二)旅行社统计调查的内容

1. 旅行社统计调查填报

旅行社应当按规定和要求,及时、如实、认真填写由国家旅游局统一制定的《旅游单位基本情况》(旅行社部分)、《旅行社外联接待入境旅游情况》、《旅行社组织出境旅游情况》、《旅行社组织接待国内旅游情况》和《旅行社财务状况》等报表,并按照国家旅游局的部署提供旅行社专项调查资料。

旅行社应指定专人负责旅行社统计调查工作,并在所在地的旅游行政管理部门备案。旅行社统计调查人员发生变动时,旅行社应及时安排人员接替并做好交接工作,包括做好旅行社统计调查系统登录账号和密码的交接。

旅行社应当按《旅游统计调查制度》要求,于每个季度后的15日内,在网上填报《旅行社外联接待入境旅游情况》、《旅行社组织出境旅游情况》和《旅行社组织接待国内旅游情况》;于次年3月底前,在网上填报《旅行社财务状况》。

旅行社应按照《旅行社条例实施细则》第四十七条的规定,于次年的3月底前,向所在地的旅游行政管理部门书面报送本企业的安全、质量、信誉等情况,包括投保旅行社责任保险、认证认可和奖惩等情况信息。

旅行社不按照规定向旅游行政管理部门报送经营和财务信息等统计调查资料的,由旅游行政管理部门依照《旅行社条例》第五十条的规定处罚。

旅行社提供不真实、不完整或者迟报、拒报旅行社统计调查信息的,依据《统计法》等法律法规予以处罚。

2.旅行社统计调查管理

各级旅游行政管理部门应认真负责地组织开展旅行社统计调查,抓好统计调查的部署、指导、检查、督促、培训、汇总发布和报告等工作。

各省、自治区、直辖市旅游行政管理部门应在每个季度后 20 日内,对本地区旅行社填报的数据进行核查、汇总,并将汇总材料的电子文档提交国家旅游局旅行社统计调查主管机构。

各级旅游行政管理部门及其旅行社统计调查机构和人员,对统计调查中涉及的旅行社商业秘密,应当予以保密。

各级旅游行政管理部门可以根据旅行社执行旅行社统计调查制度情况进行总结考评,对及时并如实填报经营、财务信息等统计资料的旅行社进行表彰,对不及时提交的旅行社和不及时审核并汇总发布信息的下级旅游行政管理部门及其旅行社统计调查工作机构提出批评。

3.旅行社统计调查结果

各级旅游行政管理部门应在季度后一个月内发布季度旅行社统计调查结果,在下一年度 6 月底前发布年度旅行社统计调查结果。旅行社统计调查结果采取公报或者通报的方式公开发布。国家旅游局根据每年度旅行社统计调查情况,编制发布《中国旅行社业年度报告》。

各级地方旅游行政管理部门可以根据本地区旅行社统计调查结果及旅行社业的经营发展等情况,研究编制并发布本地区旅行社业年度报告。

国家旅游局可以根据年度旅行社统计调查情况,进行全国旅行社的排序工作,具体排序工作的程序、标准以及公开方式由国家旅游局行业主管部门负责。

四、旅行社公告制度

2011 年 1 月 1 日起国家旅游局正式实施《旅行社公告暂行规定》(以下简称《暂行规定》)。《暂行规定》是为规范有关旅行社的公告发布行为,加强对企业经营和旅游行政管理的指导服务,根据《旅行社条例》和《旅行社条例实施细则》而制定的。

依据《暂行规定》,旅行社公告事项主要包括:

(1)旅行社业务经营许可证的颁发、变更、注销、吊销;

(2)许可或暂停、停止旅行社经营出境、边境旅游业务;

(3)旅行社经营或暂停、停止经营赴台旅游业务;

(4)旅行社分社、服务网点设立与撤销备案;

(5)旅行社委托代理招徕旅游者业务备案;

(6)旅行社的违法经营行为;

(7)旅行社的诚信记录;

(8)旅游者对旅行社投诉信息;

(9)旅行社的质量保证金交存、增存、补存、降低交存比例和被执行赔偿等情况;

(10)旅行社统计调查情况;

(11)全国和地区旅行社经营发展情况;

(12)旅游行政管理部门认为需要公开发布的其他有关旅行社的事项和情况信息。

旅行社公告由各级旅游行政管理部门依照《暂行规定》的权限发布,通过发布机关或其上级机关的政府网站发布,也可以在全国或本地区公开发行的报刊上发布。发布机关对公告事项的真实性、完整性、准确性负责。

第四节 旅行社的法律责任

1. 对旅行社违反旅行社业务经营许可制度的处罚

未经许可经营旅行社业务的,由旅游主管部门或者工商行政管理部门责令改正,没收违法所得,并处 1 万元以上 10 万元以下罚款;违法所得 10 万元以上的,并处违法所得 1 倍以上 5 倍以下罚款;对有关责任人员,处 2000 元以上 2 万元以下罚款。

旅行社未经许可经营出境旅游业务或者边境旅游业务的,或者出租、出借旅行社业务经营许可证,或者以其他方式非法转让旅行社业务经营许可的,除依照前款规定处罚外,并责令停业整顿;情节严重的,吊销旅行社业务经营许可证;对直接负责的主管人员,处 2000 元以上 2 万元以下罚款。

2. 对旅行社违反聘用导游、领队相关规定的处罚

旅行社有下列行为之一的,由旅游主管部门责令改正,没收违法所得,并处 5000 元以上 5 万元以下罚款;情节严重的,责令停业整顿或者吊销旅行社业务经营许可证;对直接负责的主管人员和其他直接责任人员,处 2000 元以上 2 万元以下罚款:

(1)未按照规定为出境或者入境团队旅游安排领队或者导游全程陪同的;

(2)安排未取得导游证或者领队证的人员提供导游或者领队服务的;

(3)未向临时聘用的导游支付导游服务费用的;

(4)要求导游垫付或者向导游收取费用的。

3. 对旅行社未尽法定经营义务行为的处罚

旅行社有下列行为之一的,由旅游主管部门或者有关部门责令改正,没收违法所得,并处 5000 元以上 5 万元以下罚款;违法所

得5万元以上的,并处违法所得1倍以上5倍以下罚款;情节严重的,责令停业整顿或者吊销旅行社业务经营许可证;对直接负责的主管人员和其他直接责任人员,处2000元以上2万元以下罚款:

(1)进行虚假宣传,误导旅游者的;

(2)向不合格的供应商订购产品和服务的;

(3)未按照规定投保旅行社责任保险的。

4.对旅行社以"零负团费"方式组织旅游活动的处罚

旅行社违反《旅游法》第三十五条的规定,以不合理的低价组织旅游活动,诱骗旅游者,并通过安排购物或者另行付费旅游项目获取回扣等不正当利益的,由旅游主管部门责令改正,没收违法所得,责令停业整顿,并处3万元以上30万元以下罚款;违法所得30万元以上的,并处违法所得1倍以上5倍以下罚款;情节严重的,吊销旅行社业务经营许可证;对直接负责的主管人员和其他直接责任人员,没收违法所得,处2000元以上2万元以下罚款,并暂扣或者吊销导游证、领队证。

《旅游法》第三十五条同时规定:旅行社组织、接待旅游者,不得指定具体购物场所,不得安排另行付费旅游项目。但是,经双方协商一致或者旅游者要求,且不影响其他旅游者行程安排的除外。

5.对旅行社未履行法定报告义务的处罚

旅行社组织、接待出入境旅游,发现旅游者从事违法活动或者有违反《旅游法》第十六条规定的情形,出境旅游者在境外非法滞留,随团出境的旅游者擅自分团、脱团或者入境旅游者在境内非法滞留,随团入境的旅游者擅自分团、脱团未及时向公安机关、旅游主管部门或者我国驻外机构报告的,由旅游主管部门处5000元以上5万元以下罚款;情节严重的,责令停业整顿或者吊销旅行社业务经营许可证;对直接负责的主管人员和其他直接责任人员,处2000元以上2万元以下罚款,并暂扣或者吊销导游证、领队证。

6. 对旅行社旅游服务合同违约的处罚

旅行社有下列行为之一的,由旅游主管部门责令改正,处3万元以上30万元以下罚款,并责令停业整顿;造成旅游者滞留等严重后果的,吊销旅行社业务经营许可证;对直接负责的主管人员和其他直接责任人员,处2000元以上2万元以下罚款,并暂扣或者吊销导游证、领队证:

(1)在旅游行程中擅自变更旅游行程安排,严重损害旅游者权益的;

(2)拒绝履行合同的;

(3)未征得旅游者书面同意,委托其他旅行社履行包价旅游合同的。

7. 对旅行社安排违法旅游活动的处罚

旅行社安排旅游者参观或者参与违反我国法律、法规和社会公德的项目或者活动的,由旅游主管部门责令改正,没收违法所得,责令停业整顿,并处2万元以上20万元以下罚款;情节严重的,吊销旅行社业务经营许可证;对直接负责的主管人员和其他直接责任人员,处2000元以上2万元以下罚款,并暂扣或者吊销导游证、领队证。

8. 对旅游经营者给予或者收受贿赂的处罚

旅游经营者违反《旅游法》规定,给予或者收受贿赂的,由工商行政管理部门依照有关法律、法规的规定处罚;情节严重的,并由旅游主管部门吊销旅行社业务经营许可证。违反《旅游法》规定,构成犯罪的,依法追究刑事责任。

此外,旅游经营者违反有关安全生产管理和消防安全管理的法律、法规或者国家标准、行业标准的,由有关主管部门依照有关法律、法规的规定处罚。对违反《旅游法》规定的旅游经营者及其从业人员,旅游主管部门和有关部门应当记入信用档案,向社会公布。

思考题:

1. 什么是旅游经营者? 什么是旅行社、组团社和地接社?

2. 旅行社的业务经营范围和法律特征分别是什么?

3. 旅行社的设立条件是什么? 设立程序有哪些规定?

4.《旅游法》规定的旅行社业务经营规则有哪些?

5. 我国对旅行社行业的管理制度主要有哪些? 各种制度的基本内容是什么?

6. 旅行社违反法律规定应承担的法律责任有哪些?

第五章 导游员管理

本章导读

通过本章学习:

——了解导游员的等级划分与考核方式。

——识记导游员的概念与含义,导游员的权利与义务。

——掌握导游员的分类,导游资格证书、导游证的取得条件与途径,导游员计分与年审管理的内容。

——运用所学知识分析导游员的行为及其应承担的法律责任。

第一节 导游员概述

一、导游员的概念与分类

(一)导游员的概念

《导游人员管理条例》规定:导游人员是指依照本条例规定取得导游证,接受旅行社委派,为旅游者提供向导、讲解及相关旅游服务的人员。

我国重视导游员的规范化管理,上述导游员的概念主要有三层含义:

1. 在我国大陆地区担任导游的人员,是经过导游人员资格考试并取得导游证的人员。无导游证不得从事导游业务。

2.导游员是接受旅行社委派而从事导游业务的人员。导游和领队为旅游者提供服务必须接受旅行社委派,不得私自承揽导游和领队业务。

3.导游员的工作范围,主要是直接为旅游者提供向导、讲解及相关服务。"向导"一般是指为他人引路、带路;"讲解"是指为旅游者解说、指点风景名胜;"相关旅游服务"一般是指为旅游者代办旅行证件、代购交通票据、安排旅游食宿等与旅行游览有关的各种活动。

(二)导游员的分类

1.以使用的语言为标准,导游员可分为外国语导游员和汉语导游员。外国语导游员主要是为外国旅游者提供导游服务的人员。汉语导游员一般是国内旅游者,回内地、回国探亲的香港、澳门、台湾同胞和外籍华人旅游者按其不同要求提供相应语言服务的导游员。

2.以职业性质为标准,导游员可以分为专职导游员和社会导游员两种。专职导游员指长期受雇于某家旅行社,为该旅行社正式职员的导游员。社会导游员又分为业余导游员和自由职业导游员。业余导游员指不以导游工作为主业,利用业余时间从事导游工作的人。自由职业导游员指以导游职业为主业,但不属于某家旅行社的正式职员,通过合同形式与供职的旅行社或旅游服务公司建立权利义务关系。

3.以工作区域为标准,导游员可以分为国际导游、全程导游、地方导游和景区(点)导游等。国际导游又称领队,是指旅行社派出的负责陪同国际旅游团全程旅游活动的导游员。全程导游又称全陪,是指旅行社派出的为旅游者在境内提供全程导游服务的导游员。地方导游又称地陪,是指旅行社派出的为旅游者在当地旅游提供导游服务的导游员。景区(点)导游又称点陪,是指受景区(点)管理机构委派,在景区(点)内为旅游者提供向导、讲解服务的导游员。

4. 以技术等级为标准,导游员可以分为初级导游员、中级导游员、高级导游员、特级导游员。

二、导游员的等级划分与考核

为了加强导游员队伍建设,提高导游员素质和服务水平,客观、公正地评价和选拔人才,调动导游员钻研业务和努力工作的积极性,引入竞争机制,为改革全国导游员管理体制、建立导游员人才市场创造条件及各旅行社服务的等级化创造条件。《导游人员管理条例》规定:"国家对导游人员实行等级考核制度。导游人员等级考核标准和考核办法,由国务院行政管理部门制定。"

(一)导游员的等级划分及等级考核评定办法

导游员的等级分为两个系列、四个等级。两个系列是指等级考核分为外语导游员系列和中文导游员系列;四个等级是指通过考核,将导游员划分为初级导游员、中级导游员、高级导游员和特级导游员。

导游员等级考核评定工作,遵循自愿申报、逐级晋升、动态管理的原则,按照"申请、受理、考核评定、告知、发证"的程序进行。凡通过全国导游人员资格考试并取得导游人员资格证书,符合全国导游人员等级考核评定委员会规定报考条件的导游员,均可申请参加相应的等级考核评定。导游员申报等级时,由低到高,逐级递升,经考核评定合格者,颁发相应的导游员等级证书。不同等级的考核评定办法是:

1. 初级导游员的考核评定

凡取得导游人员资格证书工作满一年的人,经考核合格,即可成为初级导游员。

2. 中级导游员的考核评定

报名参加中级导游员的基本条件是:学历要求方面,初级中文

(普通话)导游和中级中文(普通话)导游报考中级外语导游的,需具备所报考语种大专以上学历。初级导游报考同语种中级导游和初级外语导游报考中级中文(普通话)导游的,学历不限;职业经历方面,取得导游员资格证书满3年,或具有大专以上学历的取得导游员资格证书满2年。并且在申报前3年内实际带团不少于90个工作日,带团工作期间表现出良好的职业道德;业绩表现方面,申报前3年内,一次性扣分达4分以上(含4分)或1年内扣分累计达10分的导游员,不得参加当年的中级导游员等级考试。

中级导游员的考核采取笔试方式。中文导游员考试科目为"导游知识专题"和"汉语言文学知识";外语导游员考试科目为"导游知识专题"和"外语"。

3. 高级导游员的考核评定

报名参加高级导游员的基本条件是:学历要求方面,本科及以上学历或旅游类及外语类大专学历;职业经历方面,取得中级导游员证书满3年,并且在申报前3年内以中级导游员身份实际带团不少于90个工作日;业绩表现方面,申请前3年内,一次性扣分达4分以上(含4分)或一年内扣分累计达6分的导游员,不得参加当年的高级导游员等级考试。

高级导游员的考核采取笔试方式,导游员考试科目为"导游综合知识"和"导游能力测试"。中文导游员和英语导游员考试分别以中、英文命题和作答。

4. 特级导游员的考核评定

特级导游员的考核采取论文答辩方式。

参加省部级以上单位组织的导游技能大赛获得最佳名次的导游员,报全国导游员等级考核评定委员会批准后,可晋升一级导游员等级。一人多次获奖只能晋升一次,晋升的最高等级为高级。

(二)导游员等级考核评定的组织管理

国家旅游局负责导游员等级考核评定标准、实施细则的制定工作,负责对导游员等级考核评定工作进行监督检查。国家旅游局组织设立全国导游员等级考核评定委员会,由该委员会组织实施全国导游员等级考核评定工作。省、自治区、直辖市和新疆生产建设兵团旅游行政管理部门组织设立导游员等级考核评定办公室,在全国导游员等级考核评定委员会的授权和指导下开展相应的工作。旅行社和导游管理服务机构应当采取有效措施,鼓励导游员积极参加导游员等级考核评定。

为了加强对等级导游员的管理,国家旅游局和省(区、市)旅游局建立导游员等级注册登记制度。各级资格有效期一般为5年。有效期满后,持证者要按有关规定主动到发证机关办理注册登记,并进行相应的培训和考核。逾期不办者,其证件自动作废。

导游员等级证书由国家旅游局统一制作并核发。每次考试后,国家旅游局通过新闻媒介向国内外公布特级、高级和中级导游员名单及旅行社、导游服务公司导游员的等级构成情况。各旅行社、导游服务公司应在待遇方面对不同级别的导游员加以区别,拉开档次。已实行岗位技能工资的单位,应以导游员等级为岗位技能工资的评定依据。

三、导游员工作应该遵循的原则

(一)导游员依法进行导游活动受法律保护原则

导游员在工作中的作用不容忽视,其人身权和其他权利应受国家保护。导游员的合法权益受到法律的全面保护,这是充分发挥导游员作用的关键。

(二)导游员应依法进行导游活动,自觉维护国家和民族的尊严,遵循职业道德原则

导游员进行导游活动应具有较强的法律意识。其行为应当符合国家法律、法规要求,珍惜国家荣誉,维护国家尊严,树立崇高的爱国主义思想,既热情友好、谦虚谨慎、宾客至上,又保持中华民族

的气节,做到自尊、自爱、端庄、稳重、不卑不亢、一视同仁。

（三）从事导游职业不受地域限制原则

导游证在全国范围内有效。每一位符合从事导游职业的导游员都是中国的导游员,其活动范围为中国境内,在境内不受身份、户籍、省份的限制,只要在旅行社签订了劳动合同或在相关旅游行业组织注册,并依法领取导游证,就可以从事导游职业。内地导游在我国港、澳、台地区从事导游活动需持有领队证。

第二节　导游员证书制度

一、导游人员资格考试制度

（一）导游人员资格

导游人员资格是指从事导游职业,在导游活动中为旅游者提供服务的人员应具备的条件、身份等。导游人员资格是从事导游职业的人首先要解决的问题,只有取得导游人员资格的人,才能申请导游证,并以导游人员的身份进行导游活动。

我国对导游人员资格考试有明确的法律规定,《旅游法》第三十七条规定:"参加导游资格考试成绩合格,与旅行社订立劳动合同或者在相关旅游行业组织注册的人员,可以申请取得导游证。"从法律层面明确了导游资格考试的必要性。

1987 年颁布的《导游人员管理暂行规定》最早确立了导游考试制度,此后不断完善;《导游人员管理实施办法》规定:"国家实行全国统一的导游人员资格考试制度。经考试合格者,方可取得导游资格证。"确立导游人员资格考试制度的意义在于:

1.由国家统一组织的导游人员资格考试,体现了国家对导游工作的高度重视,表明了导游工作在整个旅游业中所占地位的重要性。

2. 为旅游行政管理部门对导游工作的管理提供了有力的法律手段。通过考试,可以防止不合格人员混入导游队伍,避免由于导游素质差而造成的对我国旅游形象的不良影响。

3. 通过考试确认导游人员资格,体现了严格要求和公平竞争的原则,有利于调动广大欲从事导游工作者的积极性,有利于保证和不断提高我国导游员队伍的素质。

4. 实行导游人员资格准入制度是借鉴世界旅游业发达国家的有益做法,它适应了国际旅游业的发展要求,也有利于与国际旅游业接轨。

(二)导游人员资格考试的条件

国家实行全国统一的导游人员资格考试制度。参加导游人员资格考试必须具备下列四个条件:

1. 必须是中华人民共和国公民

在我国,凡是按照《中华人民共和国国籍法》的规定取得中国国籍的人,都是中华人民共和国公民。对参加导游人员资格考试作国籍限制,要求申请人必须是中国公民并不是我国特有的,世界上其他国家也有类似规定。将某些行业的从业权,规定只授予符合条件的本国公民,也是国际上普遍接受的一个习惯做法。此外,与不得颁发导游证的法定情形相适应,参加导游人员资格考试也应该是年满18周岁具有完全民事行为能力的中华人民共和国公民。

2. 必须具有高级中学、中等专业学校或者以上的学历

接受过何种教育,具有何种学历,是衡量一个从业人员的知识结构及文化程度的一个客观标准,也是从事某种职业对其从业人员的要求。由于导游工作具有较强的知识性和文化性,对从业人员应该有最起码的学历要求。

3. 必须身体健康

导游工作是一项紧张的脑力劳动和繁忙艰苦的体力劳动相结

合的工作,特别是各地气候条件、生活习俗不同,给导游人员的生活和工作带来诸多不便,导游人员只有具备良好的身体素质,才能适应导游工作。

4.必须具有适应导游需要的基本知识和语言表达能力

具有适应导游需要的基本知识,主要是指具有《导游人员管理条例》规定的文化程度和学历证明,以及参加各级旅游行政管理部门根据国家旅游局统一布置的对导游人员的考前培训;语言表达能力,是导游人员所应具备的基本条件。

(三)导游人员资格证考试的组织与管理

《导游人员管理实施办法》规定,国务院旅游行政管理部门负责制定全国导游人员资格考试的政策、标准和对各地考试工作的监督管理;省级旅游行政管理部门负责组织、实施本行政区域内导游人员资格考试工作;直辖市、计划单列市、副省级城市负责本地区导游人员的考试工作。

经考试合格的,由组织考试的旅游行政管理部门在考试结束之日起30个工作日内颁发导游人员资格证;导游人员资格证由国务院旅游行政管理部门统一印制,在中华人民共和国全国范围内使用;获得资格证3年未从业的,资格证自动失效。

二、导游证申请与颁发制度

《旅游法》确立了导游执业资格许可制度。该法第三十七条规定:"参加导游资格考试成绩合格,与旅行社订劳动合同或者在相关旅游行业组织注册的人员,可以申请取得导游证。"导游证是持证人已依法进行中华人民共和国导游注册、能够从事导游活动的法定证件。导游证是国家准许从事导游工作的证件,也是导游人员从业的必备条件。在中华人民共和国境内从事导游活动的人员以及担任出境领队的人员,必须依法取得导游证。要求导游人员从业必须具有导游证,是为了维护旅游声誉,保证导游服务质量,便于旅游行政管理部门的监督检查。

（一）导游证的申请

《导游人员管理条例》规定:"取得导游人员资格证书的,经与旅行社订立劳动合同或者在导游服务公司登记,方可持所订立的劳动合同或者登记证明材料,向省、自治区、直辖市人民政府旅游行政部门申请领取导游证。"《旅游法》针对我国导游数量庞大,而旅行社的接纳能力相对有限的现状,修改了导游注册的范围,规定除了与旅行社签订劳动合同外,还可以在旅游行业组织注册。

《导游人员管理实施办法》规定:"取得导游人员资格证书的人员申请办理导游证,须参加颁发导游证的旅游行政管理部门举办的岗前培训考核。"

导游人员资格证和导游证由国务院旅游行政管理部门统一印制,在中华人民共和国全国范围内使用。任何单位不得另行颁发其他形式的导游证。

综合以上法律法规,申请领取导游证应具备的条件是:

1. 考取导游人员资格证书

符合参加导游资格考试的条件要求,参加导游资格考试成绩合格,获得国家旅游局颁发的导游资格证书,这是申请导游证的前提条件。

2. 与旅行社订立劳动合同或者在相关旅游行业组织注册

与旅行社订立劳动合同或者在相关旅游行业组织注册都可以成为申领导游证的情形,二者只需满足其一即可。

一是与旅行社订立劳动合同。这里所称的劳动合同,是指《劳动合同法》规定的固定期限劳动合同和无固定期限劳动合同。由于与旅行社订立劳动合同是申领条件,所以,如果导游与旅行社解除劳动关系后,再与其他旅行社订立劳动合同的,应当变更换发导游证;如果不再从事导游业务,导游证便自动失效。

二是在相关旅游行业组织注册。除了与旅行社订立劳动合同,成为正式员工之外,也可在相关旅游行业组织注册。"相关旅游行业组织"是指设区的市级以上地方依法成立的导游协会、旅游协会成立的导游分会或者内设的相应工作部门。注册主要是指加入其执业所在地的相关旅游协会,成为其会员,享有该协会章程规定的权利,履行该协会章程规定的义务。如果导游离开原执业所在地的市到其他市执业,则需变更导游证。

3.须参加颁发导游证的旅游行政管理部门举办的岗前培训考核

考取导游资格证书,只能证明证书考取者具备申领导游证的资格。申请导游证,还须进行上岗前的培训与考核。

将以上几点作为申领导游证的条件,有利于从根本上解决私自招徕、接待旅游者,扰乱旅游市场正常秩序的问题。

根据规定,申领导游证的程序主要是:取得导游人员资格后,与旅行社订立劳动合同或在相关的旅游行业组织注册;由旅行社或旅游行业组织对申请人的品行和业务能力进行考评并做出结论;本人提出书面申请,并提交导游人员资格证及相关证明材料;参加颁发导游证的旅游行政管理部门举办的岗前培训考核。

(二)导游证的颁发

省、自治区、直辖市人民政府旅游行政部门应按照《导游人员管理条例》第六条的规定,自收到要求领取导游证的申请之日起15日内,颁发导游证;发现有《导游人员管理条例》第5条规定的情形,不予颁发导游证的,应当书面通知申请人。

《导游人员管理条例》第六条的规定包含三层意思:一是旅游行政管理部门对符合条件的申请人,必须在收到其要求领取导游证的书面申请之日起15日内颁发导游证,这是一条强制性规定,这表明旅游行政管理部门对符合发证条件的申请人必须颁发导游证,而不存在"可以不予颁发"的情形。二是对符合申领条件逾期不予颁发或不答复,使申领人处于一种不确定的状态,这是旅游行政管理部门的一种不作为表现,申请人可依照《行政复议法》向上一级旅游行政管理部门申请复议,或者依据《行政诉讼法》向人民法院提起诉讼。三是不符合颁证条件的情形,仅限于《导游人员管理条例》第五条规定的四种情形,旅游行政管理部门只能在上述四种情形之一出现时,才可以决定不予颁发导游证;同时,对不予颁发导游证的,旅游行政管理部门应该以书面形式通知申领人。

《导游人员管理条例》第五条规定的不予颁发导游证的四种情形是:

1. 无民事行为能力或者限制民事行为能力

民事行为能力是指公民可以独立进行民事活动的资格,法律要求公民在达到一定年龄以及能够对自己的行为可能产生的法律后果具有认识能力和判断能力后,才具有行为能力。执业的导游人员要行使法定权利,承担法定义务,不具备完全民事行为能力是无法履行导游员职务的。

2. 患有传染性疾病

旅游行政管理部门不得向患有传染性疾病(或者不适合从事导游职业的疾病)的申请人颁发导游证,这是由导游这一职业的性质决定的。导游员为旅游者提供向导、讲解及相关服务,在旅游活动中与旅游者朝夕相处,若患有传染性疾病,就可能造成交叉传染。但传染病的确定应以国家卫生部门规定为准。

3. 受过刑事处罚的,过失犯罪的除外

受过刑事处罚的人,是指因其行为触犯了国家刑律依法受到刑罚制裁的人,旅游行政管理部门不可对这类人员颁发导游证。《导游人员管理条例》同时又规定"过失犯罪的除外",理由是:第一,根据我国《刑法》的规定,犯罪分为故意犯罪和过失犯罪,明知自己的行为会发生危害社会的结果,并且希望或者放任这种结果发生,因而构成犯罪的,是故意犯罪,故意犯罪分为直接故意和间接故意;应当预见自己的行为可能发生危害社会的结果,但因疏忽大意而没有预见,或者已经预见而轻信能够避免,以致犯罪的是过失犯罪,过失犯罪分为疏忽大意的过失和过于自信的过失。由此可见,故意犯罪是一种带有主观故意的犯罪,社会危害性大,而过失犯罪不是有意识的犯罪。第二,较之故意犯罪,过失犯罪在主观恶性、社会危害性上都与故意犯罪有原则性区别。过失犯罪是由于缺乏必要的谨慎而构成的犯罪。因此,过失犯罪人虽然也受到过刑罚的制裁,但仍然可以申请领取导游证,旅游行政管理部门也可以对其颁发导游证。

4. 被吊销导游证未逾三年

这是指曾经取得导游证的人员,因违反《旅游法》和有关导游人员管理法规,旅游行政管理部门处以吊销导游证的处罚,自处罚之日起未逾三年的,不得重新申请导游证。

三、导游证的种类及其管理制度

(一)正式导游证和临时导游证

根据《导游人员管理条例》的规定,导游证分为正式导游证和临时导游证。

1. 正式导游证(导游证)

正式导游证是指参加导游人员资格考试并合格,并取得导游人员资格证书的人员,经与旅行社订立劳动合同或者在相关旅游行业组织注册,由省、自治区、直辖市人民政府旅游行政管理部门颁发的导游证。导游证实行统一版式,采用 IC 卡形式,可借助读卡机查阅卡中存储的导游基本情况和违规违纪计分情况等内容。导游证的正面有中英文对照的"导游证"(CHINA TOUR GUIDE)、导游证等级、编号、姓名、语种等内容,中间为持证人近期免冠 2 寸正面照片,导游证等级以 4 种不同的颜色加以区分:初级为灰色、中级为粉米色、高级为淡黄色、特级为金黄色;背面印有注意事项和卡号。持有正式导游证的人员,可以是专职导游员,也可以是兼职导游员,但都必须是经过导游人员资格考试并合格,取得导游人员资格证书的人员。

2. 临时导游证

临时导游证是指具有特定语种语言能力(或者从事特种旅游所需专业知识)的人员,虽未取得导游人员资格证书,但因旅行社需要聘请其临时从事导游活动,由旅行社向省、自治区、直辖市人民政府旅游行政管理部门申请领取的导游证。实践中,经营入境或者出境旅游业务的旅行社接待的外国旅游者来自小语种国家,或旅行社所在地缺乏某一语种的导游员,或开办特种旅游,无法满足社会需求,为适应市场需要聘请一定数量既精通专业知识,又有丰富实践经验的人员,以解燃眉之急,《导游人员管理条例》对此作了例外性规定。

(二)正式导游证与临时导游证的区别

正式导游证和临时导游证都是证明持证人已经依法进行导游注册、能够从事导游活动的法定证件。二者的区别主要体现在:

1. 取得证书的前提条件不同

正式导游证持有人须经过导游人员资格考试,并取得资格证书后方可向旅游行政管理部门申请领取导游证;临时导游证持有人无须获得导游人员资格证书。

2. 对语言能力的要求不同

正式导游证持有人无语种语言能力限制或特种专业知识要求;临时导游证持有人必须是具有特定语种语言能力的人或者是从事特种旅游所需专业知识的人,并且是由于旅行社的需要,否则不能申领临时导游证。

3. 申领程序不同

申请领取正式导游证,是由申领者个人向旅游行政管理部门领取;临时导游证,是由旅行社根据需要向旅游行政管理部门申领。

4.有效期限不同

根据《导游人员管理条例》的规定,正式导游证有效期限为3年,且有效期满,可以申请换发导游证;而临时导游证有效期最长不得超过三个月,有效期满不得延期,旅行社如需继续聘请临时导游员,则须重新办理申请手续。

（三）导游证的颁证部门

颁发导游证和临时导游证的部门是省、自治区、直辖市人民政府旅游行政管理部门。导游证和临时导游证的样式规格,由国务院旅游行政管理部门规定。这表明,国务院旅游行政管理部门既有权规定样式规格并统一制作,也可以统一规定样式规格,由省、自治区、直辖市旅游行政管理部门分别制作和颁发。

四、导游资格证与导游证

导游人员资格证书与导游证是两种既有联系又有区别的凭证。导游人员资格证书是由旅游行政管理部门颁发的,表明持证人具备了从事导游业务所应具备的知识和技能,以及符合从事导游业务所需要的其他法定条件的凭证。导游证是导游员从事导游工作的执照,是由旅游行政管理部门颁发的准许其进行导游活动的凭证。取得导游人员资格证书,只是表明持证人具备了从事导游活动的资格,要从事导游职业,还要依法取得导游证。

（一）性质不同

导游人员资格证书标志着某人具备从事导游职业的资格;导游证标志着国家准许持证人从事导游职业。

（二）领取证书的程序不同

导游人员资格证书是公民参加导游人员资格考试并合格后,向旅游行政管理部门领取的证书;导游证则必须是在取得导游人员资格证书并与旅行社订立合同或在旅游行业组织注册后,方可向旅游行政管理部门领取的证书。

（三）作用不同

导游人员资格证书仅仅是表明持证人具备从事导游职业的资格，但并不能从事导游职业；导游证则表明持证人可以实际从事导游职业。由此可见，前者是从业资格的证明，后者是从业许可的证明。

（四）期限不同

《导游人员管理办法》规定，获得资格证 3 年未从业的，资格证自动失效；《导游人员管理条例》规定，导游证的有效期为 3 年，导游证持有人在有效期满后欲继续从事导游活动，应当在有效期届满 3 个月前，向省、自治区、直辖市人民政府旅游行政管理部门申请办理更换导游证手续。

（五）样式不同

导游资格证书为一般证书样式，导游证则是 IC 卡形式。

第三节　导游的权利和义务

一、导游员的权利

导游员的权利主要是指导游员的法律权利，表现为导游员在导游过程中依据法律的规定有权自己为或不为一定行为或者要求他人为或不为一定行为的资格。根据《旅游法》、《导游人员管理条例》、《行政复议法》、《行政诉讼法》以及其他相关法律法规的规定，导游员的权利主要可以概括为以下四个方面：

（一）受尊重权

受尊重权是指导游员进行导游活动时，人身自由不受非法限制和剥夺，人格尊严不受侵犯，名誉不受损害的权利。导游员作为旅行社或者旅游行业组织的代理人履行其受聘单位的职责，直接与旅游者接触,在旅游活动中,其人身权利、人格尊严容易受到侵犯,《导游人员管理条例》规定:"导游人员进行导游活动时,其人格尊严应当受到尊重,其人身安全不受侵犯。"

此外,在旅行游览中,个别旅游者可能对导游提出一些带有侮辱其人格尊严或违反其职业道德的不合理要求,为保护导游员的正当权利,《导游人员管理条例》规定:"导游人员有权拒绝旅游者提出的侮辱其人格尊严或者违反其职业道德的不合理要求。"

(二)旅游行程紧急处置权

旅游行程紧急处置权是指导游员在引导旅游者旅行、游览的过程中,遇到可能危及旅游者人身安全的紧急情况时,不变更或调整接待计划,就可能对旅游者人身安全带来威胁,因而导游员享有对行程进行紧急调整的权利。

根据《导游人员管理条例》第十三条第二款的规定,导游人员享有的旅游行程紧急处置权应符合四个条件:一是必须在引导旅游者旅行、游览的过程中,即旅游活动开始后、结束前。二是必须遇到有可能危及人身安全的紧急情形。三是必须征得多数旅游者的同意。四是必须立即报告旅行社,并得到旅行社的认可。

(三)合法权益保障权

导游员的合法权益保障权是指导游员依法履行职务,享有应有权益保障的权利。《旅游法》第三十八条规定:"旅行社应当与其聘用的导游依法订立劳动合同、支付劳动报酬、缴纳社会保险费用;旅行社临时聘用导游为旅游者提供服务的,应当全额向导游支付本法第六十条第三款规定的导游服务费用;旅行社安排导游为团队旅游提供服务的,不得要求导游垫付或者向导游收取任何费用。"第六十条第三款的规定是:"安排导游为旅游者提供服务的,应当在包价旅游合同中载明导游服务费用。"这些条款确立了旅行社专职导游按照劳动合同取得薪酬和社会保险,社会导游和兼职导游根据提供的服务获取相应导游服务费的权利。

导游员除了有权获得与工作时间、工作强度、工作风险、工作技能相当的劳动报酬之外,导游员的权益保障权还体现在享有参加培训、获得晋级、得到必要的劳动条件与劳动保护、获得旅行社提供的旅游保险等。

（四）诉权

诉权是指申请复议权和起诉权。导游员在导游活动中会因其合法权益受到损害而请求有关部门予以解决。诉权是导游员在履行职务过程中权利受到法律保护的有力保障。

1.行政复议权

导游员对旅游行政管理部门的具体行政行为不服时依法享有申请复议权。具体指:对罚款、吊销导游证、责令改正、暂扣导游证等行政处罚不服;认为符合法定条件申领导游人员资格证书和导游证,旅游行政管理部门拒绝颁发或不予答复;认为旅游行政管理部门侵犯导游员人身权、财产权;法律、法规规定的其他可以申请复议的内容。

2.行政诉讼权

对旅游行政管理部门的具体行政行为不服时,享有向人民法院提起行政诉讼的权利,具体内容同申请复议权范围。

二、导游员的义务

导游员的义务是指导游员必须依法履行的职责,包括必须做出的行为和不得做出的行为。导游员的义务同其权利一样,都是国家以法律、法规的形式加以确认的,所不同的是,导游员的义务是导游员在进行导游活动时所必须行为的范围;而导游员的权利则是导游员可以行为的范围,这是导游员义务区别于权利的最主要的特征。

根据《旅游法》第四十、第四十一、第八十五条以及《导游人员管理条例》第七条至第十六条的规定,导游员的义务可以概括为以下 11 个方面：

（一）自觉维护国家利益和民族尊严的义务

热爱祖国、拥护社会主义制度，以自己的言行维护国家利益和民族尊严，是导游员必须具备的政治条件和业务要求。为此，导游员在进行导游活动时，不得有损害国家利益和民族尊严的言行，应当自觉履行该项义务。

（二）遵守职业道德、尊重旅游者的风俗习惯和宗教信仰的义务

《旅游法》明确指出，导游应当遵守职业道德，尊重旅游者的风俗习惯和宗教信仰。职业道德是与职业活动紧密联系、符合职业特点要求的道德准则、道德操守和道德品质的总和，包括职业观念、职业品德、职业纪律和职业责任等。导游应该树立正确的世界观、价值观和人生观，反对拜金主义，坚持以人为本、游客至上，全心全意为游客服务，大力培养爱岗敬业、认真服务、乐于奉献的良好风尚。进行导游活动时，导游应当遵守职业道德，着装整洁，礼貌待人，尊重旅游者的宗教信仰、民族风俗和生活习惯，应当向旅游者讲解旅游地的人文和自然情况，介绍当地的风土人情和习俗；但是不得迎合个别旅游者的低级趣味，在讲解、介绍中掺杂庸俗下流的内容；同时旅游者来自四面八方，各有不同的风俗习惯和宗教信仰，导游应该予以尊重。

（三）提高自身业务素质和职业技能的义务

导游员自身业务素质的高低，职能、技能的优劣，直接关系导游服务的质量，影响到能否为旅游者提供优良的导游服务。因此导游员业务素质及导游职业技能的优劣，对旅游业的发展至关重要。

（四）进行导游活动时佩戴导游证的义务

《旅游法》和《导游人员管理条例》中都明确规定，导游从事业务活动，应当佩戴导游证。导游证是国家准许从事导游活动的证件，我国对导游证实行证卡合一。佩戴导游证，表明当事人具备从

事导游业务的条件和能力,既是当事人资格的证明,又是当事人身份和业务能力的证明。同时,佩戴导游证,既可为旅游者提供规范服务,便于旅游者识别导游员,及时得到导游员的帮助和服务,也有利于旅游行政管理部门的监督检查,还可增加导游员的责任感和义务感。

（五）进行导游活动需经旅行社委派的义务

《旅游法》规定:"导游和领队为旅游者提供服务必须接受旅行社委派,不得私自承揽导游和领队业务。"招徕、接待旅游者,为旅游者安排食宿等有偿服务,属旅行社的经营范畴。导游员作为旅行社的雇员,只有接受旅行社的委派,才能为旅游者提供向导、讲解及相关的服务,不得私自承揽或者以其他任何方式直接承揽导游业务。设立该项义务是为了保证服务质量,维护国家旅游业的形象;防止乱收费现象的产生,维护旅游者正当的合法权益;防止削价竞争等不正当竞争行为,维护旅游市场秩序的稳定。

（六）严格执行旅游行程安排,不得擅自变更旅游行程或者中止服务活动的义务

导游员应严格按照旅行社确定的接待计划安排旅游者的旅行、游览活动,不得擅自变更旅游行程。旅行社确定的接待计划（旅游行程计划）是经旅游者认可的,是旅行社与旅游者订立的旅游合同的一部分（一般包括乘坐的交通工具、游览景点、住宿标准、餐饮标准、娱乐标准、购物次数等内容的安排）。导游员擅自变更行程或者中止导游活动,就可能构成对旅游者的违约责任（行使调整或变更接待计划权时除外）。

导游员不得擅自中止导游活动。通常,构成中止导游活动的行为,必须具备下列条件:一是必须在导游活动已经开始尚未结束之前,是出现在执行接待计划的过程中;二是必须是擅自中止,这是中止导游活动的最主要特征。这就排除了由于旅行社的决定和其他外部作用的影响而导致的导游员中止导游活动;三是必须是

彻底中止,即导游员彻底放弃了原来的导游活动,如果导游员因某种原因暂时放弃了正在进行的导游活动,待该原因消失后又继续进行导游活动,是导游活动的中断。上述条件缺少其中任何一个都不能认为是导游活动的中止。

（七）明确警示并积极防止危害发生的义务

在引导旅游者旅行、游览过程中,导游应就可能发生危及旅游者人身、财产安全的情况,向旅游者做出真实说明和明确警示,并按照旅行社的要求采取防止危害发生的措施。

实践中,这项义务被导游员概括为"告知"义务。导游员有义务关心旅游者的利益,也有义务保护旅游者的人身安全和财产安全。旅游项目中如含有危险因素,导游员应事先将危险程度和安全防护措施向旅游者交代清楚,对参加危险活动的旅游者要特别注意保护。说明和警示要真实、准确、通俗易懂,不致发生歧义;同时,导游员要按照旅行社的要求采取防止危害发生的措施,否则导游员和旅行社要承担相应的法律责任。

（八）不得向旅游者兜售或者购买物品,不得向旅游者索要小费的义务

该项义务的履行是以"不作为"的形式表现的,有两层含义:一是向旅游者兜售物品或购买物品,不属于导游员的职责范围,与其导游身份亦不相称。尤其是导游员以导游这一特定身份向旅游者兜售物品,极易造成交易上的不公平和不公正,从而侵害旅游者的合法权益,损害导游员的职业形象,并因此产生纠纷。二是以明示或暗示的方式索要小费,这历来为我国旅游法规所禁止。《旅游法》明确要求导游员不得索取小费。明示的方式,是指导游员用语言、文字或其他直接表达意思的方法明确地向旅游者索要小费;暗示的方式,是指导游员不明确表示意思,而是以含蓄的言语、文字或者示意的举动等间接表达意思的方法,向旅游者索要小费的形式。如果旅游者因导游的优质服务而自愿给予一定报酬的,

符合我国当事人自愿和劳动报酬合法取得原则。因此,《旅游法》没有禁止旅游者自愿主动给予小费时导游不得收取,但禁止导游索取小费,这种索取强调索要的主动性和旅游者的非自愿性。

（九）不得诱导、欺骗、强迫或者变相强迫旅游者消费的义务

《旅游法》要求导游不得诱导、欺骗、强迫或者变相强迫旅游者购物或者参加另行付费旅游项目。诱导、欺骗、强迫和变相强迫行为的本质,是违背了旅游者的真实意愿,使旅游者做出了不真实的意思表示。欺骗是指故意告知旅游者虚假的情况,或者隐瞒真实情况,诱旅游者做出错误消费意思表示的行为。欺骗行为有两种情形:一是导游员在导游活动中欺骗,二是导游员与经营者串通欺骗;诱导也是一种欺骗,只是欺骗的手段上采用了引诱和引导的方式;强迫是指以给旅游者及其亲友的生命健康、名誉、荣誉、财产等造成损害为要挟,迫使旅游者做出违背真实消费意思的表示的行为,既可能是导游员胁迫,也可能是导游员与经营者串通起来胁迫旅游者;变相强迫是指虽然不是直接给对方施加压力使之服从,但实质是让对方没有别的选择,不得不做出违背自己真实意思的选择,本质上还是强迫。诱导、欺骗、强迫和变相强迫旅游消费,是严重侵犯旅游者合法权益的行为,理应为法规所禁止。

（十）引导旅游者健康、文明旅游和劝阻旅游者违反社会公德行为的义务

《旅游法》确立了导游告知和解释旅游文明行为规范,引导旅游者健康、文明旅游的职业要求和社会责任。因此,导游在执业活动中,应该根据法律规定,率先垂范,遵守文明旅游行为,告知旅游者《中国公民国内旅游文明行为公约》和《中国公民出境旅游文明行为指南》等明确规定的旅游文明行为规范,推广文明礼仪知识,进行文明旅游教育;引导旅游者尊重旅游目的地的文化习俗,介绍当地的风俗习惯、礼仪规范、民族禁忌及行为方式,旅游者不明白时,要做出说明和解释。

同时,《旅游法》也规定了导游劝阻旅游者违反社会公德行为的义务。旅游者在旅游活动中,有违反社会公德行为的,导游应及时予以提醒和劝诫,必要时在力所能及的范围内阻止其不文明、不道德的行为。

（十一）接受旅游主管部门依法监督与检查的义务

《旅游法》规定了县级以上人民政府旅游主管部门有权对导游的执业许可,相应的服务行为以及法律法规规定的其他事项实施监督检查。因此,接受旅游主管部门依法进行的监督和检查同样是导游员的法定义务。

第四节　导游员的计分与年审管理

一、导游员的计分管理

为加强导游队伍建设,规范导游行为,2001 年 12 月 27 日颁布的《导游人员管理实施办法》第三章中规定,国家对导游员实行计分管理,并明确如下职责:国务院旅游行政管理部门负责制定全国导游员计分管理政策并组织实施、监督检查;省级旅游行政管理部门负责本行政区域内导游员计分管理的组织实施和监督检查;所在地旅游行政管理部门在本行政区域内负责导游员计分管理的具体执行。

导游员计分办法实行年度 10 分制。

1. 导游员在导游活动中有下列情形之一的,扣除 10 分

（1）有损害国家利益和民族尊严的言行的;

（2）诱导或安排旅游者参加黄、赌、毒活动项目的;

（3）有殴打或谩骂旅游者行为的;

（4）欺骗、胁迫旅游者消费的;

(5)未通过年审继续从事导游业务的；

(6)因自身原因造成旅游团重大危害和损失的。

2.导游员在导游活动中有下列情形之一的,扣除 8 分

(1)拒绝、逃避检查,或者欺骗检查人员的；

(2)擅自增加或者减少旅游项目的；

(3)擅自终止导游活动的；

(4)讲解中掺杂庸俗、下流、迷信内容的；

(5)未经旅行社委派私自承揽或者以其他任何方式直接承揽导游业务的。

3.导游员在导游活动中有下列情形之一的,扣除 6 分

(1)向旅游者兜售物品或购买旅游者物品的；

(2)以明示或者暗示的方式向旅游者索要小费的；

(3)因自身原因漏接漏送或误接误送旅游团的；

(4)讲解质量差或不讲解的；

(5)私自转借导游证供他人使用的；

(6)发生重大安全事故不积极配合有关部门救助的。

4.导游员在导游活动中有下列情形之一的,扣除 4 分

(1)私自带人随团游览的；

(2)无故不随团活动的；

(3)在导游活动中未佩戴导游证或未携带计分卡的；

(4)不尊重旅游者宗教信仰和民族风俗。

5.导游员在导游活动中有下列情形之一的,扣除 2 分

(1)未按规定时间到岗的；

(2)10 人以上团队未打接待社社旗的；

(3)未携带正规接待计划的；

(4)接站未出示旅行社标识的；

(5)仪表、着装不整洁的；

(6)讲解中吸烟、吃东西的。

导游员 10 分分值被扣完后,由最后扣分的旅游行政执法单位暂时保留其导游证,并出具保留导游证证明,并于 10 日内通报导游员所在地旅游行政管理部门和登记注册单位。正在带团过程中的导游员,可持旅游执法单位出具的保留证明完成团队剩余行程。

对导游员的违法、违规行为除扣减其相应分值外,依法应予处罚的,还要依据有关法律给予处罚。

导游员通过年审后,年审单位应核销其遗留分值,重新输入初始分值。

旅游行政执法人员玩忽职守、不按照规定随意进行扣分或处罚的,由上级旅游行政管理部门提出批评和通报,本级旅游行政管理部门给予行政处分。

二、导游员的年审管理

为了不断提高导游素质,加强导游队伍建设,《导游人员管理实施办法》规定,国家对导游员实行年度审核制度。导游员必须参加年审。同时明确了国务院旅游行政管理部门负责制定全国导游员年审工作政策,组织实施并监督检查;省级旅游行政管理部门负责组织、指导本行政区域内导游员年审工作并监督检查;所在地旅游行政管理部门具体负责组织实施对导游员的年审工作。

导游员年审以考评为主,考评的内容应包括:当年从事导游业务情况、扣分情况、接受行政处罚情况、游客反映情况等。考评等级分为通过年审、暂缓通过年审和不予通过年审三种。

凡一次扣分达到 10 分的,不予通过年审。

累计扣分达到 10 分的,暂缓通过年审。

一次被扣 8 分的,全行业通报。

一次被扣 6 分的,警告批评。

暂缓通过年审的,通过培训和整改后,方可重新上岗。

《导游人员管理实施办法》规定,导游员必须参加所在地旅游行政管理部门举办的年审培训。培训时间应根据导游业务需要灵活安排。每年累计培训时间不得少于 56 小时。

旅行社或导游管理服务机构应为注册的导游员建立档案,对导游员进行工作培训和指导,建立对导游员工作情况的检查、考核和奖惩的内部管理机制,接受并处理对导游员的投诉,负责对导游员年审的考评。

第五节　领队职责与管理

一、领队概述

《旅游法》规定旅行社组织团队出境旅游,应当按照规定安排领队全程陪同。领队又称国际导游,根据《中国公民出国旅游管理办法》和《出境旅游领队人员管理办法》的规定:领队是指依照本办法规定取得出境旅游领队证(以下简称"领队证"),接受具有出境旅游业务经营权的旅行社(以下简称"组团社")的委派,从事出境领队业务的人员。

《出境旅游领队人员管理办法》所称的领队业务是指为出境旅游团提供旅途全程陪同和有关服务;作为组团社的代表,协同境外接待旅行社(以下简称"接待社")完成旅游计划安排,以及协调处理旅游过程中相关事务等活动。

二、领队职责

1. 遵守《中国公民出国旅游管理办法》中的有关规定,维护旅游者的合法权益;

2. 协同接待社实施旅游行程计划,协助处理旅游行程中的突发事件、纠纷及其他问题;

3. 为旅游者提供旅游行程服务;

4. 自觉维护国家利益和民族尊严,并提醒旅游者抵制任何有损国家利益和民族尊严的言行。

三、领队证管理

(一) 领队证申请条件

《旅游法》第三十九条规定:"取得导游证,具有相应的学历、语言能力和旅游从业经历,并与旅行社订立劳动合同的人员,可以申请领队证。"

1. 取得导游证

取得导游证是申请领队证的前提条件。如果领队没有取得导游证,没有从事过导游执业,对导游业务不了解,可能导致对境外地接导游的监督、对旅行社和旅游者权益的维护缺乏经验,难以保证领队职责的完成。

2. 具有相应的学历、语言能力和从业经历

领队作为组团社的代表,对境外旅游行程的顺利完成至关重要,应该有更高的素质要求,进行严格的审核和认定。相应的学历,是指大专以上学历;相应的语言能力,是指与出境旅游目的地国家(地区)相对应的语言能力;相应的旅游从业经历,是指 2 年以上旅行社相关岗位从业经历。

3. 与旅行社订立劳动合同

主要有以下两层含义:一是订立的是固定期限或者无固定期限的劳动合同,即申领领队证的人员为旅行社的正式员工。与旅行社订立劳动合同是申领领队证的条件,因此,如果领队与旅行社解除劳动关系后,再与其他旅行社订立劳动合同,应当更换领队证;如果不再从事领队业务,领队证则失效。二是取得出境旅游经营资格的旅行社订立的劳动合同。我国对旅行社经营出境旅游业务实行特别许可制度,因此,未取得出境旅游经营资格的旅行社,

不可以派领队。赴台游的领队,必须与取得赴台旅游经营资格的旅行社订立劳动合同;边境旅游的领队,必须与取得边境旅游经营资格的旅行社订立劳动合同。

(二)领队证的申领、发放与期限

组团社要负责做好申请领队证人员的资格审查和业务培训。领队证由组团社向所在地的省级或经授权的地市级以上旅游行政管理部门申领,并提交申请领队证人员登记表、组团社出具的胜任领队工作的证明、申请领队证人员业务培训证明等相关材料。

旅游行政管理部门应当自收到申请材料之日起 15 个工作日内,对符合条件的申请领队证人员颁发领队证,并予以登记备案。领队证由国家旅游局按统一样式制作,由组团社所在地的省级或经授权的地市级以上旅游行政管理部门发放。领队证的有效期为3 年。

四、领队人员管理

《旅游法》第四十条规定:"领队为旅游者提供服务必须接受旅行社委派,不得私自承揽领队业务。"第四十一条规定:"领队从事业务活动,应当佩戴领队证,遵守职业道德,尊重旅游者的风俗习惯和宗教信仰,应当向旅游者告知和解释旅游文明行为规范,引导旅游者健康、文明旅游,劝阻旅游者违反社会公德的行为。领队应当严格执行旅游行程安排,不得擅自变更旅游行程或者中止服务活动,不得向旅游者索取小费,不得诱导、欺骗、强迫或者变相强迫旅游者购物或者参加另行付费旅游项目。"同时,《旅游法》明确规定,组织到境外的旅游活动,同样适用该法。因此,组团社及其领队应当要求境外地接社按照约定安排旅游活动。不按照要求安排的旅游活动,组团社及其领队应当制止。

第六节　导游员的法律责任

一、处罚部门和处罚种类

导游员违反《旅游法》、《导游人员管理条例》相关规定的,由旅游行政管理部门予以处罚。处罚的种类依据导游员违法类型与程度的不同,也会有所不同。违反《旅游法》相关规定的处罚,包括没收非法所得;罚款;予以公告;暂扣导游证或领队证;吊销导游证或领队证等处罚;违反《导游人员管理条例》相关规定的处罚,包括罚款、责令改正;有违法所得的,没收违法所得;责令改正,暂扣导游证;吊销导游证并予以公告等处罚。

二、违反导游管理法律、法规应承担的责任

1. 导游员违反导游证管理制度的处罚:违反《旅游法》的规定,未取得导游证从事导游活动的,由旅游主管部门责令改正,没收违法所得,并处 1000 元以上 1 万元以下罚款,予以公告。违反《导游人员管理条例》的规定,进行导游活动时未佩戴导游证的,由旅游行政管理部门责令改正;拒不改正的,处 500 元以下罚款。

2. 对导游员未经旅行社委派,私自承揽或者以其他方式直接承揽导游业务,进行导游活动的处罚:导游违反《旅游法》的规定,私自承揽业务的,由旅游主管部门责令改正,没收违法所得,处 1000 元以上 1 万元以下罚款,并暂扣或者吊销导游证。

3. 对导游员未尽职责的处罚:导游员有擅自增加或者减少旅游项目;擅自变更接待计划;擅自中止导游活动等情形之一的;由旅游行政管理部门责令改正,暂扣导游证 3 ~ 6 个月;情节严重的,由省、自治区、直辖市人民政府旅游行政管理部门吊销导游证并予以公告。

4. 对导游员违反禁止性规定的处罚：

导游员违反《导游人员管理条例》的规定，进行导游活动时，有损害国家利益和民族尊严言行的，由旅游行政管理部门责令改正；情节严重的，由省、自治区、直辖市人民政府旅游行政管理部门吊销导游证并予以公告；对该导游员所在旅行社予以警告，直至责令停止整顿。

导游员违反《旅游法》的规定，向旅游者索取小费的，由旅游主管部门责令退还，处 1000 元以上 1 万元以下罚款；情节严重的，并暂扣或者吊销导游证。导游员违反《导游人员管理条例》的规定，向旅游者兜售物品的，由旅游行政管理部门责令改正，处 1000 元以上 3 万元以下罚款；有违法所得的，并处没收违法所得；情节严重的，由省、自治区、直辖市人民政府旅游行政管理部门吊销导游证并予以公告。

导游员违反《导游人员管理条例》的规定，欺骗、胁迫旅游者消费或者与经营者串通欺骗、胁迫旅游者消费的，由旅游行政管理部门责令改正，处 1000 元以上 3 万元以下的罚款；有违法所得的，并处没收违法所得；情节严重的，由省、自治区、直辖市人民政府旅游行政管理部门吊销导游证并予以公告。

5. 旅行社违反《旅游法》的规定，对作为直接责任人导游员的处罚：

(1)《旅游法》第三十五条规定："旅行社不得以不合理的低价组织旅游活动，诱骗旅游者，并通过安排购物或者另行付费旅游项目获取回扣等不正当利益。旅行社组织、接待旅游者，不得指定具体购物场所，不得安排另行付费旅游项目。但是，经双方协商一致或者旅游者要求，且不影响其他旅游者行程安排的除外。"旅行社违反该规定的，对直接负责的主管人员或其他直接责任人员，没收违法所得，处 2000 元以上 2 万元以下罚款，并暂扣或者吊销导游证、领队证。

（2）《旅游法》第五十五条规定："旅游经营者组织、接待出入境旅游，发现入境旅游者从事违法活动，在境内非法滞留，擅自分团、脱团或旅游经营者开展出境旅游业务，发现出境旅游者在境外非法滞留，擅自分团、脱团，应当及时向公安机关、旅游主管部门或者我国驻外机构报告。"对直接负责的主管人员和其他直接责任人员，处 2000 元以上 2 万元以下罚款，并暂扣或者吊销导游证、领队证。

（3）旅行社违反本法规定，有下列行为之一的：一是在旅游行程中擅自变更旅游行程安排，严重损害旅游者权益的；二是拒绝履行合同的；三是未征得旅游者书面同意，委托其他旅行社履行包价旅游合同的。对直接负责的主管人员和其他直接责任人员，处 2000 元以上 2 万元以下罚款，并暂扣或者吊销导游证、领队证。

（4）旅行社违反本法规定，安排旅游者参观或者参与违反我国法律、法规和社会公德的项目或者活动的，对直接负责的主管人员和其他直接责任人员，处 2000 元以上 2 万元以下罚款，并暂扣或者吊销导游证、领队证。

另外，根据《旅游法》的规定，被吊销导游证、领队证的导游、领队和受到吊销旅行社业务经营许可证处罚的旅行社的有关管理人员，自处罚之日起未逾 3 年的，不得重新申请导游证、领队证或者从事旅行社业务。

三、违反领队管理法律、法规应承担的责任

1. 违反《旅游法》的规定，未取得领队证从事领队活动的，由旅游主管部门责令改正，没收违法所得，并处 1000 元以上 1 万元以下罚款，予以公告；私自承揽业务的，由旅游主管部门责令改正，没收违法所得，处 1000 元以上 1 万元以下罚款，并暂扣或者吊销领队证；向旅游者索取小费的，由旅游主管部门责令退还，处 1000 元以上 1 万元以下罚款；情节严重的，并暂扣或者吊销领队证。

2. 旅行社违反《旅游法》的规定,领队在作为直接负责主管人员或直接责任人员的情况下,也会受到处罚,相应的处罚与上述导游作为直接负责主管人员或直接责任人员的情况相同。

3. 违反《出境旅游领队人员管理办法》,领队人员伪造、涂改、出借或转让领队证,或者在从事领队业务时未佩戴领队证,由旅游行政管理部门责令改正,处 1 万元人民币以下的罚款;情节严重的,由旅游行政管理部门暂扣领队证 3 个月至 1 年,并不得重新换发领队证。

4. 违反《出境旅游领队人员管理办法》,未协同接待社实施旅游行程计划,或不协助处理旅游行程中的突发事件、纠纷及其他问题;没有为旅游者提供旅游行程服务;损害国家利益和民族尊严,且不提醒旅游者抵制任何有损国家利益和民族尊严的言行,有以上情形之一的,由旅游行政管理部门责令改正,并可暂扣领队证 3 个月至 1 年;造成重大影响或产生严重后果的,由旅游行政管理部门撤销其领队登记,并不得再次申请领队登记,同时要追究组团社责任。

思考题:

1. 什么是导游人员? 其基本含义有哪些?

2. 导游人员的等级如何划分? 怎样评定?

3. 参加导游资格考试的条件是什么? 如何申领导游证?

4. 导游人员的基本权利有哪些? 基本义务有哪些?

5. 导游人员计分管理的主要内容有哪些?

6. 什么是领队? 领队证的申领条件有哪些? 领队的职责是什么?

7. 导游违法处罚种类有哪些? 具体的法律责任法律法规是如何规定的?

第六章　旅游服务合同

本章导读

　　通过本章学习：

　　——了解合同的概念、特征和基本原则。

　　——识记旅游合同、包价旅游合同的概念；旅游合同履行的原则；旅游合同违约的责任。

　　——理解并掌握包价旅游合同订立的程序；包价旅游合同的法律效力；旅游合同违约责任的承担方式和争议解决的法律规定。

　　——运用旅游合同相关法律知识分析旅游合同纠纷案例。

第一节　旅游服务合同

一、合同的概念与特征

（一）合同的概念

　　《合同法》中所称的合同，是指平等主体的自然人、法人、其他组织之间设立、变更、终止民事权利义务关系的协议。这里所说的自然人是指中国人、外国人和无国籍人；法人是指依法成立，能够独立享有民事权利和承担民事义务的组织，包括企业法人、事业法人和社会团体等；其他组织是指不具有法人资格的合伙组织以及分支机构等。民事权利义务关系主要指平等主体的财产关系。

　　合同是商品经济发展的产物，是连接当事人之间经济关系的纽带。在社会主义市场经济中,法律地位平等的自然人、法人、其他组织之间存在着大量的经济往来,这就需要当事人在共同协商的基础上签订合同,明确约定各方的权利与义务,并切实加以遵守,保证各项经济活动的顺利进行,从而实现各自预期的目的。

(二)合同的法律特征

根据《合同法》的有关规定,合同具有以下法律特征:

第一,合同是平等主体之间的民事法律行为。合同是平等当事人之间从事的法律行为,任何一方不论其所有制性质及行政地位,都不能将自己的意志强加给对方。合同的显著特点是行为人法律地位平等,彼此之间不存在隶属服从关系。

第二,合同是双方或者多方当事人意思表示一致的法律行为。首先,合同至少需要两个或两个以上的当事人;其次,要求当事人之间的意思表示一致。所谓的意思表示是指行为人将要求产生某种民事后果的愿望用一定的方式表现于外部的行为。意思表示一致是指当事人在自觉、自愿的基础上,做出符合其内在意志的表示行为。

第三,合同是当事人之间变动民事权利与义务关系的协议。任何法律行为都具有目的性,合同是以在当事人之间变动民事权利义务关系为目的的法律事实。

第四,合同是具有法律约束力的协议。与其他法律事实不同,合同是当事人自由约定、协商一致的结果。如果当事人之间的约定合法,则在当事人之间产生相当于法律的效力。当事人就必须按照约定履行合同义务。任何一方违反合同,都要依法承担违约责任。

二、《合同法》概述

《合同法》是调整平等主体之间商品交换关系的法律规范。《合同法》分为总则、分则、附则三篇,共二十三章四百二十八条,是一部详尽、严密的法律。

（一）《合同法》的法律特征

1.《合同法》是私法。《合同法》规范当事人之间因私人利益产生的合同法律关系，强调主体平等、意思自治。

2.《合同法》是自治法。《合同法》主要通过任意性法律规范调整合同关系，而不是强制性法律规范。法律对当事人意思自治的限制，被严格限制在合理与必要的范围之内。

3.《合同法》是财产交易法。《合同法》调整财产的流转关系，即商品交换关系，是从动态角度为财产关系提供法律保护。

（二）《合同法》的调整范围

从《合同法》的调整对象看，《合同法》调整的是平等主体之间的财产关系，因此，政府与管理相对人之间的行政管理关系，法人、其他组织内部的管理关系，都不适用《合同法》；有关婚姻、收养、监护等身份关系的协议，适用其他法律的规定，也不适用《合同法》。

（三）《合同法》的基本原则

1. 平等原则

合同关系中，双方当事人不论其所有制性质、种类如何，也不论其规模、经济实力如何，其法律地位一律平等，一方不得将自己的意志强加给另一方，双方应在权利义务对等的基础上订立合同。

2. 自愿原则

自愿是贯彻合同活动整个过程的基本原则，在不违反强制法律规范和社会公共利益的基础上，当事人依法享有自愿订立合同的权利，任何单位和个人不得非法干预。

3. 公平原则

当事人应当以公平原则来确定各方的权利和义务。任何当事人不得滥用权力，不得在合同中规定显失公平的内容，要根据公平原则确定风险与违约责任的承担。

4.诚实信用原则

也称"帝王原则",它贯穿于合同订立、履行、变更、解除,甚至合同终止的全部过程。当事人行使权利、履行义务应当遵循诚实信用原则。当事人应当诚实守信,善意地行使权利、履行义务,不得有欺诈等恶意行为。在法律、合同未作规定或规定不清的情况下,要依据诚实信用原则解释法律和合同,平衡当事人之间的利益关系。

5.遵纪守法,不损害社会公共利益原则

也称"公序良俗"的原则。当事人订立、履行合同,应当遵守法律、行政法规,尊重社会公德,不得扰乱社会经济秩序,损害社会公共利益。

三、包价旅游合同

《旅游法》第五十七条规定"旅行社组织和安排旅游活动,应当与旅游者订立合同",这里的旅游合同结合《旅游法》相关规定与旅游实践,指的是包价旅游合同。包价旅游合同,是指旅行社预先安排行程,提供或者通过履行辅助人提供交通、住宿、餐饮、游览、导游或者领队等两项以上旅游服务,旅游者以总价支付旅游费用的合同。在这里,组团社是指与旅游者订立包价旅游合同的旅行社;地接社是指接受组团社委托,在目的地接待旅游者的旅行社。履行辅助人是指与旅行社存在合同关系,协助其履行包价旅游合同义务,实际提供相关服务的法人或者自然人。

一般来说,包价旅游合同具有以下特征:

(一)包价旅游合同主体的特定性

包价旅游合同的主体是特定的,即签订包价旅游合同的一方只能是旅游经营者——旅行社。旅行社有其特定含义和范围,应当是依法经批准登记专门从事旅游服务的企业法人。包价旅游合

同主体另一方为旅游者,旅行社和旅游者之外的其他主体间的合同,不能认定为包价旅游合同。

（二）包价旅游合同的标的是旅行社提供的旅游产品和服务

旅行社所经营的旅游业务,包括为旅游者代办出入境手续,招徕、组织、接待旅游者,为旅游者安排食宿等有偿服务,有别于一般的服务行为。

（三）包价旅游合同的主要内容由法律法规明确规定

合同的内容是合同得以成立并具有法律约束力所不可缺少的,是当事人承受权利义务的具体体现。旅游合同的内容涉及面广,对象复杂。《旅游法》及《旅行社条例》对旅游合同应当载明的事项做了明确规定。

（四）包价旅游合同是双务、有偿、诺成合同

包价旅游合同的当事人双方均负有义务,旅行社向旅游者提供约定的旅游服务,旅游者向旅行社支付旅游费用,双方权利义务具有对等性,此为有偿和双务之说。包价旅游合同自当事人双方意思表示一致即可成立,并不以一方当事人实际交付或履行行为为成立要件,故为诺成合同。

（五）包价旅游合同多为格式合同

随着旅游经验的增加,有一些旅游者会与旅行社制定自由行或者委托代办合同,这些合同需要旅行社和旅游者双方协商制定,而非格式合同。但大多数旅游合同是旅行社为重复使用而预先拟定好的格式合同,旅游者往往只能概括地接受或拒绝。2014 年 4 月,国家旅游局与国家工商行政管理总局联合制定了《境内旅游组团社与地接社合同》（示范文本）、《团队出境旅游合同》（示范文本）等格式合同供旅行社签订包价旅游合同使用。

第二节 包价旅游合同的订立与内容

一、包价旅游合同当事人的缔约能力

合同的订立是两个或两个以上的当事人,依法就合同的主要条款经过协商一致达成协议的法律行为。《合同法》第九条规定:"当事人订立合同,应当具有相应的民事权利能力和民事行为能力。当事人依法可以委托代理人订立合同。"在我国,自然人、法人、其他组织都能成为合同的主体,但他们必须具有相应的民事权利能力和民事行为能力,才能成为订立合同的主体。其中,"民事权利能力"是指民事主体享有民事权利和承担民事义务的资格。自然人的民事权利能力始于出生,终于死亡,其民事权利能力为自然人终身享有。"民事行为能力"是指民事主体以自己的行为取得民事权利和设定民事义务的资格。自然人的民事行为能力按年龄、智力、精神健康状况可分为三种:(1)完全民事行为能力,即 18 周岁以上或者 16 周岁以上 18 周岁以下,但以自己的劳动收入为主要生活来源的公民。(2)限制民事行为能力,一般指 10 周岁以上的未成年人和不能完全辨认自己行为的精神病人。(3)无民事行为能力,一般指 10 周岁以下的未成年人和不能辨认自己行为的精神病人。法人和其他组织的民事行为能力与民事权利能力相同,是从他们依法成立时产生,到他们终止时消灭。

具体到包价旅游合同,各国都对包价旅游合同的主体一方旅行社的设立规定了一定条件,达到一定资质方准营业。在我国,未取得《旅行社业务经营许可证》的,不得从事旅游业务。根据《旅游法》,旅行社的经营范围有境内旅游业务、入境旅游业务、出境旅游业务和边境旅游业务。未经国家旅游局批准,任何旅行社不得经营中华人民共和国境内居民出境旅游业务和边境旅游业务。旅行社应当按照核定的经营范围开展经营活动,超越经营范围签订的旅游合同是不受法律保护的。对旅游者的缔约能力法律并无特殊要求,无民事行为能力者、限制行为能力者均可参加旅游。但身患严重疾病或传染病等不适于旅游的人不应参加旅游。

当事人依法可以委托代理人订立合同。根据《民法通则》的规定,代理,是指代理人以被代理人(又称本人)的名义,在代理权限内与第三人(又称相对人)实施民事行为,其法律后果直接由被代理人承受的民事法律制度。其中,代为他人实施民事法律行为的人,称为代理人;由他人以自己的名义代为实施民事法律行为,并承受法律后果的人,称为被代理人。代理行为是能够引起民事法律后果的民事法律行为,代理人一般应以被代理人的名义从事代理活动,被代理人与第三人之间承受代理行为产生的法律后果。

二、包价旅游合同的形式

(一)合同的形式

合同的形式是合同当事人意思表示一致的外在表现形式。关于合同的形式,根据《合同法》的规定,有书面形式、口头形式和其他形式。

1. 书面形式

书面形式是指以合同书、信件和数据电文(包括电报、电传、传真、电子数据交换和电子邮件、录像)等各种有形的表现所载内容的合同形式。最常用的合同书是记载双方当事人合意事项的书面文件,是当事人合意的具体化、明确化,属于正规的书面合同形式。书面形式使当事人责任明确,便于检查、管理和监督,发生纠纷时举证容易,使纠纷得到及时、公正、合理的解决,所以,法律、行政法规规定或者当事人约定采用书面形式订立合同的,应当采用书面形式,否则该合同不能成立。

2.口头形式

口头形式合同是指当事人之间通过对话(包括面谈和电话协商)约定双方权利义务关系的协议。合同采取口头形式,具有简便易行的优点,在社会经济生活中被广泛采用。口头形式大都适用于日常生活中的小商品买卖或服务。口头形式合同发生纠纷举证困难,不易分清责任,可能会给当事人带来麻烦。

3.其他形式

一般包括推定形式和默示形式。当事人不用语言、文字表达其意思,而是通过行为推定合同成立的形式,被称为推定形式。要约表明可以通过行为做出承诺的,受要约人做出该行为时,合同成立。默示形式是指当事人采用沉默不语的方式进行意思表示。合同默示形式只有在当事人约定或法律明确规定的情况下才能适用。

(二)包价旅游合同的形式

1.旅游合同形式多样

《旅游法》第五十七条规定:"旅行社组织和安排旅游活动,应当与旅游者订立合同。"

在此法条中,并没有明确规定合同的形式,因此合同的形式是多样的,有口头形式、书面形式和其他形式。在实践中旅行社与旅游者签订的合同除了包价旅游合同外,也有根据旅游者的意愿签订的自由行以及委托代办合同。并不能因为没有书面形式的合同,旅游者和旅行社之间的合同关系不成立。

2.包价旅游合同的形式

《旅游法》第五十八条规定"包价旅游合同应当采取书面形式"。从该法条可以看出,《旅游法》对包价旅游合同的形式做了明确规定,必须采取书面形式,这是法律赋予旅行社的义务。如果旅行社不能出具旅游者不愿意签订合同的证据,旅行社因为没有签订书面包价旅游合同,将会受到行政处罚。旅游的特殊性使得旅游合同必须采用书面形式,只有书面合同才能更好地履行、更好地保护旅游者和旅行社双方的合法权益。签订完善的书面合同，对旅行社与旅游者都有十分重要的作用和意义。

三、包价旅游合同的内容

旅游合同的内容是旅行社和旅游者权利和义务的具体表述，它对于合同的成立和履行具有重要的作用。

《旅游法》第五十八条明确规定了包价旅游合同的具体内容：

1. 旅行社、旅游者的基本信息；
2. 旅游行程安排；
3. 旅游团成团的最低人数；
4. 交通、住宿、餐饮等旅游服务安排和标准；
5. 游览、娱乐等项目的具体内容和时间；
6. 自由活动时间安排；
7. 旅游费用及其交纳的期限和方式；
8. 违约责任和解决纠纷的方式；
9. 法律、法规规定和双方约定的其他事项。

订立包价旅游合同时，旅行社应当向旅游者详细说明上述第二项至第八项所载内容。

《旅游法》第五十九条规定："旅行社应当在旅游行程开始前向旅游者提供旅游行程单。旅游行程单是包价旅游合同的组成部分。"《旅游法》第六十条还规定，旅行社委托其他旅行社代理销售包价旅游产品并与旅游者订立包价旅游合同的，应当在包价旅游合同中载明委托社和代理社的基本信息。旅行社依照本法规定将包价旅游合同中的接待业务委托给地接社履行的，应当在包价旅游合同中载明地接社的基本信息。安排导游为旅游者提供服务的，应当在包价旅游合同中载明导游服务费用。

同时，《旅行社条例》第二十八条规定：旅行社为旅游者提供服务，应当与旅游者签订旅游合同并载明下列事项：(1)旅行社的名称及其经营范围、地址、联系电话和旅行社业务经营许可证编号;(2)旅行社经办人的姓名、联系电话;(3)签约地点和日期;(4)旅游行程的出发地、途经地和目的地;(5)旅游行程中交通、住宿、餐饮服务安排及其标准;(6)旅行社统一安排的游览项目的具体内容及时间;(7)旅游者自由活动的时间和次数;(8)旅游者应当交纳的旅游费用及交纳方式;(9)旅行社安排的购物次数、停留时间及购物场所的名称;(10)需要旅游者另行付费的游览项目及价格;(11)解除或者变更合同的条件和提前通知的期限;(12)违反合同的纠纷解决机制及应当承担的责任;(13)旅游服务监督、投诉电话;(14)双方协商一致的其他内容。

《旅游法》和《旅行社条例》都对旅游合同的内容做了规定,但内容不尽相同。《旅游法》除强调订立的包价旅游合同必须为书面形式外,对旅游合同的内容做了九项要求。在实践中,除了包价旅游之外,还存在经过旅行社与旅游者协商一致增加的旅游服务,而且实践中存在自由行和委托代办的非包价旅游形式,因此可参照《旅行社条例》的规定签订合同,以更好地维护双方的利益。从法律规范的效力上讲,《旅游法》属于法律,《旅行社条例》属于行政法规,在效力上《旅游法》的效力更大。因此,《旅游法》与《旅行社条例》有冲突时,以《旅游法》为准;如果二者规定不冲突,两个规定内容相互补充,同时适用。

四、包价旅游合同订立的方式

《合同法》规定,当事人订立合同,采取要约、承诺的方式。由于《旅游法》没有明确规定包价旅游合同应如何订立,故包价旅游合同的订立方式应遵循《合同法》的有关规定。

(一)要约

1.要约及有效要件

要约是希望和他人订立合同的意思表示。要约原则上向特定人发出,但在一些场合,要约人也可以向不特定人发出。根据《合同法》规定,该意思表示应当符合下列规定:(1)内容具体确定,此项条件要求该意思是表示已经具备未来合同的必要内容;(2)表明一经受要约人承诺,要约人即受该意思表示约束。

2.要约的生效时间

要约到达受要约人时生效。采用数据电文形式订立合同,收件人指定特定系统接收数据电文的,该数据电文进入该特定系统的时间,视为到达时间;未指定特定系统的,该数据电文进入收件人的任何系统的首次时间,视为到达时间。

3.要约的撤回、撤销与失效

要约可以撤回。要约的撤回是在要约发出后到达受要约人之前,要约人宣告取消要约。由于要约在到达受要约人时才发生法律效力,撤回要约的通知应当在要约到达受要约人之前或者与要约同时到达受要约人。

要约的撤销,是指要约人在要约生效以后宣告取消该要约,使该要约失去法律效力。要约可以撤销,撤销要约的通知应当在受要约人发出承诺通知之前到达受要约人。撤销要约是有严格限制的,如果要约人确定了承诺期限或者以其他形式明示要约不可撤销;或者受要约人有理由认为要约是不可撤销的,并已经为履行合同做了准备工作,则该要约不得撤销。

要约的失效即要约的消灭,是指要约丧失了对要约人和受要约人的法律约束力。有下列情形之一的,要约失效:(1)拒绝要约的通知到达要约人;(2)要约人依法撤销要约;(3)承诺期限届满,受要约人未做出承诺;(4)受要约人对要约的内容做出实质性变更。

4.要约邀请

要约邀请是希望他人向自己发出要约的意思表示。《合同法》规定,寄送的价目表、拍卖公告、招标公告、招股说明书、商业广告等为要约邀请。商业广告的内容符合要约规定的,视为要约。在签订合同的实践中,要注意要约与要约邀请的区别。要约邀请处于合同的准备阶段,对要约方没有法律约束力。

(二)承诺

1. 承诺及有效条件

承诺是受要约人同意要约的意思表示。要约一经受要约人承诺,就表明双方当事人对合同的主要条款达成协议,合同已经成立,对双方当事人具有约束力。一项有效的承诺必须具备如下条件:(1)承诺必须由受要约人做出;(2)承诺的方式应符合法律的要求;(3)承诺必须在要约确定的期限内到达要约人;(4)承诺的内容应当与要约的内容一致。

2. 承诺的生效

承诺通知到达要约人时生效。承诺不需要通知的,根据交易习惯或者要约的要求做出承诺的行为时生效。采用数据电文形式订立合同的,要遵守承诺到达的时间和要约达到时间的相应规定。受要约人超过承诺期限发出承诺的,除要约人及时通知受要约人该承诺有效的以外,为新要约。

3. 承诺的撤回

承诺可以撤回。承诺的撤回是指承诺发出后到达要约人之前,受要约人宣告取消承诺。撤回承诺的通知应当在承诺通知到达要约人之前或者与承诺通知同时到达要约人,才具有撤回效力。承诺一旦生效,便不能再撤回。

(三)格式条款与格式合同

格式条款是当事人为了重复使用而预先拟定,并在订立合同时未与对方协商的条款。格式条款的适用可以简化签约程序,加快交易速度,减少交易成本。因此并非格式条款就是不公平的。但是,由于格式条款是由一方当事人拟定,且在合同谈判中不容对方协商修改,条款内容难免有不公平之处。

　　格式合同又称定式合同或定型化合同,是指由一方当事人为重复使用而预先拟定,并于缔约时未与对方协商的合同。在我国,当前格式合同的适用范围比较广泛,城市水、电、气供应、铁路、公路、航空运输、邮电、通信,以及金融、保险等行业都普遍实行格式合同。2014年4月国家旅游局与国家工商行政管理总局联合制定发布的《境内旅游组团社与地接社合同》(示范文本)、《团队出境旅游合同》(示范文本)等同样属于格式合同。

　　为了解决格式条款、格式合同权利义务不公平的问题,《合同法》有特别规定:

　　1. 格式条款拟定方的义务

　　《合同法》第三十九条规定:"采用格式条款订立合同的,提供格式条款的一方应当遵循公平原则确定当事人之间的权利和义务,并采取合理的方式提请对方注意免除或者限制其责任的条款,按照对方的要求,对该条款予以说明。"

　　2. 格式条款的效力

　　格式条款具有《合同法》规定的合同无效和免责条款无效的情形,或者提供格式条款一方免除其责任、加重对方责任、排除对方主要权利的,该条款无效。

　　3. 格式条款的解释

　　对格式条款的理解发生争议的,应当按照通常理解予以解释。对格式条款有两种以上解释的,应当做出不利于提供格式条款一方的解释。格式条款和非格式条款不一致的,应当采用非格式条款。

五、包价旅游合同的效力

　　合同效力是指合同的法律效力,即合同所具有的法律约束力。合同本身不是法律,而是当事人之间的合意,但由于依法成立的合同符合国家的意志,所以法律以其强制力迫使当事人必须按照约定履行自己的义务,不得擅自变更或者解除合同。合同的法律约束力并非直接来自当事人的约定,而是由法律所赋予的。依法成立是合同具有法律效力的前提条件。我国《旅游法》对包价旅游合同的效力没有具体规定,适用《合同法》的相关要求。

(一)合同的生效

1. 合同生效的概念

合同生效是指依法成立的合同得到国家法律的确认,发生法律约束力。《合同法》规定,依法成立的合同,自成立时生效。法律、行政法规规定办理批准、登记等手续生效的,依照其规定。

2. 合同生效的条件

合同生效的条件,是指已经成立的合同要发生法律效力所应具备的法定要件。合同生效必须具备以下四个方面的条件:

(1)主体要合格,是指合同当事人要有合法的资格。《合同法》规定,当事人订立合同,应当具有相应的民事权利能力和民事行为能力。

(2)意思表示真实,是指当事人在自觉、自愿的基础上,做出符合内在意志的表示行为。

(3)内容合法,主要是指合同的各项条款都必须符合法律、法规的强制性规定。

(4)形式、程序符合规定。这是合同生效所具备的形式要件。它是指订立合同必须采取符合法律规定的形式,履行法律规定的程序。

(二)附条件和附期限的合同

1. 附条件合同

当事人对合同的效力可以约定附条件。附生效条件的合同,自条件成就时生效。附解除条件的合同,自条件成就时失效。当事人为自己的利益不正当地阻止条件成就的,视为条件已成就;不正当地促成条件成就的,视为条件不成就。

2.附期限合同

当事人对合同的效力可以约定附期限。附生效期限的合同,自期限届至时生效。附终止期限的合同,自期限届满时失效。所附的期限可以是确定的,如具体的年、月、日或几个月以后等;也可以是不确定的期限,比如某人死亡、洪水退后等。

(三)效力待定合同

效力待定的合同,是指合同订立后尚未生效,须经权利人追认才能生效的合同。效力待定合同主要有以下几种类型:

1.限制民事行为能力人订立的合同

限制民事行为能力人订立的合同,经法定代理人追认后,该合同有效,但纯获利益的合同或者与其年龄、智力、精神健康状况相适应而订立的合同,不必经法定代理人追认。相对人可以催告法定代理人在一个月内予以追认。法定代理人未作表示的,视为拒绝追认。合同被追认之前,善意相对人有撤销的权利。撤销应当以通知的方式做出。

2.无代理权人订立的合同

行为人没有代理权、超越代理权或者代理权终止后以被代理人名义订立的合同,未经被代理人追认,对被代理人不发生效力,由行为人承担责任。相对人可以催告被代理人在一个月内予以追认。被代理人未作表示的,视为拒绝追认。合同被追认之前,善意相对人有撤销的权利。撤销应当以通知的方式做出。行为人没有代理权、超越代理权或者代理权终止后以被代理人名义订立合同,相对人有理由相信行为人有代理权的,该代理行为有效。法人或者其他组织的法定代表人、负责人超越权限订立的合同,除相对人知道或者应当知道其超越权限的以外,该代理行为有效。

3.无处分权人订立的合同

无处分权的人处分他人财产,经权利人追认或者无处分权的人订立合同后取得处分权的,该合同有效。

（四）无效合同

1.无效合同的概念和特点

无效合同是指虽经当事人协商成立,但因缺乏有效条件而不能发生法律效力的合同。无效合同,国家不予保护,对当事人没有法律约束力。无效合同具有违法性、不得履行性、自始无效性和绝对无效性。

2.无效合同的种类

有下列情形之一的,合同无效:

（1）一方以欺诈、胁迫的手段订立合同,损害国家利益;

（2）恶意串通,损害国家、集体或者第三人利益;

（3）以合法形式掩盖非法目的;

（4）损害社会公共利益;

（5）违反法律、行政法规的强制性规定。

在规定上述合同无效的同时,《合同法》还规定了两项免责条款无效:

（1）造成对方人身伤害的;

（2）因故意或者重大过失造成对方财产损失的。

（五）可变更、可撤销的合同

1.可变更、可撤销合同的概念

可变更、可撤销的合同是指因欠缺生效要件,一方当事人有权请求人民法院或者仲裁机构予以变更或者撤销的合同。其法律特征是:

（1）当事人意思表示不真实;

（2）撤销权由当事人行使,其他人无权主张撤销合同;

（3）当事人对撤销权的行使拥有选择权;

（4）合同在被撤销前,其效力已经发生,只是在被撤销后才自始无效。

2.可变更、可撤销合同的种类

（1）因重大误解订立的合同。当事人因自己的过错对合同的内容发生错误认识而订立的合同。当事人对合同的重要内容发生错误认识，这种误解是由于当事人自身认识上的错误造成的，履行该合同将给误解方造成较大的损失。

（2）显失公平的合同。显失公平是一方当事人利用优势或者对方没有经验，在订立合同时只是双方的权利与义务明显违反公平、等价有偿原则的行为。合同内容对双方当事人明显不公平，这种不公平必须发生在合同订立时，不公平的结果为法律所不允许。

（3）以欺诈、胁迫的手段或乘人之危订立的合同。一方以欺诈、胁迫的手段或者乘人之危，使对方在违背真实意思的情况下订立的合同，受损害方有权请求人民法院或者仲裁机构变更或者撤销。

当事人请求变更、撤销合同，应向有管辖权的人民法院或者仲裁机构在知道或者应当知道撤销事由之日起一年内提出申请。

（六）合同无效、被撤销后的法律后果

1.无效的合同或者被撤销的合同自始没有法律约束力。

2.合同部分无效，不影响其他部分效力的，其他部分仍然有效。

3.合同无效、被撤销或者终止的，不影响合同中独立存在的有关解决争议方法的条款的效力。

4.合同无效或者被撤销后，因该合同取得的财产，应当予以返还；不能返还或者没有必要返还的，应当折价补偿。有过错的一方应当赔偿对方因此所受到的损失，双方都有过错的，应当各自承担相应的责任。

第三节　包价旅游合同的履行与调整

一、合同履行的概念与原则

(一)合同履行的概念

合同的履行是指合同生效后,双方当事人按照合同约定的内容,全面、适当地完成各自承担的义务和实现各自享受的权利,是双方当事人的合同目的得以实现的行为。包价旅游合同履行中常见的纠纷:因旅游服务未达约定标准;旅游辅助企业违约引起纠纷;擅自改变旅程或遗漏景点;擅自转让旅游合同;旅游合同履行中发生伤害意外;导游在特定购物场所购物。

(二) 包价旅游合同履行的基本原则

1. 全面履行原则

也称适当履行原则,是指当事人按照合同规定的条款,全面完成合同所规定的义务。不仅如此,对于包价旅游合同中虽然没有约定,但依据诚实信用原则或者根据交易习惯必须履行的义务,如负有通知、协作、保密等义务的当事人应当履行。根据旅游实践和包价旅游合同履行的需要,我国《旅游法》第六十二条规定:订立包价旅游合同时,旅行社应当向旅游者告知下列事项:

(1)旅游者不适合参加旅游活动的情形;

(2)旅游活动中的安全注意事项;

(3)旅行社依法可以减免责任的信息;

(4)旅游者应当注意的旅游目的地相关法律、法规和风俗习惯、宗教禁忌,依照中国法律不宜参加的活动等;

(5)法律、法规规定的其他应当告知的事项。

在包价旅游合同履行中,遇有上述规定事项的,旅行社也应当告知旅游者。这几条法律规定旅行社在订立包价旅游合同时必须履行。

2.协作履行原则

当事人双方在履行合同的过程中应当互相帮助密切配合,共同完成合同所规定的全部义务。在旅游合同履行过程中,当事人不仅应当自觉完成自己所承担的合同义务,也应该积极、主动地配合对方当事人履行合同义务。

3.效益履行原则

当事人在履行包价旅游合同时努力减少消耗,降低成本,提高经济效益。在旅游合同履行的过程中,当事人可以通过多种方法贯彻效益履行原则,以及在当事人一方违约的情况下采取必要的补救措施。

二、包价旅游合同的调整

(一)包价旅游合同的变更

1.合同变更概念

合同变更是指合同订立以后,没有履行或者没有完全履行以前,当事人对合同的内容进行修改或者补充。法律允许当事人在一定条件下,经过法定程序对合同的内容做适当的修改和补充。

2.合同变更的条件和程序

当事人协商一致,可以变更合同。法律、行政法规规定变更合同应当办理批准、登记等手续的,依照其规定办理相应手续后,才发生变更合同的法律效力。当事人对合同变更的内容约定不明确的,推定为未变更。

3.变更的法律后果

合同的变更对已经履行的部分不具有法律效力,任何一方都不得以合同变更为由,要求对方返还已经履行的财产。合同的变更不影响当事人要求赔偿损失的权利。因变更合同使一方遭受损失的,除依法可以免除责任的以外,应由责任方负责赔偿。

《旅游法》第六十九条对包价旅游合同变更做出规定:"旅行社应当按照包价旅游合同的约定履行义务,不得擅自变更旅游行程安排。"若旅行社与旅游者订立旅游行程,并签订了书面包价旅游合同,那么按照包价旅游合同完全履行合同是双方的义务,不遵守合同约定,擅自变更旅游行程,旅行社就要承担相应责任。但是,旅游合同签订后也不是绝对不能变更。属于以下情形之一的,可以变更旅游合同内容:(1)不可抗力。不可抗力导致行程难以继续。(2)突发事件。旅行社已经履行了必要的注意义务,仍不能避免的突发事件,导致行程受阻。(3)旅行社与旅游者协商一致。包价旅游合同内容变更要有充分的理由和证据,否则具有擅自变更的嫌疑。

(二)包价旅游合同的转让

1.合同转让的概念

合同转让是指在不变更合同内容,即双方当事人的权利义务不变的前提下,当事人一方依法将其合同的权利义务的全部或者部分转让给第三人。合同转让从广义上讲也属于合同的变更,只是变更的是合同的主体,而不是合同的内容。合同转让后,合同的当事人或者由新的当事人取代了原合同的当事人,或者由新的当事人加入原合同关系中,从而产生新的合同关系。

2.合同权利的转让

(1)债权转让的概念及条件。债权的转让是指债权人将合同的权利全部或者部分转让给第三人的法律行为。债权人将合同的全部权利转让给第三人,受让人将完全取代转让人成为唯一债权人。原合同债权人依然需要履行原合同中应承担的义务。债权人将部分权利转让给第三人,受让人则加入原合同关系中,与转让人一同成为合同的债权人一方,按照约定的份额享有合同权利。《合同法》规定,债权人转让权利的,应当通知债务人。未经通知,该转让对债务人不发生效力。债权人转让权利的通知不得撤销,但经受让人同意的除外。

(2)禁止债权转让的情形。债权人可以将合同的权利全部或者部分转让给第三人,但有下列情形之一的除外:第一,根据合同性质不得转让;第二,按照当事人约定不得转让;第三,依照法律规定不得转让。

(3)债权转让的效力。债权人转让权利的,受让人取得与债权有关的从权利,但该从权利专属于债权人自身的除外。债务人接到债权转让通知后,债务人对让与人的抗辩,可以向受让人主张。债务人接到债权转让通知时,债务人对让与人享有债权,并且债务人的债权先于转让的债权到期或者同时到期的,债务人可以向受让人主张抵销。

3.合同义务的转让

(1)合同义务转让的概念及条件。合同义务转让是指债务人将合同义务全部或者部分地转移给第三人的行为。债务人与第三人协议转让全部合同义务的,第三人取代了原债务人成为新的债务人,原债务人不再承担债务,但仍享有合同中约定的权利。债务人与第三人协议转让部分合同义务的,新债务人加入原合同关系中,与原债务人按照协议约定的份额承担各自的债务。债务人将合同的义务全部或者部分转移给第三人的,应当经债权人同意。未经债权人同意,债务人与第三人订立的转让合同业务的协议无效。

(2)合同义务转让的效力。债务人转移义务的,新债务人可以主张原债务人对债权人的抗辩。债务人转移义务的,新债务人应当承担与主债务有关的从债务,如支付利息、赔偿损失等债务,但该从债务专属于原债务人自身的除外。

4.合同权利义务一并转让

指合同一方当事人将自己在合同中的权利义务一并转让的法

律行为。当事人一方经对方同意,可以将自己在合同中的权利和义务一并转让给第三人。合同权利和义务的一并转让,适用合同权利转让和合同义务转让的有关规定。

依据我国《旅游法》的相关规定,包价旅游合同的转让主要包括:

(1)旅游者权利义务的转让。《旅游法》第六十四条规定:旅游行程开始前,旅游者可以将包价旅游合同中自身的权利义务转让给第三人,旅行社没有正当理由的不得拒绝,因此增加的费用由旅游者和第三人承担。这与《合同法》的规定略有不同。《旅游法》为了更好地保护旅游者的消费利益,赋予旅游者转让权利。但旅游者权利义务的转让必须满足一定的条件:第一,转让必须在旅游行程开始前;第二,要具备转让的可能性,旅游本身需要时间、身体、身份等条件,如果没有转让的可能性,转让则无法成功。

这里的"正当理由"包括但不限于:对应原报名者办理的相关服务不可转让给第三人的;无法为第三人安排交通等情形的;旅游活动对于旅游者的身份、资格等有特殊要求的。

(2)旅行社义务的转让。《旅游法》第六十九条规定:经旅游者同意,旅行社将包价旅游合同中的接待业务委托给其他具有相应资质的地接社履行的,应当与地接社订立书面委托合同,约定双方的权利和义务,向地接社提供与旅游者订立的包价旅游合同的副本,并向地接社支付不低于接待和服务成本的费用。地接社应当按照包价旅游合同和委托合同提供服务。旅行社将履行接待旅游者的义务转让给地接社,需要经过权利人即旅游者的同意,同时旅行社要与地接社签订转让合同,为了保证旅游者的合法权利,转让合同与包价旅游合同的内容必须一致。

(三)包价旅游合同的终止

合同终止是指合同规定的权利义务已经消灭或者不再履行,从而使合同关系结束。合同的权利义务终止后,当事人应当遵循诚实信用原则,根据交易习惯履行通知、协助、保密等义务。

根据《合同法》规定,合同终止的情形有:

1. 债务已经按照约定履行

按照旅游合同约定,债务人都完全履行了自己的义务,债权人实现了全部的权利,实现了合同约定的目的,合同确立的权利义务关系消灭,合同因此终止。这是最为理想的合同终止的情形。

2. 合同解除

合同解除是指合同成立后,因当事人单方或者双方的意思表示,而使合同关系提前终止的行为。合同解除后,尚未履行的,终止履行;已经履行的,根据履行情况和合同性质,当事人可以要求恢复原状、采取其他补救措施,并有权要求赔偿损失。合同解除分为约定解除和法定解除两种方式。

(1)约定解除。约定解除是指当事人通过双方协商一致或者行使约定的解除权,将合同解除的行为。它包括协议解除合同和在合同中约定解除权。《旅游法》第六十三条规定:"旅行社招徕旅游者组团旅游,因未达到约定人数不能出团的,组团社可以解除合同。组团社应当向旅游者退还已收取的全部费用。"旅行社与旅游者签订书面包价旅游合同内容中包含"旅游团成团的最低人数"一项,这就是旅行社与旅游者约定的解除条件。如果旅游者人数没有达到最低人数,则可以解除包价旅游合同。

(2)法定解除。法定解除是指当出现法定解除合同的条件时,当事人一方依法解除合同的行为。《合同法》规定,有下列情形之一的,当事人可以解除合同:"因不可抗力致使不能实现合同目的;在履行期限届满之前,当事人一方明确表示或者以自己的行为表明不履行主要债务;当事人一方迟延履行主要债务,经催告后在合理期限内仍未履行;当事人一方迟延履行债务或者有其他违约行为致使不能实现合同目的;法律规定的其他情形。"《旅游法》第六十七条也对法定解除做出了相应的规定:"因不可抗力或者旅行社、履行辅助人已尽合理注意义务仍不能避免的事件,影响旅游行程的,按照下列情形处理:合同不能继续履行,旅行社和旅游者均可以解除合同。合同解除的,组团社应当扣除已向地接社或者履行辅助人支付且不可退还的费用后,余款退还旅游者;合同变更的,增加的费用由旅游者承担,减少的费用退还旅游者。"已尽合理注意义务仍不能避免的事件",指因当事人故意或者过失以外的客观因素引发的事件,包括但不限于重大礼宾活动导致的交通堵塞,飞机、火车、班轮、城际客运班车等公共客运交通工具延误或者取消,景点临时不开放。

由于旅游行业的特殊性,《旅游法》第六十六条规定了旅行社解除合同的法定条件,旅游者有下列情形之一的,旅行社可以解除合同:"患有传染病等疾病;携带危害公共安全的物品且不同意交有关部门处理的;从事违法或者违反社会公德的活动的;从事严重影响其他旅游者权益的活动,且不听劝阻、不能制止;法律规定的其他情形。因上述情况解除合同的,旅行社扣除必要费用,余款退还旅游者;给旅行社造成损失的,旅游者应当依法承担赔偿责任。"

3. 债务相互抵消

双方当事人互负债务时,各自以其所享有的债权来抵偿其债务,使得双方的债务在对等额度内消灭的行为。当事人互负到期债务,该债务的标的物种类、品质相同的,任何一方可以将自己的债务与对方的债务抵消,但依照法律规定或者按照合同性质不得抵消的除外。当事人主张抵消的,应当通知对方。通知自到达对方时生效。抵消不得附条件或者附期限。当事人互负债务,标的物种类、品质不相同的,经双方协商一致,也可以抵消。

4. 债务人依法将标的物提存

提存是指非因可归责于债务人的原因,导致债务人无法履行债务或者难以履行债务的情况下,债务人将标的物交由提存机关保存,以终止合同权利义务关系的行为。《合同法》规定有下列情形之一,难以履行债务的,债务人可以将标的物提存:债权人无正当理由拒绝受领;债权人下落不明;债权人死亡未确定继承人或者丧失民事行为能力未确定监护人;法律规定的其他情形。

标的物不适于提存或者提存费用过高的,债务人依法可以拍卖或者变卖标的物,提存所得的价款。标的物提存后,除债权人下落不明的以外,债务人应当及时通知债权人或者债权人的继承人、监护人。标的物提存后,毁损、灭失的风险由债权人承担。提存期间,标的物的孳息归债权人所有。提存费用由债权人负担。债权人可以随时领取提存物,但债权人对债务人负有到期债务的,在债权人未履行债务或者提供担保之前,提存部门根据债务人的要求应当拒绝其领取提存物。债权人领取提存物的权利,自提存之日起五年内不行使而消灭,提存物扣除提存费用后归国家所有。

5. 债权人免除债务

债权人免除债务人部分或者全部债务的,合同的权利义务部分或全部终止。债权人免除债务,实际上就是债权人自愿放弃债权。

6. 债权债务同归于一人

即债权债务混同时,合同的权利义务终止。如原来存在债权债务关系的旅行社合并后,就呈现债权债务同归于合并后的旅行社,因此合同关系终止。

7. 法律规定或者当事人约定终止的其他情形

第四节　包价旅游合同的违约责任

一、合同的违约责任概念和表现形式

违约责任是指当事人不履行合同义务或者履行合同义务不符

合约定所应承担的法律责任。违约责任的特点表现在:是当事人不履行合同义务或者履行合同义务不符合约定所产生的民事责任;原则上是违约方向对方当事人承担的财产责任。

合同违约行为的表现形式主要有以下几种:

（一）预期违约

当事人一方明确表示或者以自己的行为表明不履行合同义务的,对方可以在履行期限届满之前要求其承担违约责任。

（二）不履行

在合同履行期限届满时,当事人一方完全不履行自己的合同义务。它使订立合同的目的完全不能实现,是性质和后果最严重的一种违约行为。

（三）延迟履行

合同当事人违反合同约定的履行期限,造成履行在时间上的迟延行为。如果期限对于合同目的的实现并无实质意义,当事人一方迟延履行给对方造成的损害不大,对方应允许其继续履行,同时要求其承担违约责任。如果期限对于合同目的的实现至关重要,当事人一方迟延履行将导致合同目的无法实现,或者接受履行将蒙受重大损失,对方当事人有权拒绝受领并主张解除合同。

（四）不适当履行

债务人虽然履行了义务,但没有按合同规定的要求完全履行。其中质量不符合约定,是不适当履行的主要表现形式。

二、违约责任与侵权责任的竞合

违约责任与侵权责任的竞合是指当事人一方的违约行为同时导致了违约责任和侵权责任的成立。在违约责任和侵权责任竞合的情况下,受损方只能择一适用,不能提出双重要求。《合同法》第一百二十二条规定,因当事人一方的违约行为,侵害对方人身、财产权益的,受损害方有权选择依照本法要求其承担违约责任或者依照其他法律要求其承担侵权责任。《最高人民法院关于审理旅游纠纷案件适用法律若干问题的规定》指出,因旅游经营者方面的同一原因造成旅游者人身损害、财产损失,旅游者选择要求旅游经营者承担违约责任或者侵权责任的,人民法院应当根据当事人选择的案由进行审理。

三、承担违约责任的形式

（一）继续履行

又称实际履行,是指债权人在债务人不履行合同义务时,可请求人民法院或者仲裁机构强制债务人实际履行合同义务当事人一方未支付价款或者报酬的,对方可以要求其支付价款或者报酬。《合同法》规定:当事人一方不履行非金钱债务或者履行非金钱债务不符合约定的,对方可以要求履行,但有下列情形之一的除外:(1)法律上或者事实上不能履行;(2)债务的标的不适于强制履行或者履行费用过高;(3)债权人在合理期限内未要求履行。

（二）采取补救措施

采取补救措施是指债务人履行合同义务不符合约定,债权人有权请求人民法院或者仲裁机构强制债务人实际履行合同义务的同时,根据合同履行情况,要求债务人采取补救履行措施。《合同法》规定:质量不符合约定的,应当按照当事人的约定承担违约责任。对违约责任没有约定或者约定不明确,依照本法第六十一条的规定仍不能确定的,受损害方根据标的的性质以及损失的大小,可以合理选择要求对方承担修理、更换、重做、退货、减少价款或者报酬等违约责任。

（三）赔偿损失

当事人一方不履行合同义务或者履行合同义务不符合约定的,在履行义务或者采取补救措施之后,对方还有其他损失的,应当承担损害赔偿责任。当事人一方不履行合同义务或者履行合同义务不符合约定,给对方造成损失的,损失赔偿额应当相当于因违约所造成的损失,包括合同履行后可以获得的利益,但不得超过违反合同一方订立合同时预见到或者应当预见到的因违反合同可能造成的损失。经营者对消费者提供商品或者服务有欺诈行为的,依照《中华人民共和国消费者权益保护法》的规定承担损害赔偿责任。

《旅游法》第七十条规定:旅行社不履行包价旅游合同义务或者履行合同义务不符合约定的,应当依法承担继续履行、采取补救措施或者赔偿损失等违约责任;造成旅游者人身损害、财产损失的,应当依法承担赔偿责任。旅行社具备履行条件,经旅游者要求仍拒绝履行合同,造成旅游者人身损害、滞留等严重后果的,旅游者还可以要求旅行社支付旅游费用一倍以上三倍以下的赔偿金。《旅游法》第七十一条规定:由于地接社、履行辅助人的原因导致违约的,由组团社承担责任;组团社承担责任后可以向地接社、履行辅助人追偿。由于地接社、履行辅助人的原因造成旅游者人身损害、财产损失的,旅游者可以要求地接社、履行辅助人、组团社承担赔偿责任,组团社承担责任后可向地接社、履行辅助人追偿。由于公共交通经营者的原因造成旅游者人身损害、财产损失的,由公共交通经营者依法承担赔偿责任,旅行社应当协助旅游者向公共交通经营者索赔。

（四）违约金

违约金是按照当事人约定或者法律规定,一方当事人违约时应当根据违约情况向对方支付的一定数额的货币。《合同法》规定,当事人可以约定一方违约时应当根据违约情况向对方支付一定数额的违约金,也可以约定因违约产生的损失赔偿额的计算方法。约定的违约金低于造成的损失的,当事人可以请求人民法院或者仲裁机构予以增加;约定的违约金过分高于造成的损失的,当事人可以请求人民法院或者仲裁机构予以适当减少。当事人就迟延履行约定违约金的,违约方支付违约金后,还应当履行债务。

(五) 定金

当事人可以依照《中华人民共和国担保法》约定一方向对方给付定金作为债权的担保。债务人履行债务后,定金应当抵作价款或者收回。给付定金的一方不履行约定的债务的,无权要求返还定金;收受定金的一方不履行约定的债务的,应当双倍返还定金。当事人既约定违约金,又约定定金的,一方违约时,对方可以选择适用违约金或者定金条款。

四、违约责任的免除

当事人由于法律规定或者合同约定免责事由的发生而不能履行合同,不承担违约责任。这主要有两种情况:一是符合法律规定的免责事由;二是当事人在合同中约定了免责事由的条款。

(一)不可抗力

依据《合同法》及相关旅游法律,不可抗力,是指不能预见、不能避免并不能克服的客观情况。其构成要件是:该事件发生在合同订立之后;该事件是订立合同双方所不能预见的;该事件的发生是不能避免,并且不能克服的;该事件不是由任何一方的过失引起的。包括但不限于因自然原因和社会原因引起的,如自然灾害、战争、恐怖活动、动乱、骚乱、罢工、突发公共卫生事件、政府行为。

因不可抗力不能履行合同的,根据不可抗力的影响,部分或者全部免除责任,但法律另有规定的除外。当事人迟延履行后发生不可抗力的,不能免除责任。

《旅游法》第六十七条规定,因不可抗力或者旅行社、履行辅助人已尽合理注意义务仍不能避免的事件,影响旅游行程的,按照下列情形处理:危及旅游者人身、财产安全的,旅行社应当采取相应的安全措施,因此支出的费用,由旅行社和旅游者分担。造成旅游者滞留的,旅行社应当采取相应的安置措施。因此增加的食宿费用,由旅游者承担。增加的返程费用,由旅行社与旅游者分担。

(二)免责条款

免责条款是当事人在合同中约定的免除或者限制其未来责任的条款。免责条款作为合同的组成部分,其内容必须符合法律的规定,才有法律效力。如果免责条款违反法律、行政法规的强制性规定,该条款不具有法律效力。

思考题:

1. 什么是包价旅游合同? 其法律特征有哪些?

2. 包价旅游合同的订立与形式有哪些法律规定?

3. 包价旅游合同的内容有哪些?

4. 包价旅游合同履行的原则是什么? 如何调整包价旅游合同?

5. 什么是违约责任? 承担违约责任的形式有哪些?

6. 我国《旅游法》对旅行社承担违约责任的方式有哪些具体规定?

第七章 旅游住宿餐饮娱乐管理

本章导读

通过本章学习:

——了解我国旅游住宿业的概念与相关的管理法律制度。

——识记食品安全的基本要求;食品安全事故及其处理;娱乐场所的概念。

——掌握旅游饭店星级评定制度的主要内容;我国食品安全管理的主要制度;开办娱乐场所的法规要求;旅游住宿餐饮娱乐经营者综合管理。

第一节 星级饭店评定

一、旅游住宿业与旅游饭店概述

(一)旅游住宿业概述

旅游住宿业,泛指为旅游者提供住宿、餐饮及多种综合服务的行业,包括客栈、招待所、旅馆、宾馆和饭店等,是旅游业食、住、行、游、购、娱六大要素中的一个重要环节。旅游住宿业的渊源可以追溯到古代罗马和中国的驿站,近代工业革命刺激了这一行业的发展。20世纪中叶,旅游活动的出现和发展,使旅游住宿业成为国际性的经营项目和许多国家重要的经济来源。尽管国内外旅游住宿场所的名称、形式、功能多种多样,但旅游住宿业必须具备能够为旅游者提供住宿这一最基本功能。

（二）旅游饭店概述

《旅游饭店星级的划分与评定》定义旅游饭店（tourist hotel）为：“以间（套）夜为单位出租客房，以住宿服务为主，并提供商务、会议、休闲、度假等相应服务的住宿设施，按不同习惯可能也被称为宾馆、酒店、旅馆、旅社、宾舍、度假村、俱乐部、大厦、中心等。”旅游饭店业是旅游住宿业的重要组成部分，是旅游产业的核心组成部分之一，具有综合价值高、就业吸纳能力强、产业关联度大的特点，在旅游业的发展中起着重要的作用，其主要特征是：

1. 旅游饭店以旅游者为重要服务对象

不同类型、层次的饭店具有不同服务对象，旅游饭店的服务对象尽管也包括一般社会公众，但为旅游者提供服务是其重要的运营内容，这是其与其他饭店的重要区别之一。

2. 旅游饭店对设施、管理和服务具有特定要求

旅游饭店是旅游者目的地感知的重要环节，影响着游客体验质量和满意度，因此旅游地管理部门对不同类型和级别的旅游饭店在设施、管理和服务上均提出特定的要求。

3. 旅游饭店的设立需要经过特定机关和特定程序的审批

旅游饭店需要经过旅游行政管理部门按照特定的程序审批才能设立。

旅游饭店业是我国与国际接轨最早、开放步伐最快的行业之一。近年来，我国旅游饭店业规模迅速扩大，整体素质不断提升，市场影响力持续增强，为促进服务业繁荣发展和旅游服务水平整体提升做出了积极贡献。2010 年国家旅游局制定了《关于促进旅游饭店业持续健康发展的意见》，明确提出要着力引导旅游饭店业从注重“硬件”向“硬件”与“软件”协调发展转变，从数量增长向质量提升与数量增长并重转变。

二、旅游饭店星级评定制度

(一)旅游饭店星级评定制度概述

对旅游饭店进行星级评定,是国际上通行的惯例。实行这一制度,不仅能使饭店管理向正规化、科学化的目标迈进,而且可以方便旅游者选择。

为了提高我国旅游饭店的经营管理水平和服务水平,适应国际旅游业发展的需要,促进我国饭店业与国际接轨,国家旅游局参照国际标准,结合中国国情,于 1988 年 8 月开始制定并执行旅游饭店星级评定制度。现行评定依据为国家质检总局、国家标准化管理委员会批准发布,2011 年 1 月 1 日开始实施的国家标准《旅游饭店星级的划分与评定》(GB/T14308—2010),它与国家旅游局2006 年 3 月 7 日实施的《星级饭店访查规范》,2011 年 1 月 1 日实施的《〈旅游饭店星级的划分与评定〉(GB/T14308—2010)实施办法》共同构成了饭店星级评定的完整体系。

(二)旅游饭店星级与评定范围

用星的数量和颜色表示旅游饭店的星级。旅游饭店星级分为五个级别,即一星级、二星级、三星级、四星级、五星级(含白金五星级)。最低为一星级,最高为五星级。星级越高,表示饭店的等级越高。星级标志由长城与五角星图案构成,用一颗五角星表示一星级,两颗五角星表示二星级,三颗五角星表示三星级,四颗五角星表示四星级,五颗五角星表示五星级,五颗白金五角星表示白金五星级。

根据《旅游饭店星级的划分与评定》实施办法的规定,饭店星级评定遵循企业自愿申报的原则。凡在中华人民共和国境内正式营业一年以上的旅游饭店,均可申请星级评定。经评定达到相应星级标准的饭店,由全国旅游饭店星级评定机构颁发相应的星级证书和标志牌。星级标志的有效期为三年。

一星级、二星级、三星级饭店是有限服务饭店,评定星级时应对饭店住宿产品进行重点评价;四星级和五星级(含白金五星级)饭店是完全服务饭店,评定星级时应对饭店产品进行全面评价。

(三)星级评定机构和权限

全国旅游饭店星级评定的最高权力机关是国家旅游局。国家旅游局设全国旅游星级饭店评定委员会(以下简称"全国星评委")。全国星评委是负责全国星评工作的最高机构,其职能是:统筹负责全国旅游饭店星评工作;聘任与管理国家级星评员;组织五星级饭店的评定和复核工作;授权并监管地方旅游饭店星级评定机构开展工作。其他权限还包括对地方旅游饭店星级评定机构违反规定所评定和复核的结果拥有否决权;统一制作和核发星级饭店的证书、标志牌等。

各省、自治区、直辖市旅游局设省级旅游星级饭店评定委员会(简称"省级星评委")。省级星评委报全国星评委备案后,根据全国星评委的授权开展星评和复核工作。省级星评委依照全国星评委的授权开展以下工作:贯彻执行并保证质量完成全国星评委部署的各项工作任务;负责并督导本省内各级旅游饭店星级评定机构的工作;对本省副省级城市、地级市(地区、州、盟)及下一级星级评定机构违反规定所评定的结果拥有否决权;实施或组织实施本省四星级饭店的星级评定和复核工作;向全国星评委推荐五星级饭店并严格把关;按照《饭店星评员章程》要求聘任省级星评员;负责副省级城市、地级市(地区、州、盟)星评员的培训工作。

副省级城市、地级市(地区、州、盟)旅游局设地区旅游星级饭店评定委员会(简称"地区星评委")。地区星评委在省级星评委的指导下,参照省级星评委的模式组建。地区星评委依照省级星评委的授权开展以下工作:贯彻执行并保证质量完成全国星评委和省级星评委布置的各项工作任务;负责本地区星级评定机构的工作;按照《饭店星评员章程》要求聘任地市级星评员,实施或组织实施本地区三星级及以下饭店的星级评定和复核工作;向省级星评委推荐四星、五星级饭店。

(四)星级评定程序与评定办法

1.星级评定具体程序

(1)申请。申请评定星级的饭店应在对照《旅游饭店星级的划分及评定》(GB/T14308—2010)充分准备的基础上,按属地原则向地区星评委和省级星评委逐级递交星级申请材料。申请材料包括:饭店星级申请报告、自查打分表、消防验收合格证(复印件)、卫生许可证(复印件)、工商营业执照(复印件)、饭店装修设计说明等。

(2)推荐。各级星评委收到饭店申请材料后,应严格按照《旅游饭店星级的划分及评定》(GB/T14308—2010)的要求,于一个月内对申报饭店进行星评工作指导。对符合申报要求的饭店,按照规定递交推荐报告。

(3)审查与公示。上级星评委在接到下级星评委推荐报告和饭店星级申请材料后,应在一个月内完成审定申请资格、核实申请报告等工作,并对通过资格审查的饭店,在相应网站上同时公示。对未通过资格审查的饭店,应下发正式文件通知下级星评委。

(4)宾客满意度调查。对通过星级资格审查的饭店,各级星评委可根据工作需要安排宾客满意度调查,并形成专业调查报告,作为星评工作的参考意见。

(5)星评员检查。星级评定工作由相应级别星评委委派饭店星评员承担。星评委发出《星级评定检查通知书》,委派2~3名星评员,以明察或暗访的形式对申请星级的饭店进行评定检查。五星级饭店评定检查工作应在36~48小时内完成。四星级饭店的评定检查工作应在36小时内完成,一星、二星、三星级饭店的评定检查工作应在 24 小时内完成。检查未予通过的饭店,应根据星评委反馈的有关意见进行整改。星评委待接到饭店整改完成并申请重新检查的报告后,于一个月内再次安排评定检查。

(6)审核。检查结束后一个月内,星评委应根据检查结果对申请星级的饭店进行审核。审核的主要内容及材料有:星评员检查报告(须有星评员签名)、星级评定检查反馈会原始记录材料(须有星评员及饭店负责人签名)、依据《旅游饭店星级的划分及评定》(GB/T14308—2010)打分情况(打分总表须有星评员签名)等。

(7)批复。对于经审核认定达到标准的饭店,星评委应做出批准其为相应星级旅游饭店的批复,并授予星级证书和标志牌。对于经审核认定达不到标准的饭店,星评委应做出不批准其为该星级饭店的批复。批复结果在相应网站上同时公示,公示内容包括饭店名称、星评委受理时间、国家级星评员评定检查时间、星评员姓名、批复时间。

(8)申诉。申请星级评定的饭店对星评过程及其结果如有异议,可以提出申诉。

(9)抽查。旅游局派出星评监督员随机抽查星级评定情况,对星评工作进行监督。一旦发现星评过程中存在不符合程序的现象或检查结果不符合标准要求的情况,依法进行处理。

2. 星级评定办法

星级评定依照《旅游饭店星级评定》实施办法中星级评定的标准和基本要求进行评定,采取按星级饭店的必备条件与检查评分相结合的方法综合评定。主要考察三方面内容:

(1)必备条件考察。包括硬件设施和服务项目。对照相应星级的"必备项目检查表"进行评定,要求相应星级的每个项目都必须达标,缺一不可。

(2)设施设备评分。按照"设施设备评分表"对硬件设施的档次进行评分,检查总分是否达到相应级别的最低得分线要求,如达不到,则不能取得所申请的星级。

（3）饭店运营质量评分。按照"饭店运营质量评价表"对饭店各项服务的基本流程、设施维护保养和清洁卫生方面的评价进行软件评价,检查得分率是否达到相应级别的最低得分率,如达不到,则不能取得所申请的星级。

星级饭店强调整体性,评定星级时不能因为某一区域所有权或经营权的分离,或因为建筑物的分隔而区别对待。饭店内所有区域应达到同一星级的质量标准和管理要求。否则,星评委对饭店所申请星级不予批准。

饭店取得星级后,因改造发生建筑规格、设施设备和服务项目的变化,关闭或取消原有设施设备、服务功能或项目,导致达不到原星级标准的,必须向相应级别星评委申报,接受复核或重新评定。否则,相应级别星评委应收回该饭店的星级证书和标志牌。

对于以住宿为主营业务,建筑与装修风格独特,拥有独特客户群体,管理和服务特色鲜明,且业内知名度较高旅游饭店的星级评定,可按照《〈旅游饭店星级的划分与评定〉(GB/T14308—2010)实施办法》第十六条要求的程序申请评定五星级饭店。

（五）星级复核及处理

1. 星级复核

旅游饭店评定星级后,并非一劳永逸。根据《旅游饭店星级划分与评定》实施办法的规定,星级复核是星级评定工作的重要组成部分,其目的是督促已取得星级的饭店持续达标,其组织和责任划分完全依照星级评定的责任分工。星级复核分为年度复核和三年期满的评定性复核。

年度复核工作由饭店对照星级标准自查自纠,并将自查结果报告相应级别星评委,相应级别星评委根据自查结果进行抽查。

评定性复核工作由各级星评委委派星评员以明察或暗访的方式进行。各级星评委应于本地区复核工作结束后进行认真总结，并逐级上报复核结果。

2. 星级复核处理

对复核结果达不到相应标准的星级饭店，相应级别星评委根据情节轻重给予限期整改、取消星级的处理，并公布处理结果。对于取消星级的饭店，应将其星级证书和星级标志牌收回。

整改期限原则上不能超过一年。被取消星级的饭店，自取消星级之日起一年后，方可重新申请星级评定。

（六）星级使用规定

《旅游法》第五十条规定："旅游经营者取得相关质量标准等级的，其设施和服务不得低于相应标准；未取得质量标准等级的，不得使用相关质量等级的称谓和标识。"因此，旅游饭店取得相应星级后，有保障设施和服务不低于相应标准的义务，未取得相应星级，不得使用相应的称谓和标识。

饭店星级标志应置于饭店前厅最明显的位置，接受公众监督。饭店星级标志已在国家工商行政管理总局商标局登记注册为证明商标，其使用要求必须严格按照《星级饭店图形证明商标使用管理规则》执行。任何单位或个人未经授权或认可，不得擅自制作和使用。同时，任何饭店以"准×星"、"超×星"或者"相当于×星"等作为宣传手段的行为均属违法行为。

每块星级标志牌上的编号，与相应的星级饭店证书号一致。每家星级饭店原则上只可申领一块星级标志牌。如星级标志牌破损或丢失，应及时报告，经所在省级星评委查明属实后，可向全国星评委申请补发。星级饭店如因更名需更换星级证书，可凭工商部门有关文件证明进行更换，同时必须交还原星级证书。

第二节　旅游食品安全

一、食品安全管理法律制度

为保证食品安全,保障公众身体健康和生命安全,中华人民共和国第十一届全国人民代表大会常务委员会第七次会议于2009年2月28日通过了《中华人民共和国食品安全法》,该法共十章104条,自2009年6月1日起正式施行。食、住、行、游、购、娱旅游业六要素中,"食"居首位,是旅游活动的重要组成部分。旅行社、星级饭店、旅游餐馆、旅游景区等旅游企业都应该严格执行国家有关食品安全的法律法规,建立完善的食品安全管理制度,确保游客旅行过程中的食品安全。

(一)食品及食品安全的含义

食品是指各种供人食用或者饮用的成品和原料以及按照传统既是食品又是药品的物品,但是不包括以治疗为目的的物品。

1996年,世界卫生组织将食品安全界定为"对食品按其原定用途进行制作、食用时不会使消费者健康受到损害的一种担保"。根据该定义,食品安全是指食物中有毒、有害物质对人体健康影响的公共卫生问题,在食品安全的概念理解上,国际社会已经达成共识,即食品(食物)的种植、养殖、加工、包装、贮藏、运输、销售、消费等活动符合国家强制标准和要求,不存在可能损害或威胁人体健康的有毒有害物质以致消费者病亡或者危及消费者及其后代的隐患。

(二)食品安全标准

自20世纪80年代以来,一些国家以及有关国际组织从社会系统工程建设的角度出发,逐步以食品安全的综合立法替代卫生、质量、营养等要素立法。食品安全标准随之产生。食品安全标准是以保障公众身体健康为宗旨,在做到科学合理、安全可靠的前提下,确定的强制执行的标准。

食品安全国家标准由国务院卫生行政部门负责制定、公布,国务院标准化行政部门提供国家标准编号;没有食品安全国家标准的,省、自治区、直辖市人民政府卫生行政部门参照有关食品安全国家标准制定的规定,组织制定食品安全地方标准,并报国务院卫生行政部门备案;企业生产的食品没有食品安全国家标准或者地方标准的,应当制定企业标准,作为组织生产的依据。国家鼓励食品生产企业制定严于食品安全国家标准或者地方标准的企业标准。企业标准应报省级卫生行政部门备案,在该企业内部适用。

(三)《食品安全法》的适用范围

在中华人民共和国境内从事下列活动,应当遵守本法:

1. 食品生产和加工(以下称"食品生产"),食品流通和餐饮服务(以下称"食品经营");

2. 食品添加剂的生产经营;

3. 用于食品的包装材料、容器、洗涤剂、消毒剂和用于食品生产经营的工具、设备(以下称"食品相关产品")的生产经营;

4. 食品生产经营者使用食品添加剂、食品相关产品;

5. 对食品、食品添加剂和食品相关产品的安全管理。

供食用的源于农业的初级产品(以下称"食用农产品")的质量安全管理,遵守《中华人民共和国农产品质量安全法》的规定。但是,制定有关食用农产品的质量安全标准、公布食用农产品安全有关信息,应当遵守本法的有关规定。

(四)食品安全管理部门

国务院设立食品安全委员会。国务院食品安全委员会于2010年2月成立,其作为国务院食品安全工作的高层次议事协调机构,有15个部门参加。主要职责是:分析食品安全形势;研究部署、统筹指导食品安全工作;提出食品安全监管的重大政策措施;督促落实食品安全监管责任。

国务院卫生行政部门承担食品安全综合协调职责,负责食品安全风险评估、食品安全标准制定、食品安全信息公布、食品检验机构的资质认定条件和检验规范的制定,组织查处食品安全重大事故。

国务院质量监督、工商行政管理和国家食品药品监督管理部门依照《食品安全法》和国务院规定的职责,分别对食品生产、食品流通、餐饮服务活动实施监督管理。

县级以上地方人民政府统一负责、领导、组织、协调本行政区域的食品安全监督管理工作,建立健全食品安全全程监督管理的工作机制;统一领导、指挥食品安全突发事件应对工作;完善、落实食品安全监督管理责任制,对食品安全监督管理部门进行评议、考核。县级以上卫生行政、农业行政、质量监督、工商行政管理、食品药品监督管理部门应当加强沟通、密切配合,按照各自职责分工,依法行使职权,承担责任。

食品行业协会应当加强行业自律,引导食品生产经营者依法生产经营,推动行业诚信建设,宣传、普及食品安全知识。

二、食品安全管理制度

(一)食品安全风险监测制度

国家建立食品安全风险监测制度,对食源性疾病、食品污染以及食品中的有害因素进行监测。国务院卫生行政部门会同国务院有关部门制定、实施国家食品安全风险监测计划。省、自治区、直辖市人民政府卫生行政部门根据国家食品安全风险监测计划,结合本行政区域的具体情况,组织制定、实施本行政区域的食品安全风险监测方案。国务院农业行政、质量监督、工商行政管理和国家食品药品监督管理等有关部门获知有关食品安全风险信息后,应当立即向国务院卫生行政部门通报。国务院卫生行政部门会同有关部门对信息核实后,应当及时调整食品安全风险监测计划。

（二）食品安全风险评估制度

国家建立食品安全风险评估制度,对食品、食品添加剂中生物性、化学性和物理性危害进行风险评估。

国务院卫生行政部门负责组织食品安全风险评估工作,成立由医学、农业、食品、营养等方面的专家组成的食品安全风险评估专家委员会进行食品安全风险评估。在通过食品安全风险监测或者接到举报发现食品可能存在安全隐患的情况下,立即组织进行检验和食品安全风险评估。国务院农业行政、质量监督、工商行政管理和国家食品药品监督管理等有关部门应当向国务院卫生行政部门提出食品安全风险评估的建议,并提供有关信息和资料。

对农药、肥料、生长调节剂、兽药、饲料和饲料添加剂等的安全性评估,应当有食品安全风险评估专家委员会的专家参加。

食品安全风险评估应当运用科学方法,根据食品安全风险监测信息、科学数据以及其他有关信息进行。食品安全风险评估结果是制定、修订食品安全标准和对食品安全实施监督管理的科学依据。

（三）食品安全标准制度

我国实行统一的食品安全标准制度。除食品安全标准外,不得制定其他的食品强制性标准。食品安全标准应当包括下列内容:

1.食品、食品相关产品中的致病性微生物、农药残留、兽药残留、重金属、污染物质以及其他危害人体健康物质的限量规定;

2.食品添加剂的品种、使用范围、用量;

3.专供婴幼儿和其他特定人群的主辅食品的营养成分要求;

4.对与食品安全、营养有关的标签、标识、说明书的要求;

5.食品生产经营过程的卫生要求;

6.与食品安全有关的质量要求;

7.食品检验方法与规程;

8.其他需要制定为食品安全标准的内容。

(四)食品生产经营许可制度

国家对食品生产经营实行许可制度。从事食品生产、食品流通、餐饮服务,应当依法取得食品生产许可、食品流通许可、餐饮服务许可。

取得食品生产许可的食品生产者在其生产场所销售其生产的食品,不需要取得食品流通的许可;取得餐饮服务许可的餐饮服务提供者在其餐饮服务场所出售其制作加工的食品,不需要取得食品生产和流通的许可;农民个人销售其自产的食用农产品,不需要取得食品流通的许可。

食品生产加工小作坊和食品摊贩从事食品生产经营活动,应当符合本法规定的与其生产经营规模、条件相适应的食品安全要求,保证所生产经营的食品卫生、无毒、无害,有关部门应当对其加强监督管理。

食品生产经营企业应当建立健全本单位的食品安全管理制度,加强对职工食品安全知识的培训,配备专职或者兼职食品安全管理人员,做好对所生产经营食品的检验工作,依法从事食品生产经营活动。

食品生产经营者应当建立并执行从业人员健康管理制度。患有痢疾、伤寒、病毒性肝炎等消化道传染病的人员,以及患有活动性肺结核、化脓性或者渗出性皮肤病等有碍食品安全的疾病的人员,不得从事接触直接入口食品的工作。

食品生产经营人员每年应当进行健康检查,取得健康证明后方可参加工作。

(五)食品召回制度

国家建立食品召回制度。食品生产者发现其生产的食品不符合食品安全标准,应当立即停止生产,召回已经上市销售的食品,通知相关生产经营者和消费者,并记录召回和通知情况。

食品经营者发现其经营的食品不符合食品安全标准,应当立即停止经营,通知相关生产经营者和消费者,并记录停止经营和通知情况。食品生产者认为应当召回的,应当立即召回。

食品生产者应当对召回的食品采取补救、无害化处理、销毁等措施,并将食品召回和处理情况向县级以上质量监督部门报告。

三、食品安全事故处理

（一）食品安全事故与食物中毒

食品安全事故指食物中毒、食源性疾病、食品污染等源于食品,对人体健康有危害或者可能有危害的事故。

食物中毒指食用了被有毒有害物质污染的食品或者食用了含有毒有害物质的食品后出现的急性、亚急性疾病。食物中毒的特点是许多人同时发病,病状相似,发病急,进展快,一般有共同食用某种食物的历史。食物中毒一般表现为消化道症状和神经毒症状。消化道症状主要表现为恶心、呕吐、腹痛、腹泻等,神经毒症状主要有头晕、头痛、抽搐、昏迷等。当然也有多脏器或多系统损伤造成的“混合型”症状。

食源性疾病指食品中致病因素进入人体引起的感染性、中毒性等疾病。

（二）食品安全事故的处理

1. 制定预案

国务院组织制定国家食品安全事故应急预案。县级以上地方人民政府应当根据有关法律、法规的规定和上级人民政府的食品安全事故应急预案以及本地区的实际情况,制定本行政区域的食品安全事故应急预案,并报上一级人民政府备案。食品生产经营企业应当制定食品安全事故处置方案,定期检查本企业各项食品安全防范措施的落实情况,及时消除食品安全事故隐患。

2.事故处置

发生食品安全事故的单位应当立即予以处置,防止事故扩大。事故发生单位和接收病人进行治疗的单位应当及时向事故发生地县级卫生行政部门报告。

发生重大食品安全事故的,接到报告的县级卫生行政部门应当按照规定向本级人民政府和上级人民政府卫生行政部门报告。县级人民政府和上级人民政府卫生行政部门应当按照规定上报。

任何单位或者个人不得对食品安全事故隐瞒、谎报、缓报,不得毁灭有关证据。

县级以上卫生行政部门接到食品安全事故的报告后,应当立即会同有关农业行政、质量监督、工商行政管理、食品药品监督管理部门进行调查处理,并采取下列措施,防止或者减轻社会危害:

(1)开展应急救援工作,对因食品安全事故导致人身伤害的人员,卫生行政部门应当立即组织救治。

(2)封存可能导致食品安全事故的食品及其原料,并立即进行检验;对确认属于被污染的食品及其原料,责令食品生产经营者依照本法第53条的规定予以召回、停止经营并销毁。

(3)封存被污染的食品用工具及用具,并责令进行清洗消毒。

(4)做好信息发布工作,依法对食品安全事故及其处理情况进行发布,并对可能产生的危害加以解释、说明。

发生重大食品安全事故的,县级以上人民政府应当立即成立食品安全事故处置指挥机构,启动应急预案,依照前款规定进行处置。发生重大食品安全事故,设区的市级以上人民政府卫生行政部门应当立即会同有关部门进行事故责任调查,督促有关部门履行职责,向本级人民政府提出事故责任调查处理报告。

重大食品安全事故涉及两个以上省、自治区、直辖市的,由国务院卫生行政部门依照前款规定组织事故责任调查。

3.善后工作

发生食品安全事故,县级以上疾病预防控制机构应当协助卫生行政部门和有关部门对事故现场进行卫生处理,并对与食品安全事故有关的因素开展流行病学调查。

调查食品安全事故,除了查明事故单位的责任,还应当查明负有监督管理和认证职责的监督管理部门、认证机构的工作人员失职、渎职情况。

第三节　旅游娱乐管理

一、娱乐场所管理法规制度概述

娱乐场所是指以营利为目的,并向公众开放,消费者自娱自乐的歌舞、游艺等场所。为了加强对娱乐场所的管理,指导、规范和保障我国文化娱乐事业的健康发展,国务院于 1999 年 3 月公布了《娱乐场所管理条例》。随着娱乐场所及其所形成的产业的发展,以及文化市场管理工作新情况的产生,国务院于 2006 年 3 月修订公布了《娱乐场所管理条例》(以下简称《条例》),更加全面地加强了对娱乐场所的管理。

对娱乐场所适用性较强的法律法规,除《条例》外,还有 1990年 12 月 28 日第七届全国人民代表大会第十七次常委会通过的《关于禁毒的决定》及《关于严禁淫秽物品的决定》,1991 年 9 月 4日第七届全国人民代表大会第二十一次常委会通过的《关于严禁卖淫嫖娼的决定》,国务院 1997 年颁行、2005 年重新修订公布的《营业性演出管理条例》以及《刑法》、《治安管理处罚法》(2006 年

3月起施行)的相关规定等。

二、娱乐场所管理法规制度的主要内容

(一)娱乐场所的设立

修订后的《条例》提高了设立娱乐场所的准入门槛,严格审批条件,明确开办娱乐场所必须持有娱乐经营许可证。同时规定,有下列情形之一的人员,不得开办娱乐场所或者在娱乐场所内从业:

1.曾犯有组织、强迫、引诱、容留、介绍卖淫罪,制作、贩卖、传播淫秽物品罪,走私、贩卖、运输、制造毒品罪,强奸罪,强制猥亵、侮辱妇女罪,赌博罪,洗钱罪,组织、领导、参加黑社会性质组织罪的;

2.因犯罪曾被剥夺政治权利的;

3.因吸食、注射毒品曾被强制戒毒的;

4.因卖淫、嫖娼曾被处以行政拘留的。

《条例》还规定,外国投资者可以与中国投资者依法设立中外合资经营、中外合作经营的娱乐场所,不得设立外商独资经营的娱乐场所。

对于娱乐场所的设立地点,《条例》规定,娱乐场所不得设在下列地点:

1.居民楼、博物馆、图书馆和被核定为文物保护单位的建筑物内;

2.居民住宅区和学校、医院、机关周围;

3.车站、机场等人群密集的场所;

4.建筑物地下一层以下;

5.与危险化学品仓库毗连的区域。

(二)娱乐场所的经营

1.娱乐场所内娱乐活动的禁止内容

（1）违反宪法确定的基本原则的；

（2）危害国家统一、主权或者领土完整的；

（3）危害国家安全，或者损害国家荣誉、利益的；

（4）煽动民族仇恨、民族歧视，伤害民族感情或者侵害民族风俗、习惯，破坏民族团结的；

（5）违反国家宗教政策，宣扬邪教、迷信的；

（6）宣扬淫秽、赌博、暴力以及与毒品有关的违法犯罪活动，或者教唆犯罪的；

（7）违背社会公德或者民族优秀文化传统的；

（8）侮辱、诽谤他人，侵害他人合法权益的；

（9）法律、行政法规禁止的其他内容。

2.娱乐场所及其从业人员不得实施的行为

（1）贩卖、提供毒品，或者组织、强迫、教唆、引诱、欺骗、容留他人吸食、注射毒品；

（2）组织、强迫、引诱、容留、介绍他人卖淫、嫖娼；

（3）制作、贩卖、传播淫秽物品；

（4）提供或者从事以营利为目的的陪侍；

（5）赌博；

（6）从事邪教、迷信活动；

（7）其他违法犯罪行为。

娱乐场所的从业人员不得吸食、注射毒品，不得卖淫、嫖娼；娱乐场所及其从业人员不得为进入娱乐场所的人员实施上述行为提供条件。

3.娱乐场所要安装闭路电视监控设备

营业性娱乐场所通常来往人员流量较大，为有效保障公众安全，加强对娱乐场所的管理，《条例》规定，歌舞娱乐场所应当按照国务院公安部门的规定在营业场所的出入口、主要通道安装闭路电视监控设备，并应当保证闭路电视监控设备在营业期间正常运行,不得中断。

按照《条例》规定,歌舞娱乐场所应当将闭路电视监控录像资料留存30日备查,不得删改或者挪作他用。文化主管部门、公安部门和其他有关部门的工作人员依法履行监督检查职责时,需要查阅闭路电视监控录像资料、从业人员名簿、营业日志等资料的,娱乐场所应当及时提供。

《条例》还规定,歌舞娱乐场所的包厢、包间内不得设置隔断,并应当安装展现室内整体环境的透明门窗。包厢、包间的门不得有内锁装置。营业期间,歌舞娱乐场所内亮度不得低于国家规定的标准。

4. 迪斯科舞厅应配备安检设备

《条例》规定,迪斯科舞厅应当配备安全检查设备,对进入营业场所的人员进行安全检查。

《条例》还明确指出,任何人不得非法携带枪支、弹药、管制器具或者携带爆炸性、易燃性、毒害性、放射性、腐蚀性等危险物品和传染病病原体进入娱乐场所。

5. 娱乐场所应使用正版音像、游戏产品

《条例》指出,娱乐场所使用的音像制品或者电子游戏应当是依法出版、生产或者进口的产品。歌舞娱乐场所播放的曲目和屏幕画面以及游艺娱乐场所的电子游戏机内的游戏项目,不得含有危害国家安全、煽动民族仇恨等内容;歌舞娱乐场所使用的歌曲点播系统不得与境外的曲库连接。

《条例》还规定,游艺娱乐场所不得设置具有赌博功能的电子游戏机机型、机种、电路板等游戏设施设备,不得以现金或者有价证券作为奖品,不得回购奖品。

6. 娱乐场所不得接纳和招用未成年人

为未成年人成长营造健康环境,《条例》规定,歌舞娱乐场所不得接纳未成年人。

《条例》还明确规定,除国家法定节假日外,游艺娱乐场所设置的电子游戏机不得向未成年人提供。如有违反,由县级人民政府文化主管部门没收违法所得和非法财物,并处违法所得1倍以上3倍以下的罚款;没有违法所得或者违法所得不足1万元的,并处1万元以上3万元以下的罚款;情节严重的,责令停业整顿1个月至6个月。

娱乐场所不得招用未成年人。如招用未成年人,《条例》规定,由劳动保障行政部门责令改正,并按照每招用一名未成年人每月处5000元罚款的标准给予处罚。

7. 娱乐场所违法记录将曝光

为加强对娱乐场所的监督管理,《条例》规定,文化主管部门、公安部门和其他有关部门应当建立娱乐场所违法行为警示记录系统;对列入警示记录的娱乐场所,应当及时向社会公布,并加大监督检查力度。

8. 娱乐场所服务项目应明码标价

为杜绝娱乐场所不提供价目表、欺骗消费者的情况,《条例》要求,娱乐场所提供娱乐服务项目和出售商品,应当明码标价,并向消费者出示价目表;不得强迫、欺骗消费者接受服务、购买商品。

同时,为更加规范娱乐场所的服务,《条例》还规定,营业期间,娱乐场所的从业人员应当统一着工作服,佩戴工作标志并携带居民身份证或者外国人就业许可证。从业人员应当遵守职业道德和卫生规范,诚实守信,礼貌待人,不得侵害消费者的人身和财产权利。

《条例》明确规定,娱乐场所及其从业人员与消费者发生争议的,应当依照消费者权益保护的法律规定解决;造成消费者人身、财产损害的,由娱乐场所依法予以赔偿。

第四节 旅游住宿餐饮娱乐经营者综合管理

1. 符合法律、法规规定的要求,按照合同约定履行义务

《旅游法》的颁布实施,加强了对旅游住宿、餐饮、娱乐等经营者的综合管理。《旅游法》第四十九条规定:"为旅游者提供交通、住宿、餐饮、娱乐等服务的经营者,应当符合法律、法规规定的要求,按照合同约定履行义务。"

住宿、餐饮、娱乐、交通等经营者除应遵守本法规定之外,还应当符合其特定的法律法规的要求。比如这些经营者都同样需要遵守《消费者权益保护法》、《合同法》、《产品质量法》、《消防法》等法律法规。同时,住宿经营者要遵守《旅馆业治安管理办法》,餐饮经营者要遵守《食品安全法》,娱乐经营者要遵守《娱乐场所管理条例》等相关领域内的各种法律法规。

住宿、餐饮、娱乐、交通等经营者应本着诚实信用、公平公正的原则,按照合同约定履行义务,不得随意违反合同约定。

2. 保证商品和服务的安全性,达到设施和服务的质量等级要求

《旅游法》第五十条规定:"旅游经营者应当保证其提供的商品和服务符合保障人身、财产安全的要求。旅游经营者取得相关质量标准等级的,其设施和服务不得低于相应标准;未取得质量标准等级的,不得使用相关质量等级的称谓和标识。"

旅游经营者应当保证其提供的商品和服务符合保障人身、财产安全的要求,是《产品质量法》、《消费者权益保护法》和《旅游法》规定的强制性义务,是旅游经营者首要、最基本的法定义务。旅游经营者和旅游者之间受合同约定的权利义务约束,旅游经营者应该按照合同要求提供健康、安全的商品和服

务。如果侵害了旅游者人身、财产安全，需要承担侵权和违约责任。

质量标准等级是经法定的机构和认定程序，表明经营者生产、提供的商品和服务达到有关质量标准等级所规定的质量性能要求。比如《旅游饭店星级的划分与评定》（GB/T 14308—2010），《内河旅游船星级的划分与评定》（GB/T 15731—2008）等。已取得相应质量标准等级的旅游经营者负有与等级认定相符的质量担保义务，否则就是对旅游者的虚假承诺和欺骗，相关的认定机构会对其采取取消或者降级处理，经营者也有可能需要承担法律责任，同时，未取得相关质量等级的旅游经营者使用相关质量等级的称谓和标志，会误导旅游者，扰乱市场秩序，是属于违反法律的不正当竞争行为和损害消费者权益的行为。

3. 销售、购买商品或者服务，不得给予或者收受贿赂

《旅游法》第五十一条规定："旅游经营者销售、购买商品或者服务，不得给予或者收受贿赂。"

商业贿赂是指经营者以排斥竞争对手为目的，为争取交易机会，暗中给予交易对方有关人员和能够影响交易的其他相关人员财物或者其他好处的不正当竞争行为。旅游经营者的职工采用商业贿赂手段为经营者销售或者购买商品和服务的行为，应当认定为经营者行为。经营单位和直接负责的主管人员和其他直接责任人员都要受到处罚。

4. 经营活动中知悉的旅游者个人信息，应当予以保密

《旅游法》第五十二条规定："旅游经营者对其在经营活动中知悉的旅游者个人信息，应当予以保密。"

旅游者个人信息即直接或间接识别旅游者本人身份的信息，比如旅游者向住宿经营者提供的公民个人身份证等信息。同时，照片、影像和声音也可以作为识别本人的资料。

旅游经营者应当采取必要的手段确保信息安全，不得泄露，更

不得出售或者非法向他人提供。旅游经营者泄露个人信息给旅游者造成损害的,应当承担相应的法律责任。无论旅游经营者无意泄露了旅游者个人信息,还是故意泄露、出卖个人信息,都要承担相应的责任。

5. 将部分经营项目和场地交由他人经营的,承担连带责任

《旅游法》第五十四条规定:"景区、住宿经营者将其部分经营项目或者场地交由他人从事住宿、餐饮、购物、游览、娱乐、旅游交通等经营的,应当对实际经营者的经营行为给旅游者造成的损害承担连带责任。"

一是"交由",包括租赁、承包等方式;二是交由他人从事旅游相关经营活动。如果实际经营者的经营行为给旅游者造成损失,经营者应当承担连带责任,而不考虑其主观上是否存在过错。

6. 组织、接待出入境旅游,发现违法情形,需及时报告

《旅游法》第五十五条规定:"旅游经营者组织、接待出入境旅游,发现旅游者从事违法活动或者有出境旅游者在境外非法滞留、擅自分团、脱团,入境旅游者在境内非法滞留,擅自分团、脱团等情形,应当及时向公安机关、旅游主管部门或者我国驻外机构报告。"

因此,履行报告义务的主体是组织、接待出入境的旅游经营者。在境外,履行报告义务的主体主要是旅行社及其从业人员。在境内,对入境旅游者履行报告义务的主体,除旅行社外,还包括旅游住宿、旅游娱乐等旅游经营者及其从业人员。

7. 根据旅游活动风险程度,特定旅游经营者需投保责任险

《旅游法》第五十六条规定:"国家根据旅游活动的风险程度,对旅行社、住宿、旅游交通以及本法第四十七条规定的高空、高速、水上、潜水、探险等高风险旅游项目等经营者实施责任保险制度。"

　　该法条进一步确认了旅行社、旅游住宿、旅游交通经营者应投保责任险。同时规定了高空、高速、水上、潜水、探险等高风险旅游项目等经营者也需要投保责任保险。因此,住宿和特定娱乐项目经营者需要投保责任险。

　　8.旅游住宿业经营者应严格按合同约定提供住宿服务

　　《旅游法》第七十五条规定:"住宿经营者应当按照旅游服务合同的约定为团队旅游者提供住宿服务。住宿经营者未能按照旅游服务合同提供服务的,应当为旅游者提供不低于原定标准的住宿服务,因此增加的费用由住宿经营者承担;但由于不可抗力、政府因公共利益需要采取措施造成不能提供服务的,住宿经营者应当协助安排旅游者住宿。"

　　根据《旅游法》的相关规定,旅游住宿、餐饮、娱乐经营者还应当做到:一是严格执行安全生产管理和消防安全管理的法律、法规和国家标准、行业标准,具备相应的安全生产条件,制定旅游者安全保护制度和应急预案。二是应当对直接为旅游者提供服务的从业人员开展经常性应急救助技能培训,对提供的产品和服务进行安全检验、监测和评估,采取必要措施防止危害发生。三是组织、接待老年人、未成年人、残疾人等旅游者,应当采取相应的安全保障措施。四是应当就旅游活动中的有关正确使用相关设施、设备的方法,必要的安全防范和应急措施,未向旅游者开放的经营、服务场所和设施、设备,不适宜参加相关活动的群体,可能危及旅游者人身、财产安全的其他情形,以明示的方式事先向旅游者做出说明或者警示。五是突发事件或者旅游安全事故发生后,旅游经营者应当立即采取必要的救助和处置措施,依法履行报告义务,并对旅游者做出妥善安排。

思考题:

1. 旅游饭店星级评定的主要内容是什么?

2. 什么是食品安全? 食品安全管理的主要制度有哪些?

3. 什么是食品安全事故? 如何处理?

4. 我国对娱乐场所的设立、经营有哪些法规要求?

5.《旅游法》对旅游住宿、餐饮、娱乐等旅游经营者的法律规定有哪些?

第八章　旅游资源管理

本章导读

通过本章学习：

——了解违反《风景名胜区条例》的法律责任，违反《文物保护法》应承担的法律责任。

——识记旅游资源的概念、构成条件与分类，景区的概念与设立条件，风景名胜区的概念及构成条件，文物的概念及文物的保护范围、文物保护单位的等级划分、文物考古挖掘的相关规定。

——理解并掌握《旅游法》对景区管理的法律规定，旅游景区质量等级评定的主要内容，风景名胜区分类及管理，文物的保护管理。

第一节　旅游资源与旅游景区管理

一、旅游资源的内涵与保护

（一）旅游资源的概念及内涵

旅游资源是发展旅游业的基本条件之一。一般来说，业界比较权威的定义是：旅游资源是自然界和人类社会能对旅游者产生吸引力，可以为旅游业所开发利用，并可产生经济效益、社会效益和环境效益的各种事物和因素。

一般认为，旅游资源是旅游业赖以生存和发展的前提条件，是旅游业产生的物质基础，是旅游的客体，是旅游产品和旅游活动的基本要素之一。构成旅游资源的基本条件:一是对旅游者有吸引力,能激发人们的旅游动机;二是具有可利用性,随着旅游者旅游爱好和习惯的改变,旅游资源的范畴不断扩大;三是资源的开发能产生不同的社会效益、经济效益和生态效益。

（二）旅游资源的分类

根据不同的目的,可以有不同的分类标准和分类方法,目前常用的是按旅游资源的成因和属性分类。分类对象涉及稳定的、客观存在的实体旅游资源和不稳定的、客观存在的事物和现象。2003 年国家颁布了《旅游资源分类、调查与评价》国家标准（GB/T 18972 - 2003）。按照国家标准分类系统,把旅游资源分为 8 个主类、31 个亚类、155 个基本类型。根据国家标准,将旅游资源分为自然旅游资源和人文旅游资源两大类型。自然旅游资源是天然赋存的,它是由具有旅游价值的自然景观和自然环境组成的,主要包括地文景观、水域风光、生物景观、天象与气候景观;人文旅游资源是人类在长期的生产实践和社会生活中所创造的艺术成就和文化结晶,是能激发旅游者旅游动机的物质财富和精神财富的总和,主要包括遗址遗迹、建筑与设施、旅游商品、人文活动。除此之外,还有其他的分类方法,如按旅游资源的功能分类,分为观赏型旅游资源、康乐型旅游资源、科考型旅游资源、体验型旅游资源、度假型旅游资源、购物型旅游资源;按利用性质分类,分为再生旅游资源、不可再生旅游资源;按开发现状分类,分为已开发旅游资源、潜在旅游资源;按资源地域分类,分为都市旅游型、森林旅游型、乡村旅游型。

（三）《旅游法》关于旅游资源的利用与保护

《旅游法》通过提出三项要求确立了我国旅游资源开发、利用和保护制度。这三项基本要求是:第一,提出了完整的旅游规划体系的要求;第二,提出了旅游规划与其他规划多层次衔接的要求;第三,提出了事前、事中和事后旅游资源保护利用的要求。

首先,国家鼓励各类市场主体在有效保护旅游资源的前提下,依法合理利用旅游资源。这一规定对于各类市场主体合理利用旅游资源、投入开发旅游资源等具有重大意义。旅游资源开发利用不能单靠政府投入,还需要调动各类市场主体的积极性。

其次,关于旅游资源利用的原则,《旅游法》做了明确规定。旅游资源的利用原则有三条:一是要坚持依法利用的原则,即旅游资源利用必须严格遵守有关法律、法规的规定。不同的资源依据不同的法律法规的要求,合法利用。二是要坚持符合资源、生态保护和文物安全的要求的原则。在利用中保护,在保护中利用,使资源利用有可持续性。三是要尊重资源的区域整体性、文化代表性和地域特殊性的原则,并考虑军事设施保护的需要,要有效地发挥旅游资源的特色功能。

最后,《旅游法》还规定了对旅游资源保护和合理利用的措施,即有关主管部门应当加强对资源保护和旅游利用状况的监督检查。规定各级人民政府应当组织对本级政府编制的旅游发展规划的执行情况进行评估,评估结果必须向社会公布,以接受全社会的监督。这样,谁规划、谁实施、谁评估,责任明确。

二、旅游景区的设立

(一)旅游景区的概念

我国《旅游法》明确规定,景区,是指为旅游者提供游览服务、有明确的管理界限的场所或者区域。这里的“景区”就是旅游景区。一般来说,一个经营性的旅游景区应当具有以下条件:

1. 具有统一的管理机构,即每个旅游景区,只有一个管理主体,对景区内的资源开发、经营服务等进行统一的管理。它是旅游景区经营的主体,服务的供方,它可能是政府机构,或是具有部分政府职能的事业单位,也可能是独立的法人企业。

2. 旅游景区有固定的经营服务场所,空间或地域范围确定,常表现为它的门票范围。旅游景区具有多种旅游功能,可以是观光性的表演、游览,也可以是度假性的休闲、康乐,还可以是专项性的教育、求知等。旅游功能是旅游景区吸引力的主要体现,不同的景区类型具有差异性的旅游功能,旅游景区的主体功能取决于景区的旅游资源类别。

3. 旅游景区必须具有必要的旅游设施,提供相应的旅游服务。资源、设施与服务构成旅游景区产品,也是景区旅游活动功能的载体。

4. 旅游景区是一个独立的单位,包括空间场所的独立和职能的独立。也就是说,旅游景区要有专门的人、财、物、场所为景区经营服务。

旅游景区的类别很多,人们对其划分方法也不尽相同。中外最为常见的划分方法是按照景区的内容和表现形式进行划分,具体到某一景点,各种类型可能会出现重叠。主要类型有以下几种:

(1)古代遗迹。尤指挖掘出土和加以保护的古迹,如古城墙建筑、古墓葬等。我国西安的半坡遗址、秦俑坑、北京周口店的猿人遗址等均属此类。

(2)历史建筑。指以历史上遗留下来的各种建筑物为主要游览内容而开发设立的旅游景区,包括历史上遗留下来的城堡、宫殿、名人故居、庙宇寺院、历史民居等。

(3)自然风景名胜区。指环境优美、自然生态条件好,景观分布集中,有一定规模和范围的地区,包括世界自然遗产、自然保护区、自然风景区等,如黄山、武陵源、卧龙、鼎湖山、西双版纳等。

(4)旅游度假区。旅游度假区是为选择环境质量高、旅游度假资源丰富、客源基础好、交通便捷的地区,划定一定界限,以接待度假旅游者为主的旅游区。

(5)博物馆、展览馆。指以特定收藏品或特定场址为展示内容的场馆,如科学博物馆、历史博物馆、军事博物馆、美术馆等。特定场址的有我国的故宫博物院、英国的铁桥堡博物馆等。

（6）主题公园。多为以某一中心主题为基调或活动内容而兴建的旅游景区。大型人造游览景区有美国的迪士尼乐园,我国北京的世界公园,深圳的世界之窗、欢乐谷;以观赏野生动物为活动内容的动物园、植物园、水族馆等。

（二）旅游景区开放的条件

景区对旅游者开放,涉及旅游的安全性、便利性和舒适性,涉及对旅游者的保护。无论景区的类型、权属、主管部门以及保护、利用的方式是否相同,其应当具备的旅游安全保障、基本接待服务、设施、游览条件和环境,保护旅游者合法权益的要求是共同的。

《旅游法》第四十二条规定:景区开放应当具备下列条件,并听取旅游主管部门的意见:

1.有必要的旅游配套服务和辅助设施;

2.有必要的安全设施及制度,经过安全风险评估,满足安全条件;

3.有必要的环境保护设施和生态保护措施;

4.法律、行政法规规定的其他条件。

这里的基本立法精神,是要求景区开放接待旅游者要符合以下条件:一是安全性,这是核心要素;二是便利性、舒适性;三是保护生态环境,实现可持续发展。

具体分析旅游景区开放的条件:

1.必要的旅游配套服务和辅助设施

旅游配套服务和辅助设施是实现景区旅游功能的必备条件。旅游配套服务和辅助设施一般包括:住宿接待设施及其服务、餐饮设施及其服务、旅游购物设施及其服务、文化娱乐设施及其服务、医疗设施及其服务、景区交通设施及其服务,具体如供水、排水、供电、停车场、通信、公厕、垃圾箱、无障碍设施,以及景区区域界限、服务设施、游览解说系统、通用指示标志、游客中心、救助电话等。

2. 必要的旅游安全设施及制度,经过安全风险评估,满足安全条件

旅游景区必须满足安全条件。景区开放时,可以做到对旅游者及周边居民人身、财产安全的保障。法律对安全条件有明确规定的,要符合相关规定;有国家标准或者行业标准的,要符合标准;没有标准的,要符合保障人体健康和人身、财产安全的要求。

旅游景区要有旅游安全设施及相应制度,应该包括场所的安全保障、设施设备的安全保障、针对旅游者的安全保障制度等。旅游景区安全风险评估是指运用各相关领域的科学、专业方法和手段,系统地分析景区本身及开放接待旅游者可能面临的威胁及其存在的脆弱性,评估安全事件发生的可能性以及一旦发生可能造成的危害程度,景区是否具有针对性的抵御威胁的防护对策有效地保护旅游者。

3. 必要的环境保护设施和生态保护措施

资源的多样性、良好的生态环境,是满足旅游者审美、体验旅游需求的重要基础,也是实现旅游业可持续发展的前提条件。旅游景区基本都依托自然资源、人文资源,因此,景区应根据资源的特质和要求,采取相关措施,包括必要的污水处理设施、生态厕所、旅游者容量的控制、植被及绿地的保护、噪声的限制、空气质量的监测等,为旅游者创造良好的旅游环境,实现生态文明的要求。

4. 法律、行政法规规定的其他条件

《旅游法》规定的旅游景区开放条件是与现有所有法律的衔接,各类型的景区还要同时适用相关法律、行政法规的规定。因此,法律、行政法规对一些条件还有明确规定的,旅游景区应当按照相关规定执行。

旅游主管部门作为旅游行业的管理部门,具有旅游安全、旅游市场秩序和服务质量等方面的监管职责,特别是从旅游者需求的角度考虑旅游活动的特殊性,进而更加充分地保护旅游者的旅游

权利,维护旅游资源的可持续利用,因此,有关部门在决定旅游景区开放接待旅游者前,应当听取旅游主管部门的意见。旅游主管部门应该有同意开放和不同意开放的具体标准、要求,对不同意开放的,应说明具体理由。

景区不符合《旅游法》规定的开放条件而接待旅游者的,由景区主管部门责令停业整顿直至符合开放条件,并处 2 万元以上 20 万元以下罚款。

三、旅游景区的管理

(一)旅游景区收费管理

1. 价格制定

利用公共资源建设的景区的门票以及景区内的游览场所、交通工具等另行收费项目,实行政府定价或者政府指导价,严格控制价格上涨。拟收费或者提高价格的,应当举行听证会,征求旅游者、经营者和有关方面的意见,论证其必要性、可行性。

利用公共资源建设的景区,不得通过增加另行收费项目等方式变相涨价;另行收费项目已收回投资成本的,应当相应降低价格或者取消收费。

公益性的城市公园、博物馆、纪念馆等,除重点文物保护单位和珍贵文物收藏单位外,应当逐步免费开放。

2. 价格管理

景区应当在醒目位置公示门票价格、另行收费项目的价格及团体收费价格。景区提高门票价格应当提前六个月公布。

将不同景区的门票或者同一景区内不同游览场所的门票合并出售的,合并后的价格不得高于各单项门票的价格之和,且旅游者有权选择购买其中的单项票。

景区内的核心游览项目因故暂停向旅游者开放或者停止提供服务的,应当公示并相应减少收费。

　　景区违反《旅游法》规定,擅自提高门票或者另行收费项目的价格,或者有其他价格违法行为的,由有关主管部门依照有关法律、法规的规定处罚。

　　(二)旅游景区接待管理

　　景区接待旅游者不得超过景区主管部门核定的最大承载量。景区应当公布景区主管部门核定的最大承载量,制定和实施旅游者流量控制方案,并可以采取门票预约等方式,对景区接待旅游者的数量进行控制。

　　旅游者数量可能达到最大承载量时,景区应当提前公告并同时向当地人民政府报告,景区和当地人民政府应当及时采取疏导、分流等措施。

　　景区在旅游者数量可能达到最大承载量时,未依照《旅游法》规定公告或者未向当地人民政府报告,未及时采取疏导、分流等措施,或者超过最大承载量接待旅游者的,由景区主管部门责令改正,情节严重的,责令停业整顿一个月至六个月。

四、旅游景区质量等级评定

　　《旅游景区质量等级评定管理办法》是 2005 年 7 月 6 日国家旅游局局长办公会议讨论通过的,自 2005 年 8 月 5 日起正式施行。1999 年 9 月 30 日制定的《旅游景区质量等级评定办法》同时废止。

　　(一)旅游景区评定的标准、范围

　　旅游景区质量等级评定工作,根据中华人民共和国国家标准《旅游景区质量等级的划分与评定》(GB/T 17775—2003)及国家旅游局颁布的有关评定细则进行。

　　凡在中华人民共和国境内,正式开业从事旅游经营业务一年以上的旅游景区,包括风景区、文博院馆、寺庙观堂、旅游度假区、自然保护区、主题公园、森林公园、地质公园、游乐园、动物园、植物园及工业、农业、经贸、科教、军事、体育、文化艺术等旅游景区,均可申请参加质量等级评定。

旅游景区质量等级评定工作,遵循自愿申报、分级评定、动态管理、分类指导的原则进行。

（二）旅游景区质量等级、标志及划分

旅游景区质量等级由高到低分为 5 级,依次为 5A、4A、3A、2A、1A。

旅游景区质量等级的标牌、证书由全国旅游景区质量等级评定委员会统一制作,由相应评定机构颁发。

（三）旅游景区质量等级评定的组织和权限

国家旅游局负责旅游景区质量等级评定标准、评定细则的制定工作,负责对质量等级评定标准的实施进行监督检查。

国家旅游局组织设立全国旅游景区质量等级评定委员会。全国旅游景区质量等级评定委员会负责全国旅游景区质量等级评定工作的组织和管理。

各省级旅游行政管理部门组织设立本地区旅游景区质量等级评定委员会,并报全国旅游景区质量等级评定委员会备案。根据全国旅游景区质量等级评定委员会的委托,省级旅游景区质量评定委员会进行相应的旅游景区质量等级评定工作的组织和管理。

3A 级、2A 级、1A 级旅游景区由全国旅游景区质量等级评定委员会委托各省级旅游景区质量等级评定委员会负责评定。省级旅游景区质量等级评定委员会可以向条件成熟的地市级旅游景区质量等级评定机构再行委托。

4A 级旅游景区由省级旅游景区质量等级评定委员会推荐,全国旅游景区质量等级评定委员会组织评定。

5A 级旅游景区从 4A 级旅游景区中产生。被公告为 4A 级旅游景区一年以上的方可申报 5A 级旅游景区。5A 级旅游景区由省级旅游景区质量等级评定委员会推荐,全国旅游景区等级评定委员会组织评定。

各级旅游景区的质量等级评定工作按照"创建、申请、评定、公告"的程序进行。

全国旅游景区质量等级评定委员会适时公告新达标的各级旅游景区名单。

各级旅游景区质量等级评定机构对所评旅游景区要进行监督检查和复核。监督检查采取重点抽查、定期明察和不定期暗访以及社会调查、听取游客意见反馈等方式进行。全面复核至少每三年进行一次。

经复核达不到要求的,或被游客进行重大投诉经调查情况属实的景区,按以下方法做出处理:

1. 由相应质量等级评定委员会根据具体情况,做出签发警告通知书、通报批评、降低或取消等级的处理。对于取消或降低等级的景区,需由相应的评定机构对外公告。

2. 旅游景区接到警告通知书、通报批评、降低或取消等级的通知后,须认真整改,并在规定期限内将整改情况上报相应的等级评定机构。

3. 凡被降低、取消质量等级的旅游景区,自降低或取消等级之日起一年内,不得重新申请新的资质等级。

第二节　风景名胜区管理

一、风景名胜区的含义与构成条件

(一)风景风胜区的含义

2006 年 9 月 6 日国务院第 149 次常务会议通过,自 2006 年 12 月 1 日起施行的《风景名胜区条例》中规定:风景名胜区,是指具有观赏、文化或者科学价值,自然景观、人文景观比较集中,环境优美,可供人们游览、休息或者进行科学、文化活动的区域。

(二)风景名胜区的构成条件

按照风景名胜区概念的含义,风景名胜区的构成必须具备三个条件:

1. 具有观赏、文化或者科学价值

一般说来,应当同时具备这三方面的价值。例如已列入世界历史文化遗产名录的河北省著名旅游胜地承德外八庙,它具有观赏价值,游人可以观赏它的佛像及建筑;同时它也具有极为深厚的历史文化价值,游人既可以了解藏传佛教,又可以研究清朝的宗教、民族政策及其他历史;从科学考察的角度,它无疑也极具科学研究价值。

2. 自然景观、人文景观比较集中

作为风景名胜区,应该是自然景观和人文景观都比较集中的区域,从目前我国的风景名胜区来看,有的是自然景观和人文景观比较集中的区域,如杭州西湖、河北省的承德避暑山庄及周围寺庙等;也有的是纯自然景观,如河北省的秦皇岛北戴河、四川省的九寨沟等;也有的是纯人文景观,如西柏坡等。

3. 可供人们游览、休息或者进行科学文化活动

风景名胜区所具备的前两个条件也正决定了它必然具备可供人们游览、休息和进行科学文化活动的条件。风景名胜区应具有休闲性、娱乐性和科学性,它是为人们提供游览、休息和科学文化活动的场所。

国家对风景名胜区的管理实行科学规划、统一管理、严格保护、永续利用的原则。

二、风景名胜区的设立与审批

（一）风景名胜区的设立

设立风景名胜区，应当有利于保护和合理利用风景名胜资源。

新设立的风景名胜区与自然保护区不得重合或者交叉；已设立的风景名胜区与自然保护区重合或者交叉的，风景名胜区规划与自然保护区规划应当相协调。

风景名胜区划分为国家级风景名胜区和省级风景名胜区。自然景观和人文景观能够反映重要自然变化过程和重大历史文化发展过程，基本处于自然状态或者保持历史原貌，具有国家代表性的，可以申请设立国家级风景名胜区；具有区域代表性的，可以申请设立省级风景名胜区。

申请设立风景名胜区应当提交包含下列内容的有关材料：

1. 风景名胜资源的基本状况；

2. 拟设立风景名胜区的范围以及核心景区的范围；

3. 拟设立风景名胜区的性质和保护目标；

4. 拟设立风景名胜区的游览条件；

5. 与拟设立风景名胜区内的土地、森林等自然资源和房屋等财产的所有权人、使用权人协商的内容和结果。

（二）风景名胜区的审批

设立国家级风景名胜区，由省、自治区、直辖市人民政府提出申请，国务院建设主管部门会同国务院环境保护主管部门、林业主管部门、文物主管部门等有关部门组织论证，提出审查意见，报国务院批准公布。

设立省级风景名胜区，由县级人民政府提出申请，省、自治区人民政府建设主管部门或者直辖市人民政府风景名胜区主管部门，会同其他有关部门组织论证，提出审查意见，报省、自治区、直辖市人民政府批准公布。风景名胜区的审批管理按分级管理的原则进行。

（三）风景名胜区的管理

国务院建设主管部门主管全国风景名胜区的管理工作。地方人民政府城乡建设部门主管本地区的风景名胜区的管理工作。风景名胜区管理机构应当建立健全安全保障制度，加强安全管理，保障游览安全，并督促风景名胜区内的经营单位接受有关部门依据法律、法规进行的监督检查。

风景名胜区管理机构不得从事以营利为目的的经营活动，不得将规划、管理和监督等行政管理职能委托给企业或者个人行使。

风景名胜区管理机构的工作人员，不得在风景名胜区内的企业兼职。

三、风景名胜区的规划

风景名胜区的规划分为总体规划和详细规划。

（一）风景名胜区总体规划

风景名胜区总体规划的编制，应当体现人与自然和谐相处、区域协调发展和经济社会全面进步的要求，坚持保护优先、开发服从保护的原则，突出风景名胜资源的自然特性、文化内涵和地方特色。

风景名胜区总体规划应当包括下列内容：

1. 风景资源评价；

2. 生态资源保护措施、重大建设项目布局、开发利用强度；

3. 风景名胜区的功能结构和空间布局；

4. 禁止开发和限制开发的范围；

5. 风景名胜区的游客容量；

6. 有关专项规划。

风景名胜区应当自设立之日起2年内编制完成总体规划。总体规划的规划期一般为20年。

（二）风景名胜区详细规划

风景名胜区详细规划应当根据核心景区和其他景区的不同要求编制，确定基础设施、旅游设施、文化设施等建设项目的选址、布局与规模，并明确建设用地范围和规划设计条件。

风景名胜区详细规划，应当符合风景名胜区总体规划。

（三）风景名胜区规划的审批与公示

国家级风景名胜区规划由省、自治区人民政府建设主管部门或者直辖市人民政府风景名胜区主管部门组织编制。

省级风景名胜区规划由县级人民政府组织编制。

编制风景名胜区规划，应当采用招标等公平竞争的方式选择具有相应资质等级的单位承担。风景名胜区规划应当按照经审定的风景名胜区范围、性质和保护目标，依照国家有关法律、法规和技术规范编制。编制风景名胜区规划，应当广泛征求有关部门、公众和专家的意见；必要时，应当进行听证。风景名胜区规划报送审批的材料应当包括社会各界的意见以及意见采纳的情况和未予采纳的理由。

国家级风景名胜区的总体规划，由省、自治区、直辖市人民政府审查后，报国务院审批。国家级风景名胜区的详细规划，由省、自治区人民政府建设主管部门或者直辖市人民政府风景名胜区主管部门报国务院建设主管部门审批。

省级风景名胜区的总体规划，由省、自治区、直辖市人民政府审批，报国务院建设主管部门备案。省级风景名胜区的详细规划，由省、自治区人民政府建设主管部门或者直辖市人民政府风景名胜区主管部门审批。

风景名胜区规划经批准后，应当向社会公布，任何组织和个人有权查阅。风景名胜区内的单位和个人应当遵守经批准的风景名胜区规划，服从规划管理。风景名胜区规划未经批准的，不得在风景名胜区内进行各类建设活动。

经批准的风景名胜区规划不得擅自修改。确需对风景名胜区总体规划中的风景名胜区范围、性质、保护目标、生态资源保护措施、重大建设项目布局、开发利用强度以及风景名胜区的功能结构、空间布局、游客容量进行修改的,应当报原审批机关批准;对其他内容进行修改的,应当报原审批机关备案。风景名胜区详细规划确需修改的,应当报原审批机关批准。

风景名胜区总体规划的规划期届满前 2 年,规划的组织编制机关应当组织专家对规划进行评估,做出是否重新编制规划的决定。在新规划批准前,原规划继续有效。

四、风景名胜区的保护与利用

(一)风景名胜区的保护

1. 风景名胜区内的景观和自然环境,应当根据可持续发展的原则,严格保护,不得破坏或者随意改变。

风景名胜区管理机构应当建立健全风景名胜资源保护的各项管理制度。

风景名胜区内居民和游览者应当保护风景名胜区的景物、水体、林草植被、野生动物和各项设施。

2. 风景名胜区管理机构应当对风景名胜区内的重要景观进行调查、鉴定,并制定相应的保护措施。

3. 在风景名胜区内禁止进行下列活动:

(1)开山、采石、开矿、开荒、修坟立碑等破坏景观、植被和地形地貌的活动;

(2)修建储存爆炸性、易燃性、放射性、毒害性、腐蚀性物品的设施;

(3)在景物或者设施上刻画、涂污;

(4)乱扔垃圾。

4. 禁止违反风景名胜区规划,在风景名胜区内设立各类开发区和在核心景区内建设宾馆、招待所、培训中心、疗养院以及与风景名胜资源保护无关的其他建筑物;已经建设的,应当按照风景名胜区规划,逐步迁出。在风景名胜区内从事上述禁止范围以外的建设活动,应当经风景名胜区管理机构审核后,依照有关法律、法规的规定办理审批手续。

在国家风景名胜区内修建缆车、索道等重大建设工程,项目的选址方案应当报国务院建设主管部门核准。

5. 在风景名胜区内进行下列活动,应当经风景名胜区管理机构审核后,依照有关法律、法规的规定报有关主管部门批准:

(1)设置、张贴商业广告;

(2)举办大型游乐等活动;

(3)改变水资源、水环境自然状态的活动;

(4)其他影响生态和景观的活动。

6. 风景名胜区内的建设项目应当符合风景名胜区规划,并与景观相协调,不得破坏景观、污染环境、妨碍游览。

在风景名胜区内进行建设活动的,建设单位、施工单位应当制定污染防治和水土保持方案,并采取有效措施,保护好周围景物、水体、林草植被、野生动物资源和地形地貌。

7. 国家建立风景名胜区管理信息系统,对风景名胜区规划实施和资源保护情况进行动态监测。

国家级风景名胜区所在地的风景名胜区管理机构应当每年向国务院建设主管部门报送风景名胜区规划实施和土地、森林等自然资源保护的情况;国务院建设主管部门应当将土地、森林等自然资源保护的情况,及时抄送国务院有关部门。

(二)风景名胜区的利用

1. 风景名胜区管理机构应当根据风景名胜区的特点,保护民族民间传统文化,开展健康有益的游览观光和文化娱乐活动,普及历史文化和科学知识。

2. 风景名胜区管理机构应当根据风景名胜区规划,合理利用风景名胜资源,改善交通、服务设施和游览条件。

风景名胜区管理机构应当在风景名胜区内设置风景名胜区标志和路标、安全警示等标牌。

3. 风景名胜区内宗教活动场所的管理,依照国家有关宗教活动场所管理的规定执行。

风景名胜区内涉及自然资源保护、利用、管理和文物保护以及自然保护区管理的,还应当执行国家有关法律、法规的规定。

4. 风景名胜区管理机构应当建立健全安全保障制度,加强安全管理,保障游览安全,并督促风景名胜区内的经营单位接受有关部门依据法律、法规进行的监督检查。

5. 风景名胜区内的交通、服务等项目,应当由风景名胜区管理机构依照有关法律、法规和风景名胜区规划,采用招标等公平竞争的方式确定经营者。风景名胜区管理机构应当与经营者签订合同,依法确定各自的权利义务。经营者应当缴纳风景名胜资源有偿使用费。

6. 风景名胜区的门票收入和风景名胜资源有偿使用费,实行收支两条线管理。

风景名胜区的门票收入和风景名胜资源有偿使用费应当专门用于风景名胜资源的保护和管理以及风景名胜区内财产的所有权人、使用权人损失的补偿。具体管理办法,由国务院财政部门、价格主管部门会同国务院建设主管部门等有关部门制定。

五、违反《风景名胜区条例》的法律责任

1. 违反《条例》的规定,有下列行为之一的,由风景名胜区管理机构责令停止违法行为、恢复原状或者限期拆除,没收违法所得,并处 50 万元以上 100 万元以下的罚款:

(1)在风景名胜区内进行开山、采石、开矿等破坏景观、植被、

地形地貌的活动的；

（2）在风景名胜区内修建储存爆炸性、易燃性、放射性、毒害性、腐蚀性物品的设施的；

（3）在核心景区内建设宾馆、招待所、培训中心、疗养院以及与风景名胜资源保护无关的其他建筑物的。

县级以上地方人民政府及其有关主管部门批准实施本条第一款规定的行为的，对直接负责的主管人员和其他直接责任人员依法给予降级或者撤职的处分；构成犯罪的，依法追究刑事责任。

2.违反《条例》的规定，在风景名胜区内从事禁止范围以外的建设活动，未经风景名胜区管理机构审核的，由风景名胜区管理机构责令停止建设、限期拆除，对个人处2万元以上5万元以下的罚款，对单位处20万元以上50万元以下的罚款。

3.违反《条例》的规定，在国家级风景名胜区内修建缆车、索道等重大建设工程，项目的选址方案未经国务院建设主管部门核准，县级以上地方人民政府有关部门核发选址意见书的，对直接负责的主管人员和其他直接责任人员依法给予处分；构成犯罪的，依法追究刑事责任。

4.违反《条例》的规定，个人在风景名胜区内进行开荒、修坟立碑等破坏景观、植被、地形地貌的活动的，由风景名胜区管理机构责令停止违法行为、限期恢复原状或者采取其他补救措施，没收违法所得，并处1000元以上1万元以下的罚款。

5.违反《条例》的规定，在景物、设施上刻画、涂污或者在风景名胜区内乱扔垃圾的，由风景名胜区管理机构责令恢复原状或者采取其他补救措施，处50元的罚款；刻画、涂污或者以其他方式故意损坏国家保护的文物、名胜古迹的，按照治安管理处罚法的有关规定予以处罚；构成犯罪的，依法追究刑事责任。

6.违反《条例》的规定，未经风景名胜区管理机构审核，在风景名胜区内进行下列活动的，由风景名胜区管理机构责令停止违法行为、限期恢复原状或者采取其他补救措施,没收违法所得,并处5万元以上10万元以下的罚款;情节严重的,并处10万元以上20万元以下的罚款:

(1)设置、张贴商业广告的;

(2)举办大型游乐等活动的;

(3)改变水资源、水环境自然状态的活动的;

(4)其他影响生态和景观的活动。

7.违反《条例》的规定,施工单位在施工过程中,对周围景物、水体、林草植被、野生动物资源和地形地貌造成破坏的,由风景名胜区管理机构责令停止违法行为、限期恢复原状或者采取其他补救措施,并处2万元以上10万元以下的罚款;逾期未恢复原状或者采取有效措施的,由风景名胜区管理机构责令停止施工。

8.违反《条例》的规定,国务院建设主管部门、县级以上地方人民政府及其有关主管部门有下列行为之一的,对直接负责的主管人员和其他直接责任人员依法给予处分;构成犯罪的,依法追究刑事责任:

(1)违反风景名胜区规划在风景名胜区内设立各类开发区的;

(2)风景名胜区自设立之日起未在2年内编制完成风景名胜区总体规划的;

(3)选择不具有相应资质等级的单位编制风景名胜区规划的;

(4)风景名胜区规划批准前批准在风景名胜区内进行建设活动的;

(5)擅自修改风景名胜区规划的;

(6)不依法履行监督管理职责的其他行为。

9.违反《条例》的规定,风景名胜区管理机构有下列行为之一的,由设立该风景名胜区管理机构的县级以上地方人民政府责令

改正;情节严重的,对直接负责的主管人员和其他直接责任人员给予降级或者撤职的处分;构成犯罪的,依法追究刑事责任:

(1)超过允许容量接纳游客或者在没有安全保障的区域开展游览活动;

(2)未设置风景名胜区标志和路标、安全警示等标牌;

(3)从事以营利为目的的经营活动;

(4)将规划、管理和监督等行政管理职能委托给企业或者个人行使;

(5)允许风景名胜区管理机构的工作人员在风景名胜区内的企业兼职;

(6)审核同意在风景名胜区内进行不符合风景名胜区规划的建设活动;

(7)发现违法行为不予查处。

《条例》第四十条第一款、第四十一条、第四十三条、第四十四条、第四十五条、第四十六条规定的违法行为,依照有关法律、行政法规的规定,有关部门已经予以处罚的,风景名胜区管理机构不再处罚。《条例》第四十条第一款、第四十一条、第四十三条、第四十四条、第四十五条、第四十六条规定的违法行为,侵害国家、集体或者个人的财产的,有关单位或者个人应当依法承担民事责任。

10.依照《条例》的规定,责令限期拆除在风景名胜区内违法建设的建筑物、构筑物或者其他设施的,有关单位或者个人必须立即停止建设活动,自行拆除;对继续进行建设的,做出责令限期拆除决定的机关有权制止。有关单位或者个人对责令限期拆除决定不服的,可以在接到责令限期拆除决定之日起15日内,向人民法院起诉;期满不起诉又不自行拆除的,由做出责令限期拆除决定的机关依法申请人民法院强制执行,费用由违法者承担。

第三节　文物保护与管理

一、文物及其保护范围

1982年11月19日第五届人大常委会第二十五次会议审议通过了《中华人民共和国文物保护法》,此后1991年6月、2002年10月、2007年12月和2013年6月全国人大常委会先后四次对其进行了修订。1992年5月经国务院批准,国家文物局发布了《中华人民共和国文物保护法实施细则》。这是我国加强以文物为代表的人文旅游资源保护的法律依据。

文物是指人们在各个时期生产、生活和斗争中遗留下来的,具有历史、科学、艺术价值的遗物和遗迹。

按照《文物保护法》第二条规定,在中华人民共和国境内,下列文物受国家保护:

1.具有历史、艺术、科学价值的古文化遗址、古墓葬、古建筑、石窟寺和石刻、壁画。

2.与重大历史事件、革命运动和著名人物有关的,具有重要纪念意义、教育意义或者史料价值的近现代重要史记、实物、代表性建筑。

3.历史上各时代的珍贵艺术品、工艺美术品。

4.反映历史上各时代重要的革命文献资料及具有历史、艺术、科学价值的手稿和图书资料等。

5.反映历史上各时代、各民族社会制度、社会生产、社会生活的代表性实物。

具有科学价值的古脊椎动物化石和古人类化石同文物一样受国家保护。

二、文物的权属、种类与分级

(一)对文物所有权的法律规定

《中华人民共和国文物保护法》对我国文物所有权进行了确认,并对保护文物所有权做出规定。我国文物所有权有三种形式:国家所有、集体所有和私人所有。

1. 国家所有文物规定

《中华人民共和国文物保护法》第五条规定:中华人民共和国境内地下、内水和领海中遗存的一切文物,属于国家所有。

古文化遗址、古墓葬、石窟寺属于国家所有。国家指定保护的纪念建筑物、古建筑、石刻、壁画、近现代代表性建筑等不可移动文物,除国家另有规定的以外,属于国家所有;国有不可移动文物的所有权不因其所依附的土地所有权或者使用权的改变而改变。

对于一些可移动文物,也属于国家所有:

(1)中国境内出土的文物,国家另有规定的除外;

(2)国有文物收藏单位以及其他国家机关、部队和国有企业、事业组织等收藏、保管的文物;

(3)国家征集、购买的文物;

(4)公民、法人和其他组织捐赠给国家的文物;

(5)法律规定属于国家所有的其他文物。

属于国家所有的可移动文物的所有权不因其保管、收藏单位的终止或者变更而改变。国有文物所有权受法律保护,不容侵犯。

2. 集体所有和私人所有文物的规定

《中华人民共和国文物保护法》第六条规定,属于集体所有和私人所有的纪念建筑物、古建筑和祖传文物以及依法取得的其他文物,其所有权受法律保护。文物的所有者必须遵守国家有关文物保护的法律、法规的规定。

（二）文物的种类

1. 不可移动文物和可移动文物。

根据《中华人民共和国文物保护法》规定,按照是否可以移动,文物主要分为不可移动文物和可移动文物。

（1）不可移动文物。指古文化遗址、古墓葬、古建筑、石窟寺、石刻、壁画、近现代重要史迹和代表性建筑等不可移动文物。

（2）可移动文物。指历史上各时代重要实物、艺术品、文献、手稿、图书资料、代表性实物等可移动文物。

2. 馆藏文物和民间收藏文物

（1）馆藏文物。馆藏文物是指博物馆、图书馆和其他文物收藏单位收藏的文物。

（2）民间收藏文物。《文物保护法》第五十条规定,民间收藏文物是文物收藏单位以外的公民、法人和其他组织可以收藏通过下列方式取得的文物:

①依法继承或者接受赠予;

②从文物商店购买;

③从经营文物拍卖的拍卖企业购买;

④公民个人合法所有的文物相互交换或者依法转让;

⑤国家规定的其他合法方式。

文物收藏单位以外的公民、法人和其他组织收藏的上述文物可以依法流通。

（三）文物的级别

1. 不可移动文物的分级

根据不可移动文物的历史、艺术、科学价值,可以分别确定为全国重点文物保护单位,省级文物保护单位,市、县级文物保护单位。

2. 可移动文物的分级

可移动文物可以分为珍贵文物和一般文物,珍贵文物分为一级文物、二级文物、三级文物。

三、文物的保护管理

我国文物保护工作贯彻保护为主、抢救第一、合理利用、加强管理的方针,一切机关、组织和个人都有依法保护文物的义务。

（一）文物保护单位

我国《文物保护法》将不可移动文物以文物保护单位划分为三个级别,并规定了相应的核定公布机构:

1. 全国重点文物保护单位

国务院文物行政部门在省、市、县级文物保护单位中,选择具有重大历史、艺术、科学价值的确定为全国重点文物保护单位,或者直接确定为全国重点文物保护单位,报国务院核定公布。

2. 省级文物保护单位

由省、自治区、直辖市人民政府核定公布,并报国务院备案。

3. 市级和县级文物保护单位

分别由设区的市、自治州和县级人民政府核定公布,并报省、自治区、直辖市人民政府备案。

保存文物特别丰富并且具有重大历史价值或者革命纪念意义的城市,由国务院核定公布为历史文化名城。

国务院文物行政管理部门主管全国文物保护工作。地方各级人民政府负责本行政区域内的文物保护工作。县级以上地方人民政府承担文物保护工作的部门对本行政区域内的文物保护实施监督管理。

（二）对文物保护单位的保护

1. 划定保护范围,建立记录档案

各级文物保护单位,分别由省、自治区、直辖市人民政府和市、县级人民政府划定必要的保护范围,做出标志说明,建立记录档案,并区别情况分别设置专门机构或者专人负责管理。全国重点文物保护单位的保护范围和记录档案,由省、自治区、直辖市人民政府文物行政部门报国务院文物行政部门备案。

2. 制定保护措施并将保护措施纳入城乡建设规划

文物保护单位的保护范围内不得进行其他建设工程或者爆破、钻探、挖掘等作业。但是,因特殊情况需要在文物保护单位的保护范围内进行其他建设工程或者爆破、钻探、挖掘等作业的,必须保证文物保护单位的安全,并经核定公布该文物保护单位的人民政府批准,在批准前应当征得上一级人民政府文物行政管理部门同意;在全国重点文物保护单位的保护范围内进行其他建设工程或者爆破、钻探、挖掘等作业的,必须经省、自治区、直辖市人民政府批准,在批准前应当征得国务院文物行政管理部门同意。

3. 确保文物保护单位环境风貌不受破坏

根据保护文物的实际需要,经省、自治区、直辖市人民政府批准,可以在文物保护单位的周围划出一定的建设控制地带,并予以公布。在文物保护单位的建设控制地带内进行建设工程,不得破坏文物保护单位的历史风貌;工程设计方案应当根据文物保护单位的级别,经相应的文物行政管理部门同意后,报城乡建设规划部门批准。

(三)文物保护单位的迁移、修缮法律保护

对不可移动文物进行修缮、保养、迁移,必须遵守不改变文物原状的原则。

建设工程选址,应当尽可能避开不可移动文物;因特殊情况不能避开的,对文物保护单位应当尽可能实施原址保护。

四、文物的考古发掘

(一)文物的考古发掘和买卖等活动

1. 一切考古发掘工作,必须履行报批手续;从事考古发掘的单位,应当经国务院文化行政部门批准。地下埋藏的文物,任何单位或者个人都不得私自挖掘。

2. 从事考古发掘的单位,为了科学研究进行考古发掘,应当提出发掘计划,报国务院文物行政部门批准;对全国重点文物保护单位的考古发掘计划,应当经国务院文物行政部门审核后报国务院批准。国务院文物行政部门在批准或者审核前,应当征求社会科学研究机构及其他科研机构和有关专家的意见。

3. 进行大型基本建设工程,建设单位应当事先报请省、自治区、直辖市人民政府文物行政部门组织从事考古发掘的单位在工程范围内有可能埋藏文物的地方进行考古调查、勘探。

考古调查、勘探中发现文物的,由省、自治区、直辖市人民政府文物行政部门根据文物保护的要求会同建设单位共同商定保护措施;遇有重要发现的,由省、自治区、直辖市人民政府文物行政部门及时报国务院文物行政部门处理。

需要配合建设工程进行的考古发掘工作,应当由省、自治区、直辖市文物行政部门在勘探工作的基础上提出发掘计划,报国务院文物行政部门批准。国务院文物行政部门在批准前,应当征求社会科学研究机构及其他科研机构和有关专家的意见。

确因建设工期紧迫或者有自然破坏危险,对古文化遗址、古墓葬急需进行抢救发掘的,由省、自治区、直辖市人民政府文物行政部门组织发掘,并同时补办审批手续。

4. 在进行建设工程或者在农业生产中,任何单位或者个人发现文物,应当保护现场,立即报告当地文物行政部门,文物行政部门接到报告后,如无特殊情况,应当在24小时内赶赴现场,并在7日内提出处理意见。文物行政部门可以报请当地人民政府通知公安机关协助保护现场;发现重要文物的,应当立即上报国务院文物行政部门,国务院文物行政部门应当在接到报告后15日内提出处理意见。

依照前款规定发现的文物属于国家所有,任何单位或者个人不得哄抢、私分、藏匿。

5.非经国务院文物行政部门报国务院特别许可,任何外国人或者外国团体不得在中华人民共和国境内进行考古调查、勘探、发掘。

6.考古调查、勘探、发掘的结果,应当报告国务院文物行政部门和省、自治区、直辖市人民政府文物行政部门。

考古发掘的文物,应当登记造册,妥善保管,按照国家有关规定移交给由省、自治区、直辖市人民政府文物行政部门或者国务院文物行政部门指定的国有博物馆、图书馆或者其他国有收藏文物的单位收藏。经省、自治区、直辖市人民政府文物行政部门或者国务院文物行政部门批准,从事考古发掘的单位可以保留少量出土文物作为科研标本。

考古发掘的文物,任何单位或者个人不得侵占。

(二)文物的买卖等活动

为了规范文物的买卖、捐赠和出境等活动,《文物保护法》规定:

文物收藏单位以外的公民、法人和其他组织不得买卖下列文物:

1.国有文物,但是国家允许的除外;

2.非国有馆藏珍贵文物;

3.国有不可移动文物中的壁画、雕塑、建筑构件等,但是依法拆除的国有不可移动文物中的壁画、雕塑、建筑构件等不属于本法第二十条第四款规定的应由文物收藏单位收藏的除外;

4.来源不符合《文物保护法》第五十条规定的文物。

国家鼓励文物收藏单位以外的公民、法人和其他组织将收藏的文物捐赠给国有文物收藏单位或者出借给文物收藏单位展览和研究。国有文物收藏单位应当尊重并按照捐赠人的意愿,对捐赠的文物妥善收藏、保管和展示。国家禁止出境的文物,不得转让、出租、质押给外国人。

五、违反《文物保护法》的法律责任

1.违法《文物保护法》规定,有下列行为之一,构成犯罪的,依法追究刑事责任:

(1)盗掘古文化遗址、古墓葬的;

(2)故意或者过失损毁国家保护的珍贵文物的;

(3)擅自将国有馆藏文物出售或者私自送给非国有单位或者个人的;

(4)将国家禁止出境的珍贵文物私自出售或者送给外国人的;

(5)以谋利为目的倒卖国家禁止经营的文物的;

(6)走私文物的;

(7)盗窃、哄抢、私分或者非法侵占国有文物的;

(8)应当追究刑事责任的其他妨害文物管理行为。

2.违反《文物保护法》规定,造成文物灭失、损毁的,依法承担民事责任。违反本法规定,构成违反治安管理行为的,由公安机关依法给予治安管理处罚。违反本法规定,构成走私行为,尚不构成犯罪的,由海关依照有关法律、行政法规的规定给予处罚。

3.违反《文物保护法》规定,有下列行为之一,尚不构成犯罪的,由县级以上人民政府文物主管部门责令改正,造成严重后果的,处5万元以上50万元以下的罚款;情节严重的,由原发证机关吊销资质证书:

(1)擅自在文物保护单位的保护范围内进行建设工程或者爆破、钻探、挖掘等作业的;

(2)在文物保护单位的建设控制地带内进行建设工程,其工程设计方案未经文物行政部门同意、报城乡建设规划部门批准,对文物保护单位的历史风貌造成破坏的;

(3)擅自迁移、拆除不可移动文物的;

（4）擅自修缮不可移动文物，明显改变文物原状的；

（5）擅自在原址重建已全部毁坏的不可移动文物，造成文物破坏的；

（6）施工单位未取得文物保护工程资质证书，擅自从事文物修缮、迁移、重建的。

刻画、涂污或者损坏文物尚不严重的，或者损毁依照本法第十五条第一款规定设立的文物保护单位标志的，由公安机关或者文物所在单位给予警告，可以并处罚款。

4.买卖国家禁止买卖的文物或者将禁止出境的文物转让、出租、质押给外国人，尚不构成犯罪的，由县级以上人民政府文物主管部门责令改正，没收违法所得，违法经营额1万元以上的，并处违法经营额两倍以上五倍以下的罚款；违法经营额不足1万元的，并处5000元以上2万元以下的罚款。

5.未经许可，擅自设立文物商店、经营文物拍卖的拍卖企业，或者擅自从事文物的商业经营活动，尚不构成犯罪的，由工商行政管理部门依法予以制止，没收违法所得、非法经营的文物，违法经营额5万元以上的，并处违法经营额两倍以上五倍以下的罚款；违法经营额不足5万元的，并处2万元以上10万元以下的罚款。

6.违反《文物保护法》，有下列行为之一，尚不构成犯罪的，由县级以上人民政府文物主管部门会同公安机关追缴文物；情节严重的，处5000元以上5万元以下的罚款：

（1）发现文物隐匿不报或者拒不上交的；

（2）未按照规定移交拣选文物的。

思考题：

1. 什么是旅游资源？其构成条件是什么？《旅游法》对加强旅游资源保护有哪些法律制度规定？

2. 什么是景区？景区设立的条件是什么？如何加强景区门票和接待量管理？

3. 如何评定旅游景区的质量等级？

4. 作为自然旅游资源代表的风景名胜区如何进行管理与保护？

5. 什么是文物？其权属怎么确定？怎么加强文物保护？

第九章 旅游安全与保险

本章导读

通过本章学习：

——了解旅游救援的常识，各种旅游突发公共事件救援机制，外国旅游者重大伤亡事故的处理程序。

——识记我国旅游安全管理的方针，旅游突发公共事件的概念、范围与等级划分，旅游保险合同的构成要素。

——理解并掌握旅游经营者的安全职责，旅游安全事故的分类与事故处理程序，旅游突发公共事件处理的原则，旅行社责任保险的基本内容。

——运用所学知识分析处理旅游突发公共事件。

第一节 旅游安全管理概述

一、旅游安全管理工作的方针

安全工作，重于泰山，旅游安全是旅游业的生命线。我国历来十分重视旅游安全工作，1990年2月20日，在总结多年旅游安全管理工作经验的基础上，为加强旅游安全管理工作，保障旅游者人身、财物安全，国家旅游局以规章形式，制定发布了《旅游安全管理暂行办法》，并于1994年1月23日颁布了《旅游安全管理暂行办法实施细则》。为及时了解和妥善处理好重大旅游安全事故，

1993 年 4 月 15 日,国家旅游局发布了《重大旅游安全事故报告制度试行办法》;为加强对漂流旅游的管理,保障漂流旅游者的安全,促进漂流旅游有序发展,1998 年 4 月 7 日国家旅游局又发布实施了《漂流旅游安全管理暂行办法》;2005 年 8 月 9 日发布了《旅游突发公共事件应急预案》;2006 年 4 月 25 日,国家旅游局与外交部共同发布了《中国公民出境旅游突发事件应急预案》;2013 年 10 月 1 日,正式实施的《旅游法》对旅游安全监管、旅游经营者职责等旅游安全问题做出了明确规定,标志着我国旅游安全管理工作迈上了一个新台阶。至此,我国已基本形成以《旅游法》为主体、以部门规章为补充的旅游安全管理法律法规保障体系,使我国旅游安全管理工作有法可依,有章可循。

为加强旅游安全管理工作,切实保障旅游者人身财产安全,旅游安全管理应当贯彻"以人为本、安全第一、预防为主、综合治理"的方针。

"以人为本"是指以保障旅游者的人身财产安全,预防和减少突发事件对旅游者人身财产安全造成的危害为根本,把全心全意为旅游者服务作为旅游业发展的目的。

"安全第一"就是说,在旅游全过程中,无论国家旅游行政管理部门,还是旅游经营单位,或旅游从业人员,都必须始终把安全工作放在头等重要的地位。安全,不仅影响到旅游业的形象和信誉,还关系到旅游业的生存和发展。没有安全,就没有旅游业的存在和发展,也没有对外开放、经济繁荣和社会稳定。

"预防为主"就是说,在旅游全过程中,国家旅游行政管理部门、旅游经营单位、旅游从业人员,要会同有关管理部门、旅游相关部门或旅游相关从业人员,采取积极的安全防范措施,彻底清除安全隐患。

"综合治理"是指要建立"政府主导、部门协调、属地为主、分级负责"的服务管理体制,最大限度地为旅游者提供安全保障。

保障旅游者的人身财产安全需要包括各级人民政府、各级旅游行政管理部门及其他相关部门、旅游产品或服务提供者、旅游从业人员、当地居民、旅游者在内的全社会的共同努力。

二、旅游安全管理体制

依据我国《旅游法》的有关规定,我国的旅游安全管理体制主要包括:

（一）县级以上人民政府统一负责旅游安全工作

这里明确县级以上人民政府统一负责旅游安全工作,主要体现在:一是加强对旅游安全和应急工作的领导,督促有关部门履行旅游的监管职责;二是对旅游安全监管和应急管理中存在的重大问题及时予以协调、解决。同时,县级以上人民政府有关部门依照法律、法规履行旅游安全监管职责。

（二）国家建立旅游目的地安全风险提示制度

旅游目的地安全风险提示制度,主要指预先发现境内外旅游目的地对旅游者的人身、财产可能造成损害的自然灾害、事故灾难、公共卫生事件和社会安全事件等潜在的或者已经存在的安全风险,运用定性和定量分析相结合的方法,识别旅游安全风险的类别、等级,提出旅游出行的建议,并按照规定的权限和程序,向社会发布相关信息的制度。旅游目的地安全风险提示的级别划分和实施程序,由国务院旅游主管部门会同有关部门制定。

我国《突发事件应对法》规定:"国家建立健全突发事件预警制度。可以预警的自然灾害、事故灾难和公共卫生事件的预警级别,按照突发事件发生的紧急程度、发展势态和可能造成的危害程度分为一级、二级、三级和四级,分别用红色、橙色、黄色和蓝色标示,一级为最高级别。"同时明确:可以预警的自然灾害、事故灾难或者公共卫生事件即将发生或者发生的可能性增大时,县级以上地方各级人民政府应当根据有关法律、行政法规和国务院规定的权限和程序,发布相应级别的警报,决定并宣布有关地区进入预警期,同时向上一级人民政府报告,必要时可以越级上报,并向当地驻军和可能受到危害的毗邻或者相关地区的人民政府通报。

(三)应当将旅游安全作为突发事件监测和评估的重要内容

旅游目的地安全风险监测和评估,是指对旅游目的地的自然灾害、事故灾难、公共卫生事件和社会安全事件等危及或者可能危及旅游者人身、财产安全的事件进行监测、分析和评估的综合过程。《旅游法》要求县级以上人民政府及其有关部门将旅游安全作为突发事件监测和评估的重要内容。我国《突发事件应对法》明确规定:国家要建立健全突发事件监测制度。县级以上人民政府及其有关部门应当根据自然灾害、事故灾难和公共卫生事件的种类和特点,建立健全基础信息数据库,完善监测网络,划分监测区域,确定监测点,明确监测项目,提供必要的设备、设施,配备专职或者兼职人员,对可能发生的突发事件进行监测。

(四)政府应加强旅游应急管理和旅游突发事件的应对

县级以上人民政府应当依法将旅游应急管理纳入政府应急管理体系,制订应急预案,建立旅游突发事件应对机制。突发事件发生后,当地人民政府及其有关部门和机构应当采取措施开展救援,并协助旅游者返回出发地或者旅游者指定的合理地点。

三、旅游经营者安全职责

我国《旅游法》第五十条规定了旅游经营者的安全责任,强调"旅游经营者应当保证其提供的商品和服务符合保障人身、财产安全的要求"。并且独立设立第六章"旅游安全",明确规定了旅游经营者的安全职责。

(一)旅游经营者对旅游者人身、财产安全的保护职责

1.旅游经营者的安全防范、管理和保障义务

(1)严格执行各项安全管理规定、标准和条件,制定安全保护

制度和应急预案。旅游经营者严格执行我国安全生产和消防安全管理的法律、法规和国家标准、行业标准,并具备相应的安全生产条件,是履行旅游安全保障义务的基础。

同时,旅游经营者应当制定旅游者安全保护制度和应急预案,充分保障旅游者人身、财产安全,防止旅游者安全事故的发生。

(2)对一线旅游从业人员开展经常性应急救助技能培训。旅游经营者作为旅游服务合同中的义务人,是旅游过程的组织者,在整个旅游活动中处于主导、优势的地位。旅游经营者对经其同意参加旅游的游客,负有照顾、保护等义务。旅游者在旅途中,可能遇到各种突发事件、意外伤害事故、突发性疾病,对于直接面对旅游者的一线旅游从业人员来说,掌握必要的、基本的救护知识和应急技能,有助于在专业急救人员到达之前,及时、有效地开展现场救护,挽救旅游者的生命。因此,旅游经营者应当加强对一线旅游从业人员的应急救助技能培训,提升旅游从业人员安全素质。

(3)对产品和服务进行安全检验、监测和评估,防止危害发生。旅游经营者涉及的安全风险包括环境风险、设施设备风险和人员风险等因素,旅游经营者应该加强安全与应急设备的配备与维护,对所涉及的风险类型进行严格的检验、监测和评估,即使存在合理风险的,也要采取必要措施防止危害发生。

(4)对老年人、未成年人、残疾人等旅游者采取相应的安全保障措施。对旅游经营者来说,既要开发适合特殊旅游者群体的旅游产品,也要考虑到老年旅游者身体素质较弱、未成年人自我安全防范能力不足、残疾人行动不方便等安全隐患因素,提供有针对性的急救设施、无障碍旅游设施和专业服务人员等,确保其能更好、更安全地享受旅游服务。

2.旅游经营者安全说明或者警示义务

旅游经营者或其从业人员应在旅游活动或某一具体旅游项目开展前,将能预料到、可能会发生的危害旅游者人身、财产安全情形的注意事项,用积极的、直接的、明确的方式告知旅游者。具体包括口头明示、书面明示、警示牌标示等方式。口头明示是旅游经营者通过言语表达方式告知旅游者,诸如旅游经营者与旅游者当面交谈、电话联系等传达说明或警示事项;书面明示是旅游经营者通过书面文字符号表达说明或者警示事项于旅游者,诸如在旅游合同、旅游行程表中列出等。此外,通过视听资料、警示标志牌等方式也可进行明确、有效的说明或警示。

根据旅游服务的特点,旅游经营者应当说明或者警示的内容包括:

(1)正确使用相关设施、设备的方法;

(2)必要的安全防范和应急措施;

(3)未向旅游者开放的经营、服务场所和设施、设备;

(4)不适宜参加相关活动的群体;

(5)可能危及旅游者人身、财产安全的其他情形。

3.旅游经营者安全救助、处置和报告义务

(1)旅游经营者的安全救助和处置义务。发生突发事件或旅游安全事故后,旅游经营者应在知道或应该知道该事件后的第一时间采取必要的救助和处置措施。救助和处置措施主要包括:营救受害旅游者,疏散、撤离、安置受到威胁的旅游者,控制危险源,标明危险区域,封锁危险场所,并采取其他防止危害扩大的必要措施等。

(2)旅游经营者的安全报告义务。突发事件或旅游安全事故发生后,旅游经营者及其事故现场的有关人员,包括有关管理人员以及从业人员等,应当立即向有关人民政府、相关部门和本单位负责人报告,不得拖延,以便及时组织抢救。

(3)旅游经营者对旅游者的妥善安排义务。对旅游者进行妥善安排的义务也是必要救助和处置义务的一部分。由于旅游经营者对当地环境更熟悉,比旅游者有更强的救助能力和可利用的资源、条件,故旅游者在脱离事发现场后,旅游经营者有义务在能力范围内对旅游者做出妥善安排,转移至临时避难所,解决食宿等问题,协助旅游者返回出发地及旅游者指定的合理地点等,避免旅游者再次遭受伤害。

（二）旅游者的安全保障权利和付费义务

旅游者在人身、财产安全遇到危险时,有权请求旅游经营者、当地政府和相关机构及时进行救助。中国出境旅游者在境外陷于困境时,有权请求我国驻当地机构在其职责范围内给予协助和保护。旅游者接受相关组织或者机构的救助后,应当支付应由个人承担的费用。

（三）旅游经营者的法律责任

旅游经营者违反有关安全生产管理和消防安全管理的法律、法规或者国家标准、行业标准的,由有关主管部门依照有关法律、法规的规定处罚。

同时,我国《旅行社条例》规定,发生危及旅游者人身安全的情形时,旅行社及其委派的导游人员、领队人员未采取必要的处置措施并及时报告的,由旅游行政管理部门责令改正,对旅行社处 2 万元以上 10 万元以下的罚款;对导游人员、领队人员处 4000 元以上 2 万元以下的罚款;情节严重的,责令旅行社停业整顿 1 个月至 3 个月,或者吊销旅行社业务经营许可证、导游证、领队证。

第二节　旅游安全事故的处理

一、旅游安全事故的概念及其分类

旅游安全事故,是指在旅游活动的过程中,涉及旅游者人身、财产安全的意外损失或灾祸等事故。

《旅游安全管理暂行办法实施细则》将旅游安全事故分为轻微、一般、重大和特大事故四个等级。轻微事故，是指一次事故造成旅游者轻伤或经济损失在 1 万元以下者。一般事故，是指一次事故造成旅游者重伤或经济损失在 1 万～10 万元（含 1 万元）者。重大事故，是指一次事故造成旅游者死亡或旅游者重伤致残，或经济损失在 10 万～100 万元（含 10 万元）者，包括造成海外旅游者人身重伤、死亡的事故；涉外旅游住宿、交通、游览、餐饮、娱乐、购物场所的重大火灾及其他恶性事故。特大事故，是指一次事故造成旅游者死亡多名，或经济损失在 100 万元以上，或性质特别严重，产生重大影响的。

二、旅游安全事故的处理程序

（一）一般旅游安全事故的处理

根据《旅游安全管理暂行办法》规定，事故发生单位在事故发生后，应当按下列程序处理：

1. 陪同人员应当立即上报主管部门，主管部门应当及时报告归口管理部门。一般来说，陪同人员即导游人员，在旅游活动过程中，如果发生了旅游安全事故，一定要立即报告其所属旅行社或旅游公司和当地旅游行政管理部门。当地旅游行政管理部门在接到一般、重大、特大旅游事故报告后，应尽快向当地人民政府报告。对重大、特大旅游安全事故，要同时报告国家旅游局。

2. 协助有关部门进行抢救、侦察。也就是说，当旅游安全事故发生以后，地方旅游行政管理部门和有关旅游经营单位及人员要积极配合公安、交通、救护等有关方面，组织对旅游者进行紧急救护，并采取有效措施，妥善处理善后事宜。

3. 会同事故发生地的有关单位严格保护现场。这是因为现场直接关系到能否准确认定事故的性质，寻找破案线索的问题，也关系到安全事故的妥善处理问题。所以，一旦发生旅游安全事故，现场人员一定要配合公安和其他有关部门,严格保护好事故发生地现场,为事故妥善处理奠定基础。

4.有关单位负责人应及时赶赴现场处理,这是对有关单位负责人的要求。当安全事故发生后,有关旅游经营单位和当地旅游行政管理部门的负责人应当及时赶赴现场,以便于现场组织指挥,采取适当的处理措施,有利于安全事故的及时妥善处理。

（二）特别重大旅游安全事故的处理

根据1989年3月29日国务院发布的《特别重大事故调查程序暂行规定》的规定,"特别重大事故"是指造成特别重大人身伤亡或者巨大经济损失以及性质特别严重、产生重大影响的事故。对于特别重大事故的处理,应当按照上述《规定》进行,具体是:

1.要做好特大事故的现场保护和报告工作。

2.要做好特大事故的调查工作。

根据《规定》,特大事故发生后,按照事故发生单位的隶属关系,由省、自治区、直辖市人民政府或者国务院归口管理部门组织成立特大事故调查组,负责特大事故的调查工作。此外,对于某些特大事故,国务院认为应当由国务院调查,则可以决定由国务院或者国务院授权的部门组织成立特大事故调查组。

3.要做好外国旅游者重大伤亡事故的处理。

对于涉及外国旅游者重大伤亡的事故,应当特别注意下列事项:

（1）立即通过外事管理部门通知有关国家驻华使、领馆和组团单位。

（2）为前来了解、处理事故的外国使、领馆人员和组团单位及伤亡者家属提供方便。

（3）与有关部门协调,为国际急救组织前来参与对在国外投保的旅游者（团）的伤亡处理提供方便。

（4）对在华死亡的外国旅游者严格按照外交部《外国人在华

死亡后的处理程序》进行处理。

（三）《外国人在华死亡后的处理程序》的主要内容

1. 区分正常死亡和非正常死亡，因年迈或其他疾病而自然死亡的，为正常死亡；因意外突发事故死亡的，为非正常死亡。

2. 通知外国使、领馆及死者家属。根据《维也纳领事关系公约》或双边领事条约的规定以及国际惯例，外国人在华死亡后应尽快通知死者家属及其所属国家驻华使、领馆。

3. 尸体解剖。正常死亡者或死因明确的非正常死亡者，一般不需作尸体解剖。若死者家属或其所属国家驻华使、领馆要求解剖，我方可同意，但必须有死者家属或使、领馆有关官员签字的书面请求。非正常死亡者，为查明死因，需要进行解剖时由公安、司法机关按其有关规定办理。

4. 出具证明。正常死亡，由县级及县级以上医院出具"死亡鉴定书"。

5. 对尸体的处理。对在华死亡的外国人尸体的处理，可在当地火化，亦可将尸体运回其国内。但究竟如何处理，要尊重死者家属或所属国家使、领馆的意愿。

6. 骨灰和尸体运输出境。尸体、棺枢出境须具备以下证明：由医院或法医出具的死亡证明或死亡鉴定书，在特殊情况下，亦可由有关涉外公证处出具死亡公证书代替上述证明书。由医院出具的防腐证明书。由防疫部门检疫后出具的棺枢出境许可证明书。

7. 死者遗物的清点和处理。

8. 写出《死亡善后处理情况报告》。

三、旅游救援制度

旅游救援起源于 20 世纪 50 年代末期的欧洲，目前服务范围已扩大到全球，其服务内容也由当初的为游客提供拖车服务等简单项目，扩大到现在的提供医疗援助、旅游及个人行政援助、咨询等广泛、全面的援助服务。由于旅游救援的业务范围广泛,加上在全球范围内的全面服务,在国外旅游救援服务相当普及,除了短期出游的旅客,还有大量的出差、外派等用户使用这一服务。20世纪80年代中期,旅游救援传到中国,当时仅是为海外来宾提供相应的服务。1991年2月,国旅总社成立"中国国旅旅行救援中心",并陆续与法国的安盛援助公司、美国的援助卡国际有限公司、丹麦的SOS援助公司、香港的远东国际援助公司以及日本的JGA全球援助股份有限公司保持着长期联系。

中国国旅旅行救援中心是目前国内唯一从事旅游救援的专业机构,在境内外已初步建成一个救援网络。救援中心和境内外多家保险公司及境外多家救援公司有救援代理业务,同时接受各单位、驻华使(领)馆及个人临时委托的救援工作。

中国国旅旅行救援中心的业务范围主要包括:

(一)医疗救援

包括医疗咨询及介绍医院和医生,紧急护送病人就医或安排医生出诊,协助病人住院和转院并代垫医疗费和住院费,包租医疗专机转运病人,帮助随病人旅行的未成年子女回国以及病人康复后回国,遗体火化或转运。

(二)旅游及个人行政援助

包括安排旅游服务,协助查找丢失的行李、物品、旅行证件,现金借款,紧急信息传递,代聘译员,介绍律师并代垫诉讼费和保释金,代办签证,代客送礼仪鲜花。

(三)咨询服务

包括保单、信用卡情况查询,救援卡服务范围查询,旅游食、住、行、游、购、娱信息咨询,医疗设施信息咨询。

(四)旅游保险兼业代理

包括代理销售中国公民出境游、境内游以及境外人员入境游的旅游人身意外伤害险及旅游救援险。

第三节　旅游突发事件应急处理

一、旅游突发事件的概念及范围界定

根据国家旅游局于 2005 年 8 月 9 日发布的《旅游突发公共事件应急预案》，旅游突发公共事件是指旅游者因自然灾害、事故灾难、突发公共卫生事件和突发社会安全事件而发生的重大游客伤亡事件。

突发公共事件的范围包括：

（1）自然灾害、事故灾难导致的重大游客伤亡事件，包括水旱等气象灾害；山体滑坡和泥石流等地质灾害；民航、铁路、公路、水运等重大交通运输事故；其他各类重大安全事故等。

（2）突发公共卫生事件造成的重大游客伤亡事件，包括：突发性重大传染性疾病疫情、群体性不明原因疾病、重大食物中毒，以及其他严重影响公众健康的事件等。

（3）突发社会安全事件特指发生重大涉外旅游突发事件和大型旅游节庆活动事故。包括：发生港澳台和外国游客死亡事件，在大型旅游节庆活动中由于人群过度拥挤、火灾、建筑物倒塌等造成人员伤亡的突发事件。

二、旅游突发事件的处理原则

为了迅速、有效地处置旅游者在旅游过程中所遇到的各种突发公共事件，尽可能地为旅游者提供救援和帮助，保护旅游者的生命安全，维护中国旅游形象，在处理旅游突发事件时，应遵循以下原则：

（一）以人为本，救援第一

在处理旅游突发公共事件中以保障旅游者生命安全为根本目的，尽一切可能为旅游者提供救援、救助。

（二）属地救护，就近处置

在当地政府领导下，由当地旅游行政管理部门负责相关应急救援工作，运用一切力量，力争在最短时间内将危害和损失降到最低限度。

（三）及时报告，信息畅通

各级旅游行政管理部门在接到有关事件的救援报告时，要在第一时间内，立即向上级部门及相关单位报告，或边救援边报告，并及时处理和做好有关的善后工作。

三、旅游突发事件处理的组织领导及预警发布

（一）组织领导机构

旅游突发事件处理的组织领导机构由国家旅游行政部门和地方旅游行政部门主要领导成员组成，具体是：

1. 国家旅游局设立旅游突发事件应急协调领导小组，组长为国家旅游局局长，副组长为国家旅游局副局长、党组成员，小组成员为国家旅游局机关各司司长。领导小组办公室设在国家旅游局综合司。

2. 市级以上旅游行政管理部门设立旅游突发事件应急领导小组，由主要负责人担任组长。领导小组下设办公室，具体负责本地区旅游突发事件的应急指挥和相关的协调处理工作。

（二）工作职责

1. 国家旅游局旅游突发事件应急协调领导小组，负责协调指导涉及全国性、跨省区发生的重大旅游突发事件的相关处置工作，涉及国务院有关部委参加的重大旅游突发事件的处置、调查工作；有权决定本预案的启动和终止；对各类信息进行汇总分析，并上报

国务院。领导小组办公室主要负责有关突发事件应急信息的收集、核实、传递、通报,执行和实施领导小组的决策,承办日常工作。

2.各级领导小组及其办公室负责监督所属地区旅游经营单位落实有关旅游突发事件的预防措施;及时收集整理本地区有关危及旅游者安全的信息,适时向旅游企业和旅游者发出旅游警告或警示;本地区发生突发事件时,在本级政府领导下,积极协助相关部门为旅游者提供各种救援;及时向上级部门和有关单位报告有关救援信息;处理其他相关事项。

(三)预警发布

为尽最大可能维护旅游者权益,必须建立健全旅游行业警告、警示通报机制。各级旅游行政管理部门应根据有关部门提供的重大突发事件的预告信息,以及本地区有关涉及旅游安全的实际情况,适时通过媒体发布本地区相关旅游警告、警示,并及时将情况逐级上报。

国家旅游局根据有关部门提供的情况和地方旅游行政管理部门提供的资料,经报国务院批准,适时向全国发出相关的旅游警告或者禁止令。

四、旅游突发事件救援机制

(一)旅游突发公共事件等级及响应

1.旅游突发公共事件按旅游者伤亡程度分为重大(Ⅰ级)、较大(Ⅱ级)、一般(Ⅲ级)三级,具体是:

(1)重大(Ⅰ级)突发事件。指一次突发事件造成旅游者10人以上重伤或5人以上死亡的,或一次造成50人以上严重食物中毒或造成5人以上中毒死亡的。

(2)较大(Ⅱ级)突发事件。指一次突发事件造成旅游者5~9人重伤或1~4人死亡的,或一次造成20~49人严重食物中毒且有1~4人死亡的。

（3）一般（Ⅲ级）突发事件。指一次突发事件造成旅游者1～4人重伤，或一次造成1～19人严重食物中毒的。

2. 旅游突发事件的分级响应

（1）当发生重大（Ⅰ级）突发事件时，国家旅游局启动应急预案，做好协调、信息掌握等相关工作；事发所在地省级旅游行政管理部门启动相应应急预案，在省级人民政府领导下，进行具体响应，参与和协调相关单位及时采取应急处置措施。

（2）发生较大（Ⅱ级）以下突发事件时，由省级旅游行政管理部门决定启动相应的旅游应急预案，在省级人民政府（或相应的地方政府）领导下，参与和协调相关部门和单位及时采取应急处置措施。

（二）旅游突发事件的应急救援处置程序

1. 突发自然灾害和事故灾难事件的应急救援处置程序

（1）当自然灾害和事故灾难影响到旅游团队的人身安全时，随团导游人员在与当地有关部门取得联系争取救援的同时，应立即向当地旅游行政管理部门报告情况。

（2）当地旅游行政管理部门在接到旅游团队、旅游景区（点）等发生突发自然灾害和事故灾难报告后，应积极协助有关部门为旅游团队提供紧急救援，并立即将情况报告上一级旅游行政管理部门。同时，及时向组团旅行社所在地旅游行政管理部门通报情况，配合处理有关事宜。

（3）国家旅游局在接到相关报告后，要主动了解、核实有关信息，及时上报国务院；协调相关地区和部门做好应急救援工作。

2. 突发公共卫生事件的应急救援处置程序

（1）突发重大传染病疫情应急救援处置程序

①旅游团队在行程中发现疑似重大传染病疫情时，随团导游人员应立即向当地卫生防疫部门报告，服从卫生防疫部门做出的安排。同时向当地旅游行政管理部门报告，并提供团队的详细

情况。

②旅游团队所在地旅游行政管理部门接到疫情报告后,要积极主动配合当地卫生防疫部门做好旅游团队住宿的旅游饭店的消毒防疫工作,以及游客的安抚、宣传工作。卫生防疫部门做出就地隔离观察的决定后,旅游团队所在地旅游行政管理部门要积极安排好旅游者的食宿等后勤保障工作;同时向上一级旅游行政管理部门报告情况,并及时将有关情况通报组团社所在地旅游行政管理部门。

③经卫生防疫部门正式确诊为传染病病例后,旅游团队所在地旅游行政管理部门要积极配合卫生防疫部门做好消毒防疫工作,并监督相关旅游经营单位按照国家有关规定采取消毒防疫措施;同时向团队需经过地区旅游行政管理部门通报有关情况,以便及时采取相应防疫措施。

④发生疫情所在地旅游行政管理部门接到疫情确诊报告后,要立即向上一级旅游行政管理部门报告。省级旅游行政管理部门接到报告后,应按照团队的行程路线,在本省范围内督促该团队所经过地区的旅游行政管理部门做好相关的消毒防疫工作。同时,应及时上报国家旅游局。国家旅游局在接到相关报告后,要主动了解、核实有关信息,及时上报国务院,并协调相关地区和部门做好应急救援工作。

(2)重大食物中毒事件应急救援处置程序

①旅游团队在行程中发生重大食物中毒事件时,随团导游人员应立即与卫生医疗部门取得联系争取救助,同时向所在地旅游行政管理部门报告。

②事发地旅游行政管理部门接到报告后,应立即协助卫生、检验检疫等部门认真检查团队用餐场所,找出毒源,采取相应措施。

③事发地旅游行政管理部门在向上级旅游行政管理部门报告的同时,应向组团旅行社所在地旅游行政管理部门通报有关情况,

并积极协助处理有关事宜。国家旅游局在接到相关报告后,要主动了解、核实有关信息,及时协调相关地区和部门做好应急救援工作。

3.突发社会安全事件的应急救援处置程序

(1)当发生港、澳、台和外国旅游者伤亡事件时,除积极采取救援外,还要注意核查伤亡人员的团队名称、国籍、性别、护照号码以及在国内外的保险情况,由省级旅游行政管理部门或通过有关渠道,及时通知港、澳、台地区的急救组织或有关国家的急救组织,请求配合处理有关救援事项。

(2)在大型旅游节庆活动中发生突发事件时,由活动主办部门按照活动应急预案,统一指挥协调有关部门维持现场秩序,疏导人群,提供救援,当地旅游行政管理部门要积极配合,做好工作,并按规定及时上报事件有关情况。

4.国(境)外发生突发事件的应急救援处置程序

在组织中国公民出国(境)旅游中发生突发事件时,旅行社领队要及时向所属旅行社报告,同时报告我国驻所在国或地区使(领)馆或有关机构,并通过所在国家或地区的接待社或旅游机构等相关组织进行救援,要接受我国驻所在国或地区使(领)馆或有关机构的领导和帮助,力争将损失降到最低限度。

第四节　旅游保险法律制度

一、旅游保险制度概述

(一)保险的概念与作用

1.保险的概念

根据我国《保险法》的规定,"保险,是指投保人根据合同约定,向保险人支付保险费,保险人对于合同约定的可能发生的事故因其发生所造成的财产损失承担赔偿保险金责任,或者当被保险人死亡、伤残、患病或者达到合同约定的年龄、期限等条件时承担给付保险金责任的商业保险行为"。

2. 保险的作用

保险的作用是将少数人的不幸的意外损失分散于社会大众,使之消化于无形,从而实现社会安定。保险,是多数人的互助协作行为,其实现必须靠多数人的互助共济,且只限于具备一定条件的人才能利用;保险对意外事故造成的经济损失采取的是补救对策,无须建立个别的均等关系;保险是针对意外事故所导致的损失,可以应付个别单位或个人难以预测的意外事故,用较少的支出取得经济上较大的保险收益;在保险关系中保险人和投保人是合同当事人,相互间负有义务。

(二)旅游保险的概念及其特点

1. 旅游保险的概念

旅游保险是保险的一项业务,是保险业在人们的旅游活动中的具体体现,是指投保人根据合同的约定,向保险人支付保险费,保险人对于合同约定的在旅游活动中可能发生的事故所造成的财产损失和旅游者的人身伤亡承担赔偿保险金责任的商业保险行为。

2. 旅游保险的特点

(1)保证性。是指保险人对被保险人在旅游全过程中的安全负责,即对被保险人在旅游全过程中的人身和财产安全负责。保险人向旅游者保证在其遭受自然灾害或意外事故时,给予经济赔偿。

(2)补偿性。是指被保险人所得到的补偿费,具有补救的性质。它包含两层含义:第一,被保险人财产和人身在旅游中完好无损,他不能得到赔偿;若其财产或人身虽有损伤,但不是自然灾害或意外事故造成的,仍不能获得赔偿。第二,这种赔偿是以保险金额来确定的,其最高赔偿额只能以保险金额为限度,超过部分保险人不承担赔偿责任。

(3)短期性。是指与其他保险相比,旅游保险的有效性是比较短的。其中有的以旅行的旅程计算,如乘坐交通工具旅行的,一般从检票上车(船、飞机)开始计算,到达目的地下车(船、飞机)为止;有的以游览景点或游览次数计算,如游览泰山、黄山、华山,就是从检票上山开始计算,到游完下山为止;有的以旅行社接待计算等。总体来看,旅游保险的有效期都比较短。

二、旅游保险合同

(一)保险合同的概念与构成要素

1. 保险合同的概念

保险是基于保险合同而产生的,或者说,保险合同是保险关系得以产生的依据。根据我国《保险法》的规定,保险合同是指投保人与保险人约定保险权利义务关系的协议。

2. 保险合同的构成要素

保险合同必须具备保险合同主体、客体和保险合同内容三个要素。

(1)保险合同的主体。是指保险合同的参加者或当事人。保险合同的主体一般包括保险合同的当事人和保险合同的关系人,具体来说是指保险人、投保人、被保险人和受益人。第一,保险人,是指与投保人订立保险合同,并承担赔偿或者给付保险金责任的保险公司,又称承保人。它是依法成立的,在保险合同成立时有权收取保险费,并在保险事故发生后承担赔偿责任。第二,投保人,又称要保人,是指对保险标的具有保险利益,向保险人申请订立保险合同,并负有交付保险费义务的人。投保人可以是自然人,也可以是法人。投保人对保险标的应当具有保险利益,所谓保险利益是指投保人对保险标的具有法律上承认的利益。如果投保人对保险标的不具有保险利益,保险合同无效。第三,被保险人,是指其财产或者人身受保险合同保障,在保险事故发生时,遭受损害、享有赔偿请求权的人。投保人与被保险人既可以是同一个人,也可以是不同的人。如果是同一个人,仅限于为自己的利益而订立保险合同。第四,受益人,又称保险金受领人,是指由投保人或者被保险人在保险合同中指定的,于保险事故发生时,享有赔偿请求权的人。如果投保人或被保险人在保险合同中没有指定受益人,则由被保险人的法定继承人为受益人。

(2)保险合同的客体。又称保险标的,是指保险合同双方当事人权利和义务指向的对象。保险标的是保险合同的核心,也是确定保险条件、保险金额、计算保险费率和赔偿标准的依据。我国《保险法》规定:"保险标的是指作为保险对象的财产及其有关利益或者人的寿命和身体。"可见,保险标的有两类:一是财产及其有关利益,它包括动产和不动产,有形物和无形物,以此为客体构成财产保险;二是人的寿命和身体,具体指已经出生且具有生命的自然人,以此为客体构成人寿保险。

(3)保险合同的内容。即保险合同双方当事人的权利和义务。由于保险合同一般都是依照约定预先拟定的保险条款订立的,因此在保险合同成立后,双方当事人的权利和义务就主要体现在这些条款上。

根据《保险法》的规定,保险合同应当包括下列事项:

①保险人的名称和住所;

②投保人、被保险人的姓名或者名称、住所,以及人身保险的受益人的姓名或者名称、住所;

③保险标的;

④保险责任和责任免除;

⑤保险期间和保险责任开始时间;

⑥保险金额;

⑦保险费以及支付办法；

⑧保险金赔偿或者给付办法；

⑨违约责任和争议处理；

⑩订立合同的年、月、日。

投保人和保险人可以约定与保险有关的其他事项。

（二）旅游保险合同的概念

旅游保险合同是保险合同的一种，是各类旅游保险合同的总称。它是指旅游保险关系双方当事人之间签订的一方缴纳保险费，另一方在保险标的遭受法律规定或当事人约定的保险事故时，承担经济补偿责任或者履行给付义务的一种协议。

旅游保险合同同样必须具备保险合同的三个要素，即旅游保险合同的主体（投保人、被保险人、保险人和受益人）、旅游保险合同的客体和旅游保险合同的内容。

（三）旅游保险合同的形式

在我国，旅游保险合同采取书面形式，最常见的有三种：

1. 保险协议形式

即双方必须共同签订旅游保险协议，并在保险协议上签名盖章，保险协议才能生效。

2. 保险单形式

即由投保人提交旅游保险申请书，由保险人即保险公司签发保险单，形成旅游保险合同。

3. 保险凭证

是一种简化的保险单。目前主要应用于旅游交通运输保险和其他旅行游览保险，如有些旅游风景区出售门票，就兼做旅游保险凭证。

三、旅行社责任保险

（一）旅行社责任保险的概念及投保范围

《旅游法》第五十六条规定：国家根据旅游活动的风险程度，

对旅行社、住宿、旅游交通以及经营高空、高速、水上、潜水、探险等高风险旅游项目等经营者实施责任保险制度。

《旅游法》第六十一条要求："旅行社应当提示参加团队旅游的旅游者按照规定投保人身意外伤害保险。"

人身意外伤害保险一般是自愿险种，由当事人自愿选择投保，而责任保险多为国家强制性险种，在我国旅行社责任保险就属于强制性保险，旅行社必须投保。

1. 旅行社责任保险的概念

2010 年 7 月 29 日国家旅游局第 9 次局长办公会议、2010 年 11 月 8 日中国保险监督管理委员会主席办公会审议通过了《旅行社责任保险管理办法》，该《办法》自 2011 年 2 月 1 日起施行。

旅行社责任保险，是指以旅行社因其组织的旅游活动对旅游者和受其委派并为旅游者提供服务的导游或者领队人员依法应当承担的赔偿责任为保险标的的保险。

2. 旅行社责任保险的投保范围

在中华人民共和国境内依法设立的旅行社，应当依照《旅游法》、《旅行社条例》和《旅行社责任保险管理办法》的规定，投保旅行社责任保险。

旅行社责任保险的保险责任，应当包括旅行社在组织旅游活动中依法对旅游者的人身伤亡、财产损失承担的赔偿责任和依法对受旅行社委派并为旅游者提供服务的导游或者领队人员的人身伤亡承担的赔偿责任。

具体包括下列情形：

（1）因旅行社疏忽或过失应当承担赔偿责任的；

（2）因发生意外事故旅行社应当承担赔偿责任的；

（3）国家旅游局会同中国保险监督管理委员会（以下简称"中国保监会"）规定的其他情形。

（二）旅行社投保的保险期限和保险金额

1. 旅行社投保旅行社责任保险的,应当与保险公司依法订立书面旅行社责任保险合同。旅行社与保险公司订立保险合同时,双方应当依照《中华人民共和国保险法》的有关规定履行告知和说明义务。订立保险合同时,保险公司不得强制旅行社投保其他商业保险。

2. 保险合同成立后,旅行社按照约定交付保险费。保险公司应当及时向旅行社签发保险单或者其他保险凭证,并在保险单或者其他保险凭证中载明当事人双方约定的合同内容,同时按照约定的时间开始承担保险责任。保险合同成立后,除符合《中华人民共和国保险法》规定的情形外,保险公司不得解除保险合同。

保险合同成立后,旅行社要解除保险合同的,应当同时订立新的保险合同,并书面通知所在地县级以上旅游行政管理部门,但因旅行社业务经营许可证被依法吊销或注销而解除合同的除外。保险合同解除的,保险公司应当收回保险单,并书面通知旅行社所在地县级以上旅游行政管理部门。旅行社的名称、法定代表人或者业务经营范围等重要事项变更时,应当及时通知保险公司。必要时应当依法办理保险合同变更手续。

3. 旅行社责任保险的保险期为1年。旅行社应当在保险合同期满前及时续保。旅行社投保旅行社责任保险,可以依法自主投保,也可以有组织统一投保。

4. 旅行社在组织旅游活动中发生保险事故,保险公司依法根据保险合同约定,在旅行社责任保险责任限额内予以赔偿。

责任限额可以根据旅行社业务经营范围、经营规模、风险管控能力、当地经济社会发展水平和旅行社自身需要,由旅行社与保险公司协商确定,但每人人身伤亡责任限额不得低于20万元人民币。

（三）旅行社责任保险的索赔

1. 旅行社组织的旅游活动中发生保险事故，旅行社或者受害的旅游者、导游、领队人员通知保险公司的，保险公司应当及时告知具体的赔偿程序等有关事项。

2. 保险事故发生后，旅行社按照保险合同请求保险公司赔偿保险金时，应当向保险公司提供其所能提供的与确认保险事故的性质、原因、损失程度等有关的证明和资料。

保险公司按照保险合同的约定，认为有关的证明和资料不完整的，应当及时一次性通知旅行社补充提供。

旅行社对旅游者、导游或者领队人员应负的赔偿责任确定的，根据旅行社的请求，保险公司应当直接向受害的旅游者、导游或者领队人员赔偿保险金。旅行社怠于请求的，受害的旅游者、导游或者领队人员有权就其应获赔偿部分直接向保险公司请求赔偿保险金。

3. 保险公司收到赔偿保险金的请求和相关证明、资料后，应当及时做出核定；情形复杂的，应当在 30 日内做出核定，但合同另有约定的除外。保险公司应当将核定结果通知旅行社以及受害的旅游者、导游、领队人员；对属于保险责任的，在与旅行社达成赔偿保险金的协议后 10 日内，履行赔偿保险金义务。

4. 因抢救受伤人员需要保险公司先行赔偿保险金用于支付抢救费用的，保险公司在接到旅行社或者受害的旅游者、导游、领队人员通知后，经核对属于保险责任的，可以在责任限额内先向医疗机构支付必要的费用。

因第三者损害而造成保险事故的，保险公司自直接赔偿保险金或者先行支付抢救费用之日起，在赔偿、支付金额范围内代位行使对第三者请求赔偿的权利。旅行社以及受害的旅游者、导游或者领队人员应当向保险公司提供必要的文件和所知道的有关情况。

5. 旅行社与保险公司对赔偿有争议的，可以按照双方的约定申请仲裁,或者依法向人民法院提起诉讼。保险公司的工作人员对当事人的个人隐私应当保密。

（四）法律责任

《旅游法》第九十七条规定,旅行社未按照规定投保旅行社责任保险的,由旅游主管部门或者有关部门责令改正,没收违法所得,并处5000元以上5万元以下罚款;违法所得5万元以上的,并处违法所得1倍以上5倍以下罚款;情节严重的,责令停业整顿或者吊销旅行社业务经营许可证;对直接负责的主管人员和其他直接责任人员,处2000元以上2万元以下罚款。

思考题:

1. 旅游安全管理的方针是什么?《旅游法》规定的旅游安全管理体制包括哪些内容?

2. 旅游经营者的安全职责有哪些?

3. 旅游安全事故的划分和处理有哪些规定?

4. 旅游突发公共事件的范围、处理原则与救援机制是怎么规定的?

5. 什么是旅游保险? 旅游保险合同的构成要素是什么?

6. 旅行社责任保险制度有哪些内容? 法律责任是怎样规定的?

第十章　旅游出入境管理

本章导读

通过本章学习：

——了解中国公民出境旅游管理制度，外国人在中国停留与居留的有关规定，边境旅游的相关法规要求。

——识记外国人入境出境有效证件，海关通关的有关规定，申请开办边境旅游业务的必备条件。

——理解并掌握中国公民出入境的有效证件，特别是《护照法》的相关规定；外国人入境出境的规定及限制；大陆游客赴台湾旅游管理制度。

——应用出入境管理的相关法律法规知识，指导旅游者安全出行。

第一节　中国公民出入境旅游管理

一、中国公民出境入境管理的规定

《中华人民共和国出境入境管理法》由中华人民共和国第十一届全国人民代表大会常务委员会第二十七次会议于 2012 年 6 月 30 日通过，自 2013 年 7 月 1 日起施行。《中华人民共和国公民出境入境管理法》和《中华人民共和国外国人入境出境管理法》同时废止。

根据《中华人民共和国出境入境管理法》的规定，出境是指由中国内地前往其他国家或者地区,由中国内地前往香港特别行政区、澳门特别行政区,由中国大陆前往台湾地区。入境是指由其他国家或者地区进入中国内地,由香港特别行政区、澳门特别行政区进入中国内地,由台湾地区进入中国大陆。

（一）中国公民出入境的有效证件

1. 护照

护照是一国政府依法颁发给本国公民出入本国国境和在国外旅行、居留使用的合法身份证件和国籍证明。凡出国人员必须持有有效护照,备有关当局查验。我国护照分为外交护照、公务护照和普通护照三种。

2. 签证

签证是一个国家的主权机关在本国或外国公民所持的护照或其他旅行证件上的签注、盖印,以表示允许其出入本国国境或者经过国境的手续,也可以说是颁发给他们的一项签注式的证明。我国现行的签证有外交签证、礼遇签证、公务签证和普通签证。

3. 旅行证

中华人民共和国旅行证(简称"旅行证")是护照的替代证件,只颁发给具有中国国籍的人。短期出国的公民在国外遗失护照或者护照被盗,以及发生损毁不能使用等情形时,该公民可以向我国驻外使馆、领馆或者外交部委托的其他驻外机构申请旅行证,作为护照的替代证件回国。

4. 出入境通行证

中华人民共和国出入境通行证是出入中国国(边)境的通行证件,由公安部确定的公安机关出入境管理机构签发。当公民从事边境贸易、边境旅游服务以及参加边境旅游时,可向公安部委托的县级以上地方人民政府公安机关出入境管理机构申请出入境通行证。

中国公民往来内地与香港特别行政区、澳门特别行政区,中国公民往来大陆与台湾地区,应当依法申请办理通行证件。

(二)出入境证件的办理

1.护照的办理

外交护照由外交部签发;公务护照由外交部、中华人民共和国驻外使馆、领馆或者外交部委托的其他驻外机构以及外交部委托的省、自治区、直辖市和设区的市人民政府外事部门签发;普通护照由公安部出入境管理机构或者公安部委托的县级以上地方人民政府公安机关出入境管理机构以及中华人民共和国驻外使馆、领馆和外交部委托的其他驻外机构签发。

公民因前往外国定居、探亲、学习、就业、旅行、从事商务活动等非公务原因出国的,由本人向户籍所在地的县级以上地方人民政府公安机关出入境管理机构申请普通护照。公民申请普通护照,应当提交本人的居民身份证、户口簿、近期免冠照片以及申请事由的相关材料。

公安机关出入境管理机构应当自收到申请材料之日起15日内签发普通护照;对不符合规定不予签发的,应当书面说明理由,并告知申请人享有依法申请行政复议或者提起行政诉讼的权利。在偏远地区或者交通不便的地区或者因特殊情况,不能按期签发护照的,经护照签发机关负责人批准,签发时间可以延长至30日。

申请人具有下列情形之一的,公安机关出入境管理机构不予签发普通护照:

(1)不具有中华人民共和国国籍的;

(2)无法证明身份的;

(3)在申请过程中弄虚作假的;

(4)被判处刑罚正在服刑的;

(5)人民法院通知有未了结的民事案件不能出境的;

(6)属于刑事案件被告人或者犯罪嫌疑人的;

(7)国务院有关主管部门认为出境后将对国家安全造成危害

或者对国家利益造成重大损失的。

公民因妨害国(边)境管理受到刑事处罚或者因非法出境、非法居留、非法就业被遣返回国的,公安机关出入境管理机构自其刑罚执行完毕或者被遣返回国之日起 6 个月至 3 年以内不予签发普通护照。

2. 签证的办理

中国公民持本人有效护照或其他有效身份证件,即可出入中国国境,无须办理签证;但是中国公民前往一个国家或中途经过或停留时,应该办理签证。

(三)出入境证件的管理

根据我国法律法规的规定,护照和旅行证由持证人保存、使用。

普通护照的有效期为:护照持有人未满 16 周岁的 5 年,16 周岁以上的 10 年。

中华人民共和国旅行证分为 1 年(入、出中国国境一次有效)和 2 年(入、出中国国境多次有效)两种,由中国驻外的外交代表机关、领事机关或外交部授权的其他驻外机关颁发。

中华人民共和国出入境通行证有效期分为 1 年内多次出入境有效、3 个月内一次出入境有效、3 个月内一次出境有效或者一次入境有效。

(四)我国公民出入中国国境的限制

中国公民有下列情形之一的,不准出境:

1. 未持有效出境入境证件或者拒绝、逃避接受边防检查的;

2. 被判处刑罚尚未执行完毕或者属于刑事案件被告人、犯罪嫌疑人的;

3. 有未了结的民事案件,人民法院决定不准出境的;

4. 因妨害国(边)境管理受到刑事处罚或者因非法出境、非法居留、非法就业被其他国家或者地区遣返,未满不准出境规定年限的；

5.可能危害国家安全和利益，国务院有关主管部门决定不准出境的；

6.法律、行政法规规定不准出境的其他情形。

二、中国公民出境旅游管理制度

我国规范公民出境旅游活动的法规《中国公民出国旅游管理办法》，自 2002 年 7 月 1 日起施行，目前正在根据《旅游法》进行修订。

（一）出境旅游业务经营权的审批管理制度

申请经营出境旅游业务的旅行社，应当向省、自治区、直辖市旅游行政部门提出申请。省、自治区、直辖市旅游行政部门应当自受理申请之日起 30 个工作日内对申请审查完毕，经审查同意的，报国务院旅游行政部门批准；经审查不同意的，应当书面通知申请人并说明理由。国务院旅游行政部门批准旅行社经营出境旅游业务，应当符合旅游业发展规划及合理布局的要求。未经国务院旅游行政部门批准取得出境旅游业务经营资格的，任何单位和个人不得擅自经营或者以商务、考察、培训等方式变相经营出境旅游业务。

（二）出境旅游目的地审批制度

出境旅游的目的地国家，由国务院旅游行政部门会同国务院有关部门提出，报国务院批准后，由国务院旅游行政部门公布。任何单位和个人不得组织中国公民到国务院旅游行政部门公布的出境旅游的目的地国家以外的国家旅游；组织中国公民到国务院旅游行政部门公布的出境旅游的目的地国家以外的国家进行涉及体育活动、文化活动等临时性专项旅游的，须经国务院旅游行政部门批准。

（三）《中国公民出境旅游团队名单表》管理制度

国务院旅游行政部门统一印制《中国公民出境旅游团队名单表》（以下简称《名单表》），在下达本年度出国旅游人数安排时编号发放给省、自治区、直辖市旅游行政部门，由省、自治区、直辖市旅游行政部门核发给组团社。

组团社应当按照核定的出境旅游人数安排组织出境旅游团队，填写《名单表》。旅游者及领队首次出境或者再次出境，均应当填写在《名单表》中，经审核后的《名单表》不得增添人员。《名单表》一式四联，分为：出境边防检查专用联、入境边防检查专用联、旅游行政部门审验专用联、旅行社自留专用联。组团社应当按照有关规定，在旅游团队出境、入境时及旅游团队入境后，将《名单表》分别交有关部门查验、留存。

（四）旅游团队的出入境管理制度

旅游者持有有效普通护照的，可以直接到组团社办理出境旅游手续；没有有效普通护照的，应当依照《中华人民共和国出境入境管理法》的有关规定办理护照后再办理出境旅游手续。组团社应当为旅游者办理前往国签证等出境手续。

旅游团队应当从国家开放口岸整团出入境。旅游团队出入境时，应当接受边防检查站对护照、签证、《名单表》的查验。经国务院有关部门批准，旅游团队可以到旅游目的地国家按照该国有关规定办理签证或者免签证。旅游团队出境前已确定分团入境的，组团社应当事先向出入境边防检查总站或者省级公安边防部门备案。旅游团队出境后因不可抗力或者其他特殊原因确需分团入境的，领队应当及时通知组团社，组团社应当立即向有关出入境边防检查总站或者省级公安边防部门备案。

（五）出境旅游服务质量的管理制度

1. 履行告知义务

组团社向旅游者提供的出境旅游服务信息必须真实可靠，不得作虚假宣传,报价不得低于成本。组团社应当按照旅游合同约定的条件,为旅游者提供服务。组团社应当保证所提供的服务符合保障旅游者人身、财产安全的要求;对可能危及旅游者人身安全的情况,应当向旅游者做出真实说明和明确警示,并采取有效措施,防止危害的发生。

旅游团队领队应当提醒旅游者相关注意事项。领队应当向旅游者介绍旅游目的地国家的相关法律、风俗习惯以及其他有关注意事项,并尊重旅游者的人格尊严、宗教信仰、风俗习惯和生活习惯。

2. 保护旅游者合法权益

旅游团队领队不得与境外接待社、导游及为旅游者提供商品或者服务的其他经营者串通欺骗、胁迫旅游者消费,不得向境外接待社、导游及其他为旅游者提供商品或者服务的经营者索要回扣、提成或者收受其财物。

3. 依法从事经营活动

组团社应当按照规定选择境外接待社。组团社应当选择在目的地国家依法设立并具有良好信誉的旅行社(以下简称"境外接待社")并与之订立书面合同后,才可以委托其承担接待工作。因境外接待社违约,使旅游者权益受到损害的,组团社应当依法对旅游者承担赔偿责任。

组团社及其旅游团队领队应当要求境外接待社履行约定。要求境外接待社按照约定的团队活动计划安排旅游活动,并要求其不得组织旅游者参与涉及色情、赌博、毒品内容的活动或者危险性活动,不得擅自改变行程、减少旅游项目,不得强迫或者变相强迫旅游者参加额外付费项目。如境外接待社违反以上要求,组团社及其领队应当予以制止。

4. 履行报告义务

组团社和领队都应当及时报告相关事项。旅游团队在境外遇到特殊困难和安全问题时,领队应当及时向组团社和中国驻所在国家使、领馆报告;组团社应当及时向旅游行政管理部门和公安机关报告。

　　旅游者应当遵守旅游目的地国家的法律,尊重当地的风俗习惯,并服从旅游团队领队的统一管理。严禁旅游者在境外滞留不归。旅游者滞留不归的,旅游团队领队应及时向组团社和中国驻所在国使、领馆报告,组团社应当及时向公安机关和旅游行政管理部门报告。旅游者因滞留不归被遣返回国的,由公安机关吊销其护照。

第二节　外国人入境、出境管理

一、外国人入境出境管理的规定

　　为了规范签证的签发和外国人在中国境内停留居留的服务和管理,国务院根据《中华人民共和国出境入境管理法》于2013年7月3日第15次常务会议上制定通过了《中华人民共和国外国人入境出境管理条例》,该条例自2013年9月1日起施行。

　　《中华人民共和国出境入境管理法》明确规定:在中国境内的外国人的合法权益受法律保护。在中国境内的外国人应当遵守中国法律,不得危害中国国家安全、损害社会公共利益、破坏社会公共秩序。

　　根据《中华人民共和国出境入境管理法》的规定,外国人入境、出境的有效证件有:

　　(一)护照

　　护照是主权国家发给本国公民出入境和在国外旅行、居留的证件,以证明其国籍、身份及出国目的。护照一般载有"请各国军政机关对持照人予以通行的便利和必要的协助"字样,由公民所在国的外交或公安机关颁发。凡出入中国边境的外国旅游者应持有效护照,以便中国有关当局查验。

(二)签证

1. 签证类别

根据《中华人民共和国外国人入境出境管理条例》的规定,根据外国人来中国的身份和所持护照的种类,签证分为外交签证、礼遇签证、公务签证和普通签证四种。对因外交、公务事由入境的外国人,签发外交、公务签证;对因身份特殊需要给予礼遇的外国人,签发礼遇签证。外交签证、礼遇签证、公务签证的签发范围和签发办法由外交部规定。

对因工作、学习、探亲、旅游、商务活动、人才引进等非外交、公务事由入境的外国人,签发相应类别的普通签证。普通签证的类别和签发办法由国务院规定。

普通签证分为12种,并在签证上标明相应的汉语拼音字母:定居签证(D)、职业签证(Z)、学习签证(X)、访问签证(F)、旅游签证(L)、过境签证(G)、乘务签证(C)、记者签证(J)、商贸签证(M)、探亲签证(Q)、人才签证(R)、私人事务签证(S)。其中Z字、X字、J字、Q字、S字签证加数字1和2分别表示长期和短期。

(1)C字签证,发给执行乘务、航空、航运任务的国际列车乘务员、国际航空器机组人员、国际航行船舶的船员及船员随行家属和从事国际道路运输的汽车驾驶员。

(2)D字签证,发给入境永久居留的人员。

(3)F字签证,发给入境从事交流、访问、考察等活动的人员。

(4)G字签证,发给经中国过境的人员。

(5)J1字签证,发给外国常驻中国新闻机构的外国常驻记者;J2字签证,发给入境进行短期采访报道的外国记者。

(6)L字签证,发给入境旅游的人员;以团体形式入境旅游的,可以签发团体 L 字签证。

（7）M 字签证，发给入境进行商业贸易活动的人员。

（8）Q1 字签证，发给因家庭团聚申请入境居留的中国公民的家庭成员和具有中国永久居留资格的外国人的家庭成员，以及因寄养等原因申请入境居留的人员；Q2 字签证，发给申请入境短期探亲的居住在中国境内的中国公民的亲属和具有中国永久居留资格的外国人的亲属。

（9）R 字签证，发给国家需要的外国高层次人才和急需紧缺的专门人才。

（10）S1 字签证，发给申请入境长期探亲的因工作、学习等事由在中国境内居留的外国人的配偶、父母、未满 18 周岁的子女、配偶的父母，以及因其他私人事务需要在中国境内居留的人员；S2 字签证，发给申请入境短期探亲的因工作、学习等事由在中国境内停留居留的外国人的家庭成员，以及因其他私人事务需要在中国境内停留的人员。

（11）X1 字签证，发给申请在中国境内长期学习的人员；X2 字签证，发给申请在中国境内短期学习的人员。

（12）Z 字签证，发给申请在中国境内工作的人员。旅游者领取签证、证件后，需要申请变更或延期，诸如有效期延长、增加随行人员、增加不对外国人开放地点，法律是许可的，但应向证件发放机关申办，并办理下列手续：交验护照和签证、旅行证等证件；填写变更或延期申请表，提供与延期或变更有关的材料；缴纳规定的费用。

2. 口岸签证

出于人道原因需要紧急入境，应邀入境从事紧急商务、工程抢修或者具有其他紧急入境需要并持有有关主管部门同意在口岸申办签证的证明材料的外国人，可以在国务院批准办理口岸签证业务的口岸，向公安部委托的口岸签证机关申请办理口岸签证。

旅行社按照国家有关规定组织入境旅游的，可以向口岸签证机关申请办理团体旅游签证。

口岸签证机关签发的签证一次入境有效,签证注明的停留期限不得超过 30 日。

3. 签证管理

外国人有下列情形之一的,不予签发签证:

(1)被处驱逐出境或者被决定遣送出境,未满不准入境规定年限的;

(2)患有严重精神障碍、传染性肺结核病或者有可能对公共卫生造成重大危害的其他传染病的;

(3)可能危害中国国家安全和利益、破坏社会公共秩序或者从事其他违法犯罪活动的;

(4)在申请签证过程中弄虚作假或者不能保障在中国境内期间所需费用的;

(5)不能提交签证机关要求提交的相关材料的;

(6)签证机关认为不宜签发签证的其他情形。

(三)外国人入出境管理

外国人入境,应当向出入境边防检查机关交验本人的护照或者其他国际旅行证件、签证或者其他入境许可证明,履行规定的手续,经查验准许,方可入境。

外国人有下列情形之一的,不准入境:

1. 未持有效出境入境证件或者拒绝、逃避接受边防检查的;

2. 具有本法第二十一条第一款第一项至第四项规定情形的(不予签发签证的情形);

3. 入境后可能从事与签证种类不符的活动的;

4. 法律、行政法规规定不准入境的其他情形。

对不准入境的,出入境边防检查机关可以不说明理由。

外国人出境,应当向出入境边防检查机关交验本人的护照或者其他国际旅行证件等出境入境证件,履行规定的手续,经查验准许,方可出境。

外国人有下列情形之一的,不准出境:

1. 被判处刑罚尚未执行完毕或者属于刑事案件被告人、犯罪嫌疑人的,但是按照中国与外国签订的有关协议,移管被判刑人的除外;

2. 有未了结的民事案件,人民法院决定不准出境的;

3. 拖欠劳动者的劳动报酬,经国务院有关部门或者省、自治区、直辖市人民政府决定不准出境的;

4. 法律、行政法规规定不准出境的其他情形。

二、外国人在中国停留与居留

外国人在中国境内停留居留,不得从事与停留居留事由不相符的活动,并应当在规定的停留居留期限届满前离境。外国人所持签证注明的停留期限不超过 180 日的,持证人凭签证并按照签证注明的停留期限在中国境内停留。外国人所持签证注明入境后需要办理居留证件的,应当自入境之日起 30 日内,向拟居留地县级以上地方人民政府公安机关出入境管理机构申请办理外国人居留证件。

年满 16 周岁的外国人在中国境内停留居留,应当随身携带本人的护照或者其他国际旅行证件,或者外国人停留居留证件,接受公安机关的查验。

在中国境内居留的外国人,应当在规定的时间内到居留地县级以上地方人民政府公安机关交验外国人居留证件。

外国人在中国境内旅馆住宿的,旅馆应当按照旅馆业治安管理的有关规定为其办理住宿登记,并向所在地公安机关报送外国人住宿登记信息。

外国人在旅馆以外的其他住所居住或者住宿,应当在入住后24 小时内由本人或者留宿人,向居住地的公安机关办理登记。

外国人有下列情形之一的,不予签发外国人居留证件:

1. 所持签证类别属于不应办理外国人居留证件的;

2. 在申请过程中弄虚作假的;

3. 不能按照规定提供相关证明材料的;

4. 违反中国有关法律、行政法规,不适合在中国境内居留的;

5. 签发机关认为不宜签发外国人居留证件的其他情形。

三、对外国人的限制

根据维护国家安全、公共安全的需要,公安机关、国家安全机关可以限制外国人、外国机构在某些地区设立居住或者办公场所;对已经设立的,可以限期迁离。

未经批准,外国人不得进入限制外国人进入的区域。

公民、法人或者其他组织发现外国人有非法入境、非法居留、非法就业的情形,应当及时向所在地公安机关报告。

第三节　海关通关与大陆游客赴台湾旅游管理

一、中国海关的定义及其职能

中国海关是在沿海、边境或内陆口岸设立的执行进出口监督管理的国家行政机构。它根据国家法令,对进出国境的货物、邮递物品、旅客行李、货币、金银、证券和运输工具等实行监管检查、征收关税、编制海关统计并查禁走私等任务。海关是国家的进出关境监督管理机关。海关的权力授自国家,是代表国家在进出关环节实施监督管理的机关。国务院设立的海关总署,统一管理全国海关。

各国政治、经济情况不尽相同,海关职责也有差异,即使同一

个国家,各个历史时期海关职责也有变化。但以下几项职责是绝大多数国家的海关都具备的:

1.对进出口货物、旅客行李和邮递物品、进出境运输工具,实施监督管理,有的称作通关管理,有的称作保障货物、物品合法进出境。

2.征收关税和其他税费。许多国家的海关除征收关税外,还在进出口环节代征国内税费,例如增值税、消费税和石油税等。有些国家海关,还征收反倾销税、反补贴税和进口商品罚金等。

3.查缉走私。各国海关都对逃避监管、商业瞒骗、偷逃关税行为进行查缉,尤其对走私禁止和限制进出境的货物、物品,特别是毒品,每个国家的海关都加大查缉力度。

二、中国海关对进出境旅客行李物品的监管

通关是指进出境旅客向海关申报,海关依法查验行李物品并办理进出境物品征税或免税验放手续,或其他有关监管手续的总称。申报,是指进出境旅客为履行中华人民共和国海关法律法规规定的义务,对其携运进出境的行李物品的实际情况依法向海关所作的书面申明。

(一)申报

1.申报地点

按规定应向海关办理申报手续的进出境旅客通关时,需首先在申报台前向海关递交《中华人民共和国海关进出境旅客行李物品申报单》或者海关规定的其他申报单证,如实申报所携运进出境的行李物品。进出境旅客对其携运的行李物品以上述以外的其他任何方式或在其他任何时间、地点所做出的申明,海关均不视为申报。

在海关监管场所,海关在通道内设置专用申报台供旅客办理有关进出境物品的申报手续。经中华人民共和国海关总署批准实

施双通道制的海关监管场所,海关设置"申报"通道(又称"红色通道")和"无申报"通道(又称"绿色通道")供进出境旅客选择。

2. 申报手续

应由旅客本人填写申报单证向海关办理,如委托他人办理,应由本人在申报单证上签字。旅客向海关申报时,应主动出示本人的有效进出境旅行证件和身份证件,并交验中华人民共和国有关主管部门签发的准许有关物品进出境的证明、商业单证及其他必备文件。经海关办理手续并签字盖章交由旅客收执的审报单副本或专用申报单证,在有效期内或在海关监管时限内,旅客应妥善保存,并在申请提取分离运输行李物品或购买征、免税外汇商品或办理其他有关手续时,主动向海关出示。

(二)进境旅客申报物品的规定

1. 携带需经海关征税或限量免税的《旅客进出境行李物品分类表》第二、第三、第四类物品(不含免税限量内的烟酒)者;

2. 非居民旅客及持有前往国家(地区)再入境签证的居民旅客携带途中必需的旅行自用物品超出照相机、便携式收录音机、小型摄影机、手提式摄录机、手提式文字处理机每种一件范围者;

3. 携带人民币现钞 6000 元以上,或金银及其制品 50 克以上者;

4. 非居民旅客携带外币现钞折合 5000 美元以上者;

5. 居民旅客携带外币现钞折合 1000 美元以上者;

6. 携带货物、货样以及携带物品超出旅客个人自用行李物品范围者;

7. 携带中国检疫法规规定管制的动、植物及其产品以及其他须办理验放手续的物品者。

(三)出境旅客申报物品规定

1. 携带需复带进境的照相机、便携式收录音机、小型摄影机、手提式摄录机、手提式文字处理机等旅行自用物品者;

2. 未将应复带出境物品原物带出或携带进境的暂时免税物品未办结海关手续者；

3. 携带外币、金银及其制品未取得有关出境许可证明或超出本次入境申报数额者；

4. 携带人民币现钞 6000 元以上者；

5. 携带文物者；

6. 携带货物、货样者；

7. 携带出境物品超出海关规定的限值、限量或其他限制规定范围的；

8. 携带中国检疫法规规定管制的动、植物及其产品以及其他须办理验放手续的物品者。

（四）海关对国家货币的监管

旅客携带国家货币出入境,应当按照国家规定向海关如实申报。中国公民出入境、外国人入出境,每人每次携带的人民币限额为 6000 元。携带上述限额内的人民币出入境,在实行"红绿通道"制度的海关现场,可选择"绿色通道"通关;超出限额的,应选择"红色通道"向海关办理有关手续,海关予以退运,不按规定申报的,另予以处罚。依据规定,不得在邮件中夹带国家货币出入境。不得擅自运输国家货币出入境。违反国家规定运、携带、在邮件中夹带国家货币出入境者,由国家有关部门依法处理;情节严重,构成犯罪的,由司法机关依法追究刑事责任。

（五）海关对文物的监管

旅客携带文物出境,必须向海关申报。对旅客购自有权经营文物的商店（文物商店或友谊商店）的文物,海关凭"文物古籍外销统一发货票"和中国文物管理部门钤盖的鉴定标志查验放行。旅客在中国国内通过其他途径得到的文物,如家传旧存文物和亲友赠送的文物,凡要携带出境,必须事先报经中国文物管理部门鉴定。

三、大陆游客赴台旅游管理

为了规范大陆居民赴台湾地区旅游,国家旅游局、公安部、国务院台湾事务办公室于 2006 年 4 月 16 日发布了《大陆居民赴台湾地区旅游管理办法》,后依据《中国公民往来台湾地区管理办法》和《旅行社条例》的有关规定,于 2011 年 6 月 20 日对该办法进行了修订并施行。

《大陆居民赴台湾地区旅游管理办法》规定:大陆居民赴台湾地区旅游(以下简称"赴台旅游"),可采取团队旅游或个人旅游两种形式。大陆居民赴台旅游应持有效的《大陆居民往来台湾通行证》,并根据其采取的旅游形式,办理团队旅游签注或个人旅游签注。

大陆居民赴台旅游应向其户口所在地的公安机关出入境管理部门申请办理《大陆居民往来台湾通行证》及相应签注;参加团队旅游的,应事先在组团社登记报名。

(一)团队旅游的相关规定

大陆居民赴台团队旅游须由指定经营大陆居民赴台旅游业务的旅行社(以下简称"组团社")组织,以团队形式整团往返。旅游团成员在台湾期间须集体活动。

1.组团社要求

组团社由国家旅游局会同有关部门,从已批准的特许经营出境旅游业务的旅行社范围内指定,由海峡两岸旅游交流协会公布。除被指定的组团社外,任何单位和个人不得经营大陆居民赴台旅游业务。大陆居民赴台团队旅游实行配额管理。配额由国家旅游局会同有关部门确认后,下达给组团社。组团社在开展组织大陆居民赴台旅游业务前,须与接待社签订合同、建立合作关系。

组团社须为每个团队选派领队。领队经培训、考核合格后,由地方旅游局向国家旅游局申领赴台旅游领队证。组团社须要求接待社派人全程陪同。

组团社须要求接待社严格按照合同规定的团队日程安排活动;未经双方旅行社及旅游团成员同意,不得变更日程。

大陆居民赴台旅游期间,不得从事或参与涉及赌博、色情、毒品等及有损两岸关系的活动。组团社不得组织旅游团成员参与上述活动,并应要求接待社不得引导或组织旅游团成员参与上述活动。

赴台旅游团须凭《大陆居民赴台湾地区旅游团名单表》,从大陆对外开放口岸整团出入境。旅游团出境前已确定分团入境大陆的,组团社应事先向有关出入境边防检查总站或省级公安边防部门备案。旅游团成员因紧急情况不能随团入境来大陆或不能按期返回大陆的,组团社应及时向有关出入境边防检查总站或省级公安边防部门报告。赴台旅游的大陆居民应按期返回,不得非法滞留。当发生旅游团成员非法滞留时,组团社须及时向公安机关及旅游行政主管部门报告,并协助做好有关滞留者的遣返和审查工作。对在台湾地区非法滞留情节严重者,公安机关出入境管理部门自其被遣返回大陆之日起,六个月至三年内不批准其再次出境。

2. 接待社要求

台湾地区接待大陆居民赴台旅游的旅行社(以下简称"接待社"),经大陆有关部门会同国家旅游局确认后,由海峡两岸旅游交流协会公布。

(二)赴台个人旅游的相关规定

大陆居民赴台个人旅游可自行前往台湾地区,在台湾期间可自行活动。根据国家旅游局发布的《大陆居民赴台湾地区个人旅游注意事项》,大陆居民赴台湾地区个人旅游,应当向其户口所在地公安机关出入境管理部门申请办理"大陆居民往来台湾通行证"及个人旅游签注,之后委托本城市的赴台游组团社,向台湾相关机构申请和办理入台相关出入境手续,并按有关规定,提供真实可靠的申报材料。大陆居民赴台湾地区个人旅游,可委托本城市的赴台游组团社代办代订机票、住宿和在台旅游行程安排,也可以自行办理。目前,大陆居民到台湾旅游可选择"赴台个人游"方式的城市已经有三批 22 个,它们是北京、上海、厦门(第一批);天津、重庆、南京、广州、杭州、成都(第二批);沈阳、郑州、武汉、苏州、宁波、青岛、石家庄、长春、合肥、长沙、南宁、昆明、泉州(第三批)。其他地区的大陆居民可通过指定的旅行社去台湾旅游。

第四节　边境旅游管理

一、边境旅游审批制度

为进一步扩大我国旅游业的对外开放,促进边境地区的经济繁荣和社会稳定,增进同毗邻国家人民的交往和友谊,完善边境旅游管理,2010 年 12 月国家旅游局制定了《边境旅游暂行管理办法》。

边境旅游,是指经批准的旅行社组织和接待我国及毗邻国家的公民,集体从指定的边境口岸出入境,在双方政府商定的区域和期限内进行的旅游活动。

(一)申请开办边境旅游业务的必备条件

1.经国务院批准对外国人开放的边境市、县;

2.有国家正式批准对外开放的国家一、二类口岸,口岸联检设施基本齐全;

3.有旅游行政管理部门批准可接待外国旅游者的旅行社;

4.具备就近办理参游人员出入境证件的条件;

5.具备交通条件和接待设施;

6.同对方国家边境地区旅游部门签订了意向性协议。

(二)申请开办边境旅游业务的程序

边境地区开办边境旅游业务,必须具备开办边境旅游业务的条件,做好可行性研究,拟订实施方案,由省、自治区旅游局征求外事、公安、海关等有关部门的意见,并报省、自治区人民政府审核后,由省、自治区人民政府转国家旅游局审批。

所申办的边境旅游业务,如涉及同我国已开展边境旅游的国家或地区,由国家旅游局商外交部、公安部、海关总署等部门审批;如涉及尚未同我国开展边境旅游的国家或地区,由国家旅游局商外交部、公安部、海关总署后报国务院审批。经批准后,有关地方可对外签订正式协议或合同。

二、边境旅游出入境手续

除不准出境入境的人员外,我国公民均可参加边境旅游。双方旅游团出入国境的手续按各自国家有关规定办理,签有互免签证协议的,按协议办理;未签有互免签证协议的,须事先办妥对方国家的入境签证。双方旅游团应集体出入国境,并交验旅游团名单,由边防检查机关按照规定验证放行。对双方参游人员携带的进出境行李物品,海关按《中华人民共和国海关对进出境旅客行李物品监管办法》及有关规定办理验放手续。

思考题:

1. 什么是出境、入境?
2. 什么是护照和签证? 如何申领护照? 怎样办理签证?
3. 中国公民出境旅游管理的主要制度有哪些?
4. 外国人入出境证件管理的内容包括哪些?
5. 海关的职能是什么? 中国海关对入出境旅客行李物品的监管内容有哪些?
6. 申请开办边境旅游业务的必备条件是什么?

第十一章　旅游交通运输管理

本章导读

通过本章学习：

——了解旅游交通运输业务管理方面的共性规定,铁路旅客运输的相关要求。

——识记旅客航空运输的概念,航空运输承运人的赔偿责任,铁路运输合同的概念与构成。

——理解并掌握旅游交通运输的种类,航空运输企业的经营准则,航空运输承运人对旅客、对旅客随身携带物品的责任。

——应用旅游交通运输管理相关法规解决旅游交通实际问题。

第一节　旅游交通管理概述

一、旅游交通运输的概念和种类

旅游交通运输是旅游业经营者为旅游者在旅行游览过程中提供各类交通运输服务而产生的一系列社会经济活动和现象的总和。其内涵有二:一是旅游交通运输是整个国民经济交通运输业的重要组成部分;二是旅游交通运输是以运送旅游者为对象的,它是在约定的期限内为旅游者提供空间位置移动的生产服务活动。

（一）航空运输

航空运输在旅游交通运输中占有极其重要的位置。出于快捷的考虑,大部分远程旅行的旅游者都选择这一运输形式。2013年,我国境内民用航空(颁证)机场共有 193 个(不含香港、澳门和台湾),其中定期航班通航机场 190 个,定期航班通航城市 188 个。2013 年我国机场主要生产指标保持平稳增长,其中旅客吞吐量75430.9 万人次,比上年增长 11.0%。其中,国内航线完成69085.7万人次,比上年增长 10.8%(其中内地至香港、澳门和台湾地区航线为 2443.2 万人次,比上年增长 7.5%);国际航线完成6345.2 万人次,比上年增长 13.3%。我国民航航线里程和网络进一步完善,我国民航航空业务规模快速增长,航空运输已经成为旅客出、入境旅游的主导方式。

（二）铁路运输

铁路运输是陆上旅游交通的重要力量。自 2007 年 4 月 18 日时速 200 公里及以上的"和谐号"动车组列车开行以来,以其安全、快速、舒适、方便的运输品质,开创了我国铁路旅客运输新局面。2013 年我国铁路、高速公路运营里程均超过 10 万公里,其中高速铁路运营里程达到 1.1 万公里,居世界首位。便捷、快速的铁路运输越来越成为旅游者出行的重要选择。

（三）公路运输

汽车是目前世界上使用率最高的旅游交通工具。截至 2013年年底,全国公路通车总里程为 434.6 万公里,其中高速公路达10.4 万公里。客运形势发展较好,运输总量连年上升,运输能力增长较快,基本上满足了旅游客运的需求。

（四）水路运输

轮船是人类最古老的交通运输工具之一,历史上轮船曾对旅游的发展做出过巨大的贡献。我国国际水上客运前景广阔,沿海客运前景美好,我国有 1.84 万公里的海岸线,岛屿星罗棋布,海峡、海湾众多,物产丰富,景色秀丽;内河客运前景乐观,我国共有流域面积超过 100 平方公里的河流 5800 多条,总长达 43 万公里,水系发达,可供人们游览、嬉戏的水域广阔,为发展旅游业奠定了天然基础。2013 年全国内河航道里程为 12.58 万公里,其中高等级航道 1.21 万公里,为发展水路运输创造了条件。

（五）索道运输

上下纵横、左右穿梭的索道缆车,实现了登山观海的交通现代化,既减轻了旅游者的徒步之劳,方便了观光游览,又提高了客运量,加快了游客的集散。

（六）旅游特种交通工具

除上述旅游交通运输外,在实际旅游生活中还有不少带有浓厚游乐或康乐性质的交通工具,如马车、自行车、木筏、竹排、皮划艇、乌篷船、雪橇、轿子、滑竿、骆驼、牦牛等。虽然这些旅游交通工具在旅游交通运输中所占的比重微不足道,但由于其独特的娱乐性、体验性和享受性,尤其是其所表现出的独特民族文化和地域文化,故深受国内外旅游者的喜爱。

二、旅游交通运输业务管理的规定

目前,国际上有关航空运输、铁路运输、海上运输的国际公约比较齐全。我国的《民用航空法》、《铁路法》、《道路交通安全法》、《公共运输管理暂行条例》、《海上交通安全管理法》、《内河交通安全管理条例》、《旅游汽车、游船管理办法》、《铁路安全管理条例》等法律、法规的颁布与施行,初步构建了我国旅游交通法律法规体系,这对于维护旅游者及旅游经营者的合法权益,促进旅游业以及交通运输业的健康、持续发展,保障正常的社会经济秩序,起到了积极的作用。

我国航空运输、铁路运输、公路运输和水路运输在业务管理内容上有不同的情况和特点,但在旅客运输和行李运输方面都有类似的管理规定。与旅游关系比较密切的业务管理规定主要有：

（一）关于客票管理的规定

航空、铁路、公路、水路客运客票，是旅游交通运输合同法律关系的凭证，是一种高度简化形式的、非以双方签字形式出现的书面格式合同，一般都载明了旅游交通运输合同的主要内容，如价格、行程、日期、车班次等，民航客票还载明了旅客须知等内容。无论哪一种运输方式，作为运输部门及承运人，都应当向旅游者出具客票，这是承运人的义务性规定。

航空、铁路客票实行记名式管理，即客票只限票面上填明姓名的旅客本人使用，不得转让和涂改，否则无效，票款不退；公路、水路的客票实行无记名式管理，可以自由转让。

（二）关于乘机、车、船管理的规定

1. 按有效客票乘机、车、船

航空、铁路、公路和水路均要求旅客凭有效机、车、船票，经检票乘机、车、船；下机、车、船，也要履行检验客票的手续。

根据民航总局的统一规定，已满 2 周岁未满 12 周岁的儿童按照同一航班成人普通票价的 50% 购买儿童票，提供座位。未满 2 周岁的婴儿按照同一航班成人普通票价的 10% 购买婴儿票，不提供座位；如需要单独占用座位，应购买儿童票。一般情况下，无成人陪伴的儿童不可单独乘机。但也不是绝对的，根据民航部门的规定，无成人陪伴儿童、无自理能力人、孕妇或者患病者乘机，应当经承运人同意，并事先做出安排。

在铁路售票窗口购买实名制车票时，儿童票不实行实名制。在 12306 网站购票时，须提供乘车儿童的有效身份证件信息；乘车儿童未办理有效身份证件的，可以使用同行成年人的有效身份证件信息。在车站售票窗口、检票口、出站口及列车端门都设有测量儿童身高的标准线。测量儿童身高时，以儿童实际身高（脱鞋）为准。

2. 客票变更

旅客购买机票后,要求改变乘机日期、航班、航程、票价级别或变更乘机人的,均应办理客票变更手续。凡旅客要求变更乘机日期、航班、航程的,均应按退票处理,另购机票;变更票价级别,由低票价改为高票价的补收票价差额,由高票价改为低票价的退还票价差额;变更乘机人的,必须由购票单位出具证明,经民航同意后方可变更手续,但以一次为限,再次变更则按退票处理。凡因民航原因旅客要求变更的,按优惠原则办理。

铁路旅客若不能按票面规定日期、车次乘车,应当在票面指定的开车时间前到车站办理提前或推迟乘车签证手续。特殊情况经购票地车站或票面乘车站站长同意,可在开车后 2 小时内办理;持动车组列车车票的旅客改乘当日其他动车组列车时不受开车后 2 小时内限制。团体旅客不应晚于开车前 48 小时。铁路、公路、水运旅客,应在当日车(船)开前规定的时间内,办完签证改乘手续。签证办理完毕后,仍不能乘车(船)者,一律按退票处理。

3. 遗失客票

民航旅客遗失客票,应凭个人或单位证明,在所乘航班规定起飞前 2 小时向民航申请挂失。挂失前,如已被冒用或冒退,民航不负责任。挂失经核实并查明客票未被冒用或冒退,可予以补发新票,收取补票费。补发的新票,不能办理退票。不定期的民航客票遗失,应凭原购票单位证明,向原购票的民航售票处提出,经民航查证,在未被冒用、冒退时,记录在案,待客票有效期满后,可退还原款。

铁路旅客购买实名制票后丢失车票时,可不晚于票面发站停止检票时间前 20 分钟到车站售票窗口办理挂失补办手续。办理时,须提供购票时所使用的有效身份证件原件、原车票乘车日期和购票地车站名称等,经车站确认无误后,须按原车票车次、席位、票价重新购买一张新车票。旅客持新车票乘车时,应向列车工作人员声明;到站前经列车长确认该席位使用正常的,将开具客运记录交给旅客。旅客应在到站后 24 小时内,凭客运记录、新车票和购票时所使用的有效身份证件原件,至退票窗口办理新车票退票手续,按规定核收补票的手续费。超过规定时间提出的、原车票已经退票的或者已经挂失补办的,不办理挂失补办手续。办理时,原车票已经改签的按改签后的车票办理挂失补办手续。旅客购票后乘车前未办理车票挂失补办手续或者乘车后丢失车票的,应当另行购票。

公路和水路的旅客遗失客票,应另行购票。若中途遗失客票,能够取得足够证明的,经确认后可继续乘车(船)。遗失客票后另行购票,在下车(船)前又找到原票的,经客运人员确认后,可以将其中一张按退票处理。

4.退票

按照民航旅客运输规定,若旅客自愿退票,除凭客票外,应提供个人或单位证明处理。旅客在航班规定离站时间 24 小时以内、2 小时以前要求退票,收取客票价 10% 的退票费;在航班规定离站时间前 2 小时以内要求退票,收取客票价 20% 的退票费;在航班规定离站时间后要求退票,按误机处理;革命残疾军人要求退票,免收退票费;持婴儿客票的旅客退票,免收退票费;持不定期客票的旅客要求退票应在客票的有效期内到原购票地点办理退票手续;在航班经停站终止旅行,该航班客票即告失效,未使用的航段票款不退;若因航班取消、提前、延误、航程改变以及民航不能提供原订座位等原因,旅客要求退票时,应退还全部票款。旅客因健康原因要求退票,必须提供医疗单位的证明或民航认可,并在航班起飞时间前提出,在始发站,退还全部票款。在中途站扣除已使用航段的票款后,退还余款。

按照铁路旅客运输的规定,旅客要求退票时,应当在票面指定的开车时间前到车站办理,退还全部票价,核收退票费。特殊情况经购票地车站或票面乘车站站长同意的,可在开车后 2 小时内办理。团体旅客不应晚于开车前 48 小时。旅客开始旅行后不能退票。但如因伤、病不能继续旅行时,经站、车证实,可退还已收票价与已乘区间票价差额,核收退票费。已乘区间不足起码里程时,按起码里程计算;同行人同样办理。因特殊情况经购票地车站或票面乘车站站长同意在开车后 2 小时内改签的车票不退。退票费按如下标准核收:票面乘车站开车时间前 48 小时以上的按票价的 5%计,24 小时以上、不足 48 小时的按票价的 10%计,不足 24 小时的按票价的 20%计。

按照公路和水路旅客运输的规定,汽车必须在开车前 20 分钟,轮船在开航前 2 小时内办理退票手续。各种情形的退票,均应收取退票费。中途站(港)和车(船)上一般不能退票。

(三)关于随身携带物品管理的规定

按照民航、铁路、公路和水路运输管理的规定,旅客随身携带物品的免费重量为:

1. 民航

持成人或儿童票的,每位免费行李额分别为:头等舱旅客为 40 千克,公务舱旅客为 30 千克,经济舱旅客为 20 千克。持婴儿票的旅客无免费行李额。每位旅客随身携带的物品重量不能超过 5 千克,体积不超过 20 厘米×40 厘米×55 厘米。

2. 铁路

旅客携带品由自己负责看管。每人免费携带品的重量和体积为:儿童(含免费儿童)10 千克,外交人员 35 千克,其他旅客 20 千克。每件物品外部尺寸长、宽、高之和不超过 160 厘米,杆状物品不超过 200 厘米,但乘坐动车组列车携带物品外部尺寸长、宽、高之和不超过 130 厘米;重量不超过 20 千克。

3. 公路

大人 10 千克、小孩 5 千克。

4. 轮船

大人 30 千克、小孩 15 千克。

为了维护旅游交通运输秩序,确保旅游安全,我国民航、铁路、公路和水路运输部门都明文规定,凡国家禁止运输的物品、限制运输的物品、危险物品、妨害公共安全和卫生的其他物品,一律不准随身携带。

第二节 旅客航空运输法律法规

一、旅客航空运输法律法规概述

旅客航空运输又称民用航空运输,是指民用航空运输企业即航空公司以营利为目的,使用民用航空器运送旅客、行李或者货物的活动。旅客航空运输包括旅客国内航空运输和旅客国际航空运输两类,它将旅客、行李或者货物从甲地运送到乙地,具有营利性、开放性(向社会公众)的特点。

(一)国内旅客航空运输法律法规

1995 年 10 月 30 日,第八届全国人大常务委员会第十六次会议通过了《中华人民共和国民用航空法》(以下简称《民用航空法》),该法共 16 章 214 条,自 1996 年 3 月 1 日起施行。其内容包括领空主权、航空管理、航空运输、航空安全等,从民用航空的各个方面对旅客航空运输管理做了明确规定,是我国旅客航空运输管理的基本法律。国务院 2006 年 1 月 29 日批准发布,自 2006 年 3 月 28 日起施行的《国内航空运输承运人赔偿责任限额规定》(以下简称《规定》)和国务院 1985 年 1 月 1 日发布、1996 年 2 月 28 日修订后重新发布《中国民用航空旅客、行李国内运输规则》等,则是与《民用航空法》相适应的具体法规。

（二）国际旅客航空运输公约体系

鉴于国际航空运输涉及世界各个主权国家的领空问题，因此加强国际航空的协调与合作，统一国际航空运输的责任制度十分必要。1929 年 10 月 2 日，德国、奥地利、苏联、比利时、巴西、法国、等 23 个国家在华沙共同签订了《统一国际航空运输某些规则的公约》，简称《华沙公约》。

为了适应国际航空运输的发展，国际航空界根据国际航空运输的实际，又不断对《华沙公约》进行修改和补充，形成了以《华沙公约》为核心，包括一系列补充修正性公约或议定书在内的调整国际航空运输的国际公约体系。

公约适用于所有以航空器运送旅客、行李或货物而收取报酬的国际运输，同样适用于航空运输企业以航空器办理的免费运输。公约所称的国际运输是指根据当事人所订立的合同，不论运输中有无间断或转运，其始发地和目的地在两个缔约国领土内，或虽在一个缔约国领土内而在另一缔约国甚至非缔约国有一个约定经停点的任何运输。

《华沙公约》体系是调整承运人和旅客关系的重要国际法律规范，被称为迄今为止国际航空运输界的重要法典。缔约国都在按这一体系的统一规定处理责任与赔偿问题。我国分别于 1958 年 7 月和 1975 年 8 月加入了《华沙公约》和《海牙议定书》。中国民用航空局参照上述有关国际公约，结合我国航空运输实际，于 1997 年 12 月 8 日制定了《中国民航旅客、行李国际运输规则》，自 1998 年 4 月 1 日起施行。

二、旅客航空运输法律法规的主要内容

（一）航空运输企业经营准则

《民用航空法》规定，公共航空运输企业应当以保证飞行安全和航班正常，提供良好服务为准则，采取有效措施，提高运输服务

质量。公共航空运输企业应当教育和要求本企业职工严格履行职责,以文明礼貌、热情周到的服务态度,认真做好旅客和货物运输的各项服务工作。旅客运输航班延误的,应当在机场内及时通告有关情况。

(二)禁止运输的规定

《民用航空法》规定,公共航空运输企业不得运输法律、行政法规规定的禁运物品。禁止旅客随身携带法律、行政法规规定的禁运物品乘坐民用航空器。禁止旅客随身携带危险品乘坐民用航空器。除因执行公务并按照国家规定经过批准外,禁止旅客携带枪支、管制刀具乘坐民用航空器。禁止违反国务院民用航空主管部门的规定,将危险品作为行李托运。

乘坐国内航班的旅客一律禁止随身携带液态物品,但可办理交运,其包装应符合民航运输有关规定。旅客携带少量旅行自用的化妆品,每种化妆品限带一件,其容器容积不得超过 100 毫升,并应置于独立袋内,接受开瓶检查。来自境外需在中国境内机场转乘国内航班的旅客,其携带入境的免税液态物品应置于袋体完好无损且封口的透明塑料袋内,并需出示购物凭证,经安全检查确认无疑后方可携带。有婴儿随行的旅客,购票时可向航空公司申请,由航空公司在机上免费提供液态乳制品;糖尿病患者或其他患者携带必需的液态药品,经安全检查确认无疑后,交由机组保管。

乘坐从中国境内机场始发的国际、地区航班的旅客,其随身携带的液态物品每件容积不能超过 100 毫升。盛放液态物品的容器,应置于最大容积不超过 1 升的(建议规格 20 厘米×20 厘米)、可重新封口的透明塑料袋中。每名旅客每次仅允许携带 1 个透明塑料袋,超出部分应交运。

根据航空运输安全需要,中国民用航空局决定自 2008 年 4 月 7 日起禁止旅客随身携带打火机、火柴乘坐民航飞机。

对于拒绝接受安全检查的旅客,公共航空运输企业有权拒绝运输。这同样是保障航空运输安全以及所载旅客生命财产安全的需要,这也是世界上其他各国管理公共航空运输的通行做法。

(三)承运人对旅客的责任

《民用航空法》规定,因发生在民用航空器上或者在旅客上、下民用航空器过程中的事件,造成旅客人身伤亡的,承运人应当承担责任;但是旅客的人身伤亡完全是由于旅客本人的健康状况造成的,承运人不承担责任。

这是关于承运人对旅客人身伤亡责任的规定,其含义如下:

1. 承运人对因发生在民用航空器上或者在旅客上、下民用航空器过程中的事件造成的旅客人身伤亡承担责任。

(1)承运人承担民事责任的对象是旅客,因为旅客是与承运人签订了航空运输合同而被运送的人,而不是旅客之外的其他人。

(2)承运人承担民事责任的范围仅限于旅客的人身伤亡,即旅客的死亡或者肉体上的伤害,而不包括旅客精神上的痛苦,也不包括因旅客的死亡或受伤给他人造成的精神痛苦。

(3)承运人承担民事责任的前提条件是旅客的人身伤亡是因发生在民用航空器上或在旅客上、下民用航空器过程中的事件造成的,而这一事件与旅客的人身伤亡存在着因果联系。这里所称的事件是指发生在民用航空器上或者发生在旅客上、下民用航空器过程中,与航空运输操作或者航空运输服务有关的,造成旅客人身伤亡的任何事情。

(4)承运人的责任期间是"在民用航空器上或者在旅客上、下民用航空器过程中"。凡在该期间以外的事件,造成旅客人身伤亡,承运人不承担责任。

2. 对完全是由于旅客本身的健康状况,即旅客的疾病而造成的旅客人身伤亡,承运人不承担责任。

3. 对部分由旅客本人的健康状况造成的旅客人身伤亡,承运人应当承担责任。例如,某旅客患有心脏病,飞行中飞机发生剧烈颠簸造成该旅客摔倒,病发身亡。在这种情况下,承运人应对该旅客的死亡承担责任。

(四)承运人对旅客随身携带物品的责任

《民用航空法》规定,因发生在民用航空器上或者在旅客上、下民用航空器过程中的事件,造成旅客随身携带物品毁灭、遗失或者损坏的,承运人应当承担责任。

旅客随身携带物品的毁灭、遗失或者损坏完全是由于行李,即该随身携带物品本身的自然属性、质量或者缺陷造成的,承担人不承担责任。

(五)承运人对旅客托运行李的责任

《民用航空法》规定,因为发生在航空运输期间的事件,造成旅客的托运行李毁灭、遗失或者损坏的,承运人应当承担责任。

上述"航空运输期间",是指在机场内、民用航空器上或机场外降落的任何地点,托运行李处于承运人掌管之下的全部期间。

如果托运行李的毁灭、遗失或者损坏,完全是由于托运行李本身的自然属性、质量或者缺陷造成的,承担人不承担责任。

(六)承运人对延误旅客、行李运输的责任

《民用航空法》规定,旅客、行李或者货物在航空运输中因延误造成的损失,承运人应当承担责任;但是承运人证明本人或者其受雇人、代理人为了避免损失的发生,已经采取一切必要措施,或者不可能采取此种措施的,不承担责任。

在旅客运输中,承运人如果不能证明延误是由于天气条件、机械损坏等其无法控制的原因造成的,或者不能证明承运人本人或者其受雇人、代理人已经以应有的勤勉,采取了一切合理的、正常的必要措施确保航班的正点起飞和准点到达终点,就应当对因延误引起的下列损失承担责任:旅客在等待另一航班过程中所支出的特殊费用;旅客改乘下一经停地点航班的损失;旅行社购买另一航空公司机票而额外支出的票款。

（七）国内航空运输承运人的赔偿责任

《民用航空法》规定，国内航空运输承运人的赔偿责任限额由国务院民用航空主管部门制定，报国务院批准后公布执行。

《民用航空法》关于航空承运人责任限制制度的规定是对民法中一般民事损害赔偿原则，即按照实际损失赔偿的原则做出的特殊规定。规定这一制度的目的在于促进航空运输业和航空保险业的发展，公平维护航空运输合同各方当事人的合法权益。根据这一制度，当航空运输过程中发生的旅客人身伤亡、行李物品灭失，损坏的损失数额没有超出法定责任限额时，承运人应当按实际损失赔偿旅客或者托运人；当损失数额超过责任限额时，承运人仅在法定限额内承担赔偿责任，对法定限额以外的损失数额不予赔偿。

我国国内航空赔偿责任限制制度的法规依据为 2006 年 1 月 29 日经国务院批准发布，自 2006 年 3 月 28 日起施行的《国内航空运输承运人赔偿责任限额规定》，适用于国内航空旅客运输中发生的旅客身体及随身携带物品的损害赔偿。承运人按照该规定应当承担赔偿责任的（《民用航空法》另有规定的除外），对每名旅客的最高赔偿金额为 40 万元人民币；对每名旅客随身携带物品的赔偿责任限额为 3000 元人民币；对旅客托运的行李和对运输的货物的赔偿责任限额为每千克 100 元人民币。此外，旅客可以自行决定向保险公司投保航空运输人身意外伤害险。此项保险金额的给付，不得免除或减少承运人应当承担的赔偿金额。

除了法定赔偿责任限制制度外，法律允许旅客可以就旅客的人身伤亡及延误，事先与承运人书面约定高于行政法规规定的赔偿责任限额。一旦发生旅客人身伤亡及延误，承运人即应在约定的赔偿责任内承担责任。

（八）国际航空运输承运人的赔偿责任

《民用航空法》规定，国际航空运输承运人的赔偿责任限额按照下列规定执行：

1.对每名旅客的赔偿责任限额为 16600 计算单位；但是，旅客可以同承运人书面约定高于本项规定的赔偿责任限额。

2.对托运行李或者货物的赔偿责任限额，每千克为 17 计算单位。

3.对每名旅客随身携带的物品的赔偿责任限额为 332 计算单位。

以上规定所称"计算单位"，是指国际货币基金组织规定的特别提款权；其人民币数额为法院判决之日、仲裁机构裁决之日或者当事人协议之日，按照国家外汇主管机关的国际货币基金组织的特别提款权对人民币的换算办法计算得出的人民币数额。

无论在国内航空运输还是在国际航空运输中的赔偿责任限制，只要能够证明在航空运输中的损失是由于承运人的故意或重大过失造成的，承运人就无权援用上述赔偿责任限制制度，即承运人不仅无权援用法定的赔偿责任限额，同时无权援用约定的赔偿责任限额。也就是说，在这种情况下，承运人将承担无限责任。

第三节　旅客铁路运输管理

一、旅客铁路运输法律法规概述

铁路是高度集中的国民经济大动脉，在我国各种交通运输工具中占有特别重要的地位。它跨越省区，贯通全国，与国际铁路接轨，承担着全国年客运量的 50% 左右和货运量的 60% 左右。铁路与国民经济各个环节紧密相连，是发展生产、保障供给的纽带，它直接关系到我国社会主义现代化建设,关系到人民群众的切身利益。

我国规范铁路运输活动的法律、法规主要有:1990 年 9 月 7 日第七届全国人大常委会第十五次会议通过的《中华人民共和国铁路法》(以下简称《铁路法》),该法共六章 74 条;1997 年 12 月 1 日起施行的《铁路旅客运输规程》;2007 年 6 月 27 日国务院第 182 次常务会议通过,自 2007 年 9 月 1 日起施行的《铁路交通事故应急救援和调查处理条例》;2008 年 1 月 1 日开始施行的《旅游列车开行管理办法》;2014 年 1 月 1 日开始施行的《铁路安全管理条例》等。

我国铁路安全管理坚持安全第一、预防为主、综合治理的方针。

国务院铁路行业监督管理部门负责全国铁路安全监督管理工作,国务院铁路行业监督管理部门设立的铁路监督管理机构负责辖区内的铁路安全监督管理工作。国务院铁路行业监督管理部门和铁路监督管理机构统称铁路监管部门。

国务院有关部门依照法律和国务院规定的职责,负责铁路安全管理的有关工作。

铁路沿线地方各级人民政府和县级以上地方人民政府有关部门应当按照各自职责,加强保障铁路安全的教育,落实护路联防责任制,防范和制止危害铁路安全的行为,协调和处理保障铁路安全的有关事项,做好保障铁路安全的有关工作。

从事铁路建设、运输、设备制造维修的单位应当加强安全管理,建立健全安全生产管理制度,落实企业安全生产主体责任,设置安全管理机构或者配备安全管理人员,执行保障生产安全和产品质量安全的国家标准、行业标准,加强对从业人员的安全教育培训,保证安全生产所必需的资金投入。

铁路建设、运输、设备制造维修单位的工作人员应当严格执行规章制度,实行标准化作业,保证铁路安全。

二、旅客铁路运输法律法规的主要内容

(一)铁路运输合同

铁路旅客运输合同是明确承运人与旅客之间权利义务关系的协议。起运地承运人依据本规程订立的旅客运输合同对所涉及的承运人具有同等约束力。铁路旅客运输合同的基本凭证是车票。铁路旅客运输合同从售出车票时起成立,至按票面规定运输结束旅客出站时止,为合同履行完毕。旅客运输的运送时间自检票进站起至到站出站时止计算。

旅客是指持有铁路有效乘车凭证的人和同行的免费乘车儿童。根据铁路货物运输合同,押运货物的人视为旅客。

1. 旅客的基本权利和义务

(1)旅客的权利有:

①依据车票票面记载的内容乘车;

②要求承运人提供与车票等级相适应的服务并保障其旅行安全;

③对运送期间发生的身体损害有权要求承运人赔偿;

④对运送期间因承运人过错造成的随身携带物品损失有权要求承运人赔偿。

(2)旅客的义务有:

①支付运输费用,当场核对票、款,妥善保管车票,保持票面信息完整可识别;

②遵守国家法令和铁路运输规章制度,听从铁路车站、列车工作人员的引导,按照车站的引导标志进、出站;

③爱护铁路设备、设施,维护公共秩序和运输安全;

④对所造成铁路或者其他旅客的损失予以赔偿。

2.作为承运人的铁路运输企业的基本权利和义务

（1）铁路运输企业的权利：

①依照规定收取运输费用；

②要求旅客遵守国家法令和铁路规章制度，保证安全；

③对损害他人利益和铁路设备、设施的行为有权制止、消除危险和要求赔偿。

（2）铁路运输企业的义务：

①确保旅客运输安全正点；

②为旅客提供良好的旅行环境和服务设施，不断提高服务质量，文明礼貌地为旅客服务；

③对运送期间发生的旅客身体损害予以赔偿；

④对运送期间因承运人过错造成的旅客随身携带物品损失予以赔偿。

3.铁路车票及售票相关规定

车票票面（特殊票种除外）主要应当载明：发站和到站站名；座别、卧别；径路；票价；车次；乘车日期；有效期。

车票中包括客票和附加票两部分。客票部分为软座、硬座。附加票部分为加快票、卧铺票、空调票。附加票是客票的补充部分，可以与客票合并发售，但除儿童外不能单独使用。

车票票价为旅客乘车日的适用票价。承运人调整票价时，已售出的车票不再补收或退还票价差额。

承运人一般不接受儿童单独旅行（乘火车通学的学生和承运人同意在旅途中监护的除外）。随同成人旅行身高1.2～1.5米的儿童，享受半价客票、加快票和空调票（以下简称"儿童票"）。超过1.5米时应买全价票。每一成人旅客可免费携带一名身高不足1.2米的儿童，超过一名时，超过的人数应买儿童票。成年人旅客持卧铺车票时，儿童可以与其共用一个卧铺，并应按上述规定免费或购票。儿童单独使用一个卧铺时，应另行购买全价卧铺票。

在普通大专院校(含国家教育主管部门批准有学历教育资格的民办大学),军事院校,中、小学和中等专业学校、技工学校就读,没有工资收入的学生、研究生,家庭居住地和学校不在同一城市时,凭附有加盖院校公章的减价优待证的学生证(小学生凭书面证明),每年可享受家庭至院校(实习地点)之间四次单程半价硬座客票、加快票和空调票(以下简称"学生票")。动车组列车只发售二等座车学生票,学生票为全价票的75%。新生凭录取通知书、毕业生凭学校书面证明可买一次学生票。华侨学生和港澳台学生按照上述规定同样办理。

客票的有效期按乘车里程计算:500千米以内为2日,超过500千米时,每增加500千米增加1日,不足500千米的尾数也按1日计算。

(二)铁路运营安全

1.铁路运输企业应当按照国务院铁路行业监督管理部门的规定实施火车票实名购买、查验制度。

实施火车票实名购买、查验制度的,旅客应当凭有效身份证件购票乘车;对车票所记载身份信息与所持身份证件或者真实身份不符的持票人,铁路运输企业有权拒绝其进站乘车。

铁路运输企业应当采取有效措施为旅客实名购票、乘车提供便利,并加强对旅客身份信息的保护。铁路运输企业工作人员不得窃取、泄露旅客身份信息。

2.铁路运输企业应当依照法律、行政法规和国务院铁路行业监督管理部门的规定,对旅客及其随身携带、托运的行李物品进行安全检查。

从事安全检查的工作人员应当佩戴安全检查标志,依法履行安全检查职责,并有权拒绝不接受安全检查的旅客进站乘车和托运行李物品。

3.旅客应当接受并配合铁路运输企业在车站、列车实施的安全检查,不得违法携带、夹带管制器具,不得违法携带、托运烟花爆竹、枪支弹药等危险物品或者其他违禁物品。

禁止或者限制携带的物品种类及其数量由国务院铁路行业监督管理部门会同公安机关规定,并在车站、列车等场所公布。

4. 铁路运输企业应当加强铁路运营食品安全管理,遵守有关食品安全管理的法律法规和国家其他有关规定,保证食品安全。

5. 禁止实施下列危害铁路安全的行为:

(1)非法拦截列车、阻断铁路运输;

(2)扰乱铁路运输指挥调度机构以及车站、列车的正常秩序;

(3)在铁路线路上放置、遗弃障碍物;

(4)击打列车;

(5)擅自移动铁路线路上的机车车辆,或者擅自开启列车车门、违规操纵列车紧急制动设备;

(6)拆盗、损毁或者擅自移动铁路设施设备、机车车辆配件、标桩、防护设施和安全标志;

(7)在铁路线路上行走、坐卧或者在未设道口、人行过道的铁路线路上通过;

(8)擅自进入铁路线路封闭区域或者在未设置行人通道的铁路桥梁、隧道通行;

(9)擅自开启、关闭列车的货车阀、盖或者破坏施封状态;

(10)擅自开启列车中的集装箱箱门,破坏箱体、阀、盖或者施封状态;

(11)擅自松动、拆解、移动列车中的货物装载加固材料、装置和设备;

(12)钻车、扒车、跳车;

(13)从列车上抛扔杂物;

(14)在动车组列车上吸烟或者在其他列车的禁烟区域吸烟;

(15)强行登乘或者以拒绝下车等方式强占列车;

(16)冲击、堵塞、占用进出站通道或者候车区、站台。

(三)违约责任的确定

《铁路法》规定,铁路运输企业应当保证旅客按车票载明的日期、车次乘车,并到达目的站。因铁路运输企业的责任造成旅客不能按车票载明的日期、车次乘车的,铁路运输企业应当按照旅客的要求,退还全部票款或者安排改乘到达相同目的站的其他车列。

旅客旅行的基本目的就是要到达旅行目的地。旅客到铁路车站购买车票,向铁路运输企业提出具体的车次、时间、到站,铁路运输企业按照旅客的要求售给相应的车票,铁路旅客运输合同即告成立。旅客凭车票有权要求铁路运输企业按照票面载明的日期、车次及时安排旅行。铁路运输企业也有义务按照票面的规定,组织旅客旅行,并为旅客提供条件,把旅客及时运送到旅行目的地。

由于客观情况的变化,有时旅客并不能按时乘车。从实际看,这种情况的发生主要是由两个方面的原因所致:一是旅客自身的原因,如情况发生变化,放弃或改变了旅行计划,也可能是其他方面的原因,发生了误车等情况;二是铁路运输企业的原因,如列车晚点、车次取消等。这两种情况的法律责任是不同的。

1. 旅客违约责任

由于旅客自身的原因,造成不能按时乘车的法律后果应当由旅客自己负责,铁路运输企业不承担法律责任。但是,旅客可以按照铁路的规定办理退票或改乘其他列车的手续,并缴纳规定的退票或改乘的签证费用。旅客退票实际上是向铁路运输企业提出解除铁路运输合同的请求,铁路运输企业按照旅客的要求办理了退票手续,则双方的合同即告解除。由于是旅客单方面解约,则应向铁路运输企业缴纳违约费用,即所谓"退票费"。旅客要求办理改乘手续,实际上是向铁路运输企业提出变更合同的请求,铁路运输企业按照旅客的要求改签了旅客车票的乘车车次、日期,则是与旅客之间成立了新的旅客运输合同,双方当事人应当按照改签后的合同履行各自的权利和义务。在变更合同的情况下,旅客也应承担相应的法律责任,即向铁路运输企业支付签证费以及其他规定的手续费。

2.铁路运输企业违约责任

由于铁路运输企业的原因而造成旅客不能按照车票载明日期、车次乘车的,铁路运输企业应当承担法律责任,即退还全部票款或安排改乘到达相同目的地站的其他列车。在这种情况下,旅客改乘列车,铁路运输企业不得收取任何费用。

(四)铁路旅客运输损害赔偿的规定

1.托运货物、包裹行李损失赔偿责任

《铁路法》规定,铁路运输企业应当对承运的货物、包裹、行李自接受承运时起到交付时止的灭失、短少、变质、污染或者损坏,承担赔偿责任。

(1)托运人或者旅客根据自愿申请办理保价运输的,按照实际损失赔偿,但最高不超过保价额。

(2)未按保价运输承运的,按照实际损失赔偿,但最高不超过国务院铁路主管部门规定的赔偿限额,如果损失是由于铁路运输企业的故意或者重大过失造成的,不适用赔偿限额的规定,按照实际损失赔偿。

托运人或者旅客根据自愿可以向保险公司办理货物运输保险,保险公司按照保险合同的约定承担赔偿责任。

托运人或者旅客根据自愿,可以办理保价运输,也可以办理货物运输保险;还可以既不办理保价运输,也不办理货物运输保险。不得以任何方式强迫托运人办理保价运输或者货物运输保险。

2.人身伤亡和自带行李损失的限额赔偿责任

《最高人民法院关于审理铁路运输人身损害赔偿纠纷案件适用法律若干问题的解释》明确规定,铁路旅客运送期间发生旅客人身损害,赔偿权利人要求铁路运输企业承担违约责任的,人民法

院应当依照《中华人民共和国合同法》的相关规定,确定铁路运输企业是否承担责任及责任的大小;赔偿权利人要求铁路运输企业承担侵权赔偿责任的,人民法院应当依照有关侵权责任的法律规定,确定铁路运输企业是否承担赔偿责任及责任的大小。

根据国务院2007年6月27日发布,自2007年9月1日起实施的《铁路交通事故应急救援和调查处理条例》(2012年11月修正,2013年1月1日施行)的规定,铁路交通事故造成人身伤亡的,铁路运输企业应当承担赔偿责任;但是人身伤亡是不可抗力或者受害人自身原因(主要指违章通过平交道口或者人行过道,或者在铁路线路上行走、坐卧造成的人身伤亡)造成的,铁路运输企业不承担赔偿责任。

事故造成铁路运输企业承运的货物、包裹、行李损失的,铁路运输企业应当依照《中华人民共和国铁路法》的规定承担赔偿责任。

事故当事人对事故损害赔偿有争议的,可以通过协商解决,或者请求组织事故调查组的机关或者铁路管理机构组织调解,也可以直接向人民法院提起民事诉讼。

思考题:

1.什么是旅游交通? 其种类有哪些?

2.旅游交通客票的性质是什么? 实行记名式管理的有哪些客票?

3.旅客航空运输有哪些法律规定? 承运人责任如何确定?

4.旅客航空运输损害赔偿有哪些法律法规规定?

5.旅客铁路运输的法律规定有哪些内容?

第十二章　旅游监督与旅游纠纷处理

本章导读

通过本章学习：

——了解旅游市场监督管理的主体、监管权限和对监督检查结果的处理，旅游行政处罚的管辖、适用及一般程序，旅游投诉受理机构的设置及主要职能，旅游投诉受理、处理的程序要求。

——识记旅游行政处罚的原则、种类、实施主体、简易程序的适用范围、内容，旅游纠纷的解决途径；旅游投诉、共同投诉的定义，旅游投诉人与被投诉人的权利和义务。

——理解并掌握旅游监督检查的规范，旅游投诉的特点，旅游投诉地域管辖的标准，旅游投诉受理与否的条件。

——运用旅游投诉的相关知识分析具体案例。

第一节　旅游监督管理

一、旅游市场监督管理的主体

《旅游法》第八十三条明确规定：县级以上人民政府旅游主管部门和有关部门依照本法和有关法律、法规的规定，在各自职责范围内对旅游市场实施监督管理。

县级以上人民政府应当组织旅游主管部门、有关主管部门和工商行政管理、产品质量监督、交通等执法部门对相关旅游经营行为实施监督检查。

旅游业是综合性产业,旅游活动各环节涉及20多个部门,110多个行业,旅游经营涵盖多种主体,旅游监管也因此涉及多个部门,需要形成合力,才能取得好的效果。

保障旅游者和旅游经营者的合法权益,规范旅游市场秩序,保护和合理利用旅游资源,促进旅游业持续健康发展,一方面,需要县级以上人民政府的旅游、工商、质监、交通等与旅游市场监管关系密切的部门依照《旅游法》和有关法律、法规的规定,在各自职责范围内对旅游市场实施监督管理。另一方面,各部门各司其职,在监管中难免出现监管真空或交叉监管的问题,必须采取联合监管的方式,形成监管的合力。同时,为适应旅游业发展的客观要求,各地正在建设和形成统一的旅游大市场,跨行业、跨部门、跨区域的旅游监管成为趋势。因此,县级以上人民政府必须承担起对旅游市场实施综合监管的协调、组织和领导职责,建立和完善综合监管方式、工作机制和程序,加强旅游投诉统一受理、统一处理等制度建设,监督各部门依法履行职责和配合相关部门履行职责,落实责任追究等。

此外,《旅游法》第九十条规定:"依法成立的旅游行业组织依照法律、行政法规和章程的规定,制定行业经营规范和服务标准,对其会员的经营行为和服务质量进行自律管理,组织开展职业道德教育和业务培训,提高从业人员素质。"明确了旅游行业组织自律监督的职责,主要是监督会员的经营行为和服务质量,同时旅游行业组织应当采取多种形式,对从业人员开展职业道德教育和业务培训,提高从业人员素质。

二、旅游主管部门的监管权限

旅游行政执法权是旅游主管部门职权的重要方面,根据国务院的授权,国家旅游局负责旅游市场监管工作。《旅游法》第八十五条规定,县级以上人民政府旅游主管部门有权对下列事项实施监督检查:

(一)对旅行社经营许可及经营行为的监督检查

根据《旅游法》和《旅行社条例》的规定,要经营旅行社业务,必须事先获得旅游主管部门颁发的旅行社业务经营许可证,然后凭许可证向工商部门申领营业执照。至此,旅行社就可以直接经营境内旅游和入境旅游业务。如果没有取得旅游主管部门的许可而经营旅行社业务,就属于无证非法经营;旅行社如果要经营出境旅游和边境旅游业务,还必须再次向旅游主管部门申请,得到旅游主管部门许可后方能经营,否则,旅行社就属于超范围经营。对此,旅游主管部门有权依法进行监督检查。

旅游主管部门对旅行社经营行为的监督检查,应当涵盖旅行社服务的全过程,以下几个方面在监督检查时应该予以重点关注:旅行社在传统媒体及网络上发布的所有旅游信息是否真实明确;旅行社在组织旅游者旅游时是否与其签订了书面旅游合同,旅游合同的内容是否符合《旅游法》的具体规定;旅行社安排的服务项目是否符合我国法律规定和道德要求;旅行社在旅游行程中是否按照合同约定提供服务;旅行社提供的产品和服务是否安全,是否履行了相关安全警示告知义务和救助义务。

(二)对导游和领队执业许可及服务行为的监督检查

《旅游法》第三十七条和第三十九条分别确立了导游执业许可与领队执业许可制度。《导游人员管理条例》第八条规定,"导游人员进行导游活动时,应当佩戴导游证"。《中国公民出国旅游管理办法》第十条第三款规定,"领队在带团时,应当佩戴领队证,并遵守本办法及国务院旅游行政部门的有关规定"。可见,从事导游活动应当取得导游证,从事领队活动应当取得领队证。旅游主管部门在对导游和领队的执业许可进行监督检查时,主要检查为旅游者服务的导游或领队是否有导游证或者领队证,是否按规定佩戴导游证或领队证。

《旅游法》第四十条规定,"导游和领队为旅游者提供服务必须接受旅行社委派,不得私自承揽导游和领队业务"。同时,《旅游法》第四十一条还规定了导游和领队的从业行为规范。因此,旅游主管部门在对导游和领队的服务行为进行监督检查时,应当突出做好以下几个方面的监督检查:导游或领队带团是否接受旅行社委派;导游和领队是否按照合同约定提供服务,是否有擅自变更旅游行程或者中止服务活动,是否诱导、欺骗、强迫或者变相强迫旅游者购物或者参加另行付费的旅游项目,是否向旅游者索取小费。除此之外,还要对导游和领队的服务态度等进行监管。

（三）法律、法规规定的其他事项

旅游主管部门在对上述事项进行监督检查时,为保全证据,"对涉嫌违法"的"合同、票据、账簿及其他资料"有权进行查阅和复制。

县级以上人民政府旅游主管部门和有关部门及其工作人员在依法对旅游市场实施监督检查时,被检查的有关单位和个人对检查人员的监督检查要求不得拒绝,应当给予配合,包括回答检查人员提出的问题,为检查人员提供经营资料,比如旅游合同、财务账本、宣传资料、委托社和代理社之间的委托合同等。导游领队人员在带团中也应配合检查人员的现场检查,如提供导游证、团队行程等;对监督检查行为不得设置种种障碍,对检查事项的真实情况不得隐瞒不报,应实事求是地予以说明,对所说明的事实情况还应提供相应的佐证文件或资料;如果检查人员为了核实已初步了解的情况,依职权要求被检查的单位和个人提供相应的文件或资料的,被检查的单位和个人也应当如实提供。被检查单位和个人如果不履行以上配合义务将承担相应的法律后果。

三、旅游市场监管的执法规范

根据《旅游法》第八十六条的规定,县级以上人民政府旅游主管部门和有关部门在进行旅游市场监督检查时,应遵守以下规范:

（一）检查人员不得少于两人

按照《行政处罚法》的规定,在行政执法中,检查人员不得少于两人,这是行政执法中的一般规定。同样,旅游主管部门、有关主管部门和工商行政管理、产品质量监管、交通等执法部门依据有关法律、法规的规定对旅游市场进行监督检查时也必须遵守此规定,实施监督检查的人员不得少于两人。

（二）检查人员必须出示执法证

县级以上人民政府旅游主管部门和有关部门在对旅游市场进行监督检查时,检查人员必须出示县级以上地方人民政府颁发的行政执法证件或国务院有关主管部门颁发的行政执法证件,让被检查对象知晓监督检查人员的身份。

县级以上人民政府旅游主管部门和有关部门在对旅游市场进行监督检查时,监督检查人员"两人以上"和"出示合法证件"必须同时具备,否则,监督检查的对象可以拒绝检查。

（三）检查人员必须依法保密

监督检查人员对在监督检查中知悉的被检查单位的商业秘密和个人信息应当依法保密。旅游主管部门监督检查人员在进行旅游监督检查时,可能需要查阅旅游经营者的合同、票据、账簿、对外报价等,这些资料有的可能是旅游经营者的商业秘密,一旦泄露,将有可能给经营者的经营造成损失;旅游经营者直接面对广大旅游者,旅行社、住宿等旅游经营者按照有关法律法规的规定,或者按照交易习惯,通常会要求旅游者向其提供必要的个人信息,这些信息往往会在企业保存一段时间,且其数量较大,监督检查人员在检查中难免会接触到,不经当事人同意泄露,将可能给当事人的生产、生活造成麻烦,甚至带来损失。为此,监督检查人员对在监督检查中知悉的被检查单位的商业秘密和个人信息应当依法保密。

(四)旅游市场监管的禁止性规定

1. 旅游主管部门不得违法向监督管理对象收取费用

按照《价格法》等法规的规定,经过物价部门的审核批准,旅游主管部门向监管对象,比如旅行社、饭店、景点等企业收费,当然是可以的,但没有法律法规的授权,也没有经过物价部门的审核批准,旅游主管部门不能以监管为借口,迫使监管对象向旅游主管部门上交费用;也不能以降低处罚额度为借口,直接或者间接向监管管理对象索要费用。收费,应当依法进行,严格控制收费项目,限定收费范围、标准。收费的具体管理办法由国务院另行制定。目前,价格部门行使对行政事业性收费的监督管理权。未经价格部门核定的行政事业性收费,均应属于本法规定的"乱收费"。行政事业性收费之外,我国与旅游相关的法律法规中,除部分规定可以收取工本费外,还没有其他关于收费的规定。综上,除以上两种情形的收费,不论旅游部门还是其他相关部门,都在"乱收费"之列,应当严格禁止。

2. 旅游主管部门及其工作人员不得参与任何形式的旅游经营活动

一方面,旅游主管部门及其工作人员如果参与旅游经营活动,就很难公正无私地对旅游市场进行监管;另一方面,我国的《公务员法》和党政机关干部廉洁从政的有关规定中,明确将参与企业经营活动定性为违法违规行为。因此,旅游主管部门的工作人员不得参与旅游经营。

3. 旅游主管部门和有关部门工作人员不得滥用职权、玩忽职守、徇私舞弊

旅游主管部门和有关部门工作人员在履行监督管理职责中,

不得有违反法律、法规规定或者超越法定权限行使职权的行为,不得有不履行或者不正确履行法律、法规所规定的职责的行为,不得有为了私情或者谋取私利,故意违反事实和法律、法规的规定,否则作枉法处理。如果旅游主管部门和有关部门工作人员在履行监督管理职责中存在滥用职权、玩忽职守或徇私舞弊的行为,对尚不构成犯罪的,应当由任免机关、监察机关依法给予行政处分,构成犯罪的,则应当依法追究其刑事责任。

四、监督检查结果的处理

(一)对违法行为及时处理

县级以上人民政府旅游主管部门和有关部门,在监督检查过程中或者在处理旅游者的举报、投诉时,只要发现有违反《旅游法》等规定的行为,且属于本部门职责范围的事项,经查实确认后,应当依法及时地对违法的旅游经营者和个人做出行政处罚,并将其不涉及国家秘密、商业秘密和个人隐私的基本信息、违法事实、给予的行政处罚等记入信用档案,向社会公布。所谓"依法",不仅包括旅游主管部门执法所依据的《旅游法》,也包括其他部门执法所依据的法律法规。所谓"及时",就是对在监督检查中发现的违法行为要在相关的国务院部门规章及地方性法规规定的时限内做出处理决定;而对不属于本部门职责范围的事项,应当及时书面通知并移交有管辖权的部门查处。如旅游经营者违反《旅游法》的规定,给予或者收受贿赂的,一般应当首先由工商行政管理部门依照有关法律、法规的规定进行查处;工商部门认为旅游经营者的违法行为情节严重的,应当同时将案件转旅游主管部门办理。旅游主管部门应当对材料进行审查,必要时进行调查,并根据审查、调查结果做出处理决定。

旅行社等旅游经营者的经营行为具有跨地区的特点,因此其违法行为也可能分属于不同部门的管辖范围。为防止不同地区、不同部门在查处旅游经营者的违法行为时相互推诿、扯皮,提高行政效率,县级以上地方人民政府对需要跨部门、跨地区联合查处的违法行为应当进行督办。

（二）及时向社会公布监督检查情况

为增加县级以上人民政府旅游主管部门和有关部门监督检查工作的透明度,将旅游监督检查置于公众和舆论的监督下,提高监督检查和对违法行为处理结果的公平性、准确性,切实发挥旅游监督检查对旅游经营者的警示、教育和威慑作用。旅游主管部门和有关部门对本部门职权范围内的监督检查情况,包括旅游者投诉、举报的受理与否及其原因,旅游违法案件的详细情况,做出处罚或不予处罚决定的依据,旅游经营者及其从业人员的违法信息,以及重大监督检查行动和检查结果的情况等,应当在《政府信息公开条例》等法规规定的期限内,通过政府公报、政府网站、新闻发布会以及报刊、广播、电视等便于公众知晓的方式公布。

（三）建立旅游违法行为查处信息共享机制

对旅游违法行为的查处,因其涉及领域较多,如果部门间不能实现有效的沟通,难以避免"一事多罚"情况的发生。此外,旅游活动和旅游经营的跨地域性、综合性、流动性,易造成不同地区、不同部门之间的重复调查、重复取证,或所取证据不相一致等情形。既浪费了行政资源,影响了行政效率,也影响到处罚的公正性。因此,建立旅游违法行为查处信息共享机制,能够让旅游主管部门和有关部门对于旅游经营者的诚信度、守法性有全面的了解,有针对性地加强对旅游经营者的监管,客观上也会督促旅游经营者消除侥幸心理,严格按照法律法规和标准为旅游者提供约定的服务,有利于保护旅游者的权益。但是,旅游违法行为跨部门的综合性特点,决定了只有政府才能够解决旅游违法行为查处信息部门之间不畅通的问题。因此,县级以上人民政府要根据各地实际情况,承担建立旅游违法行为查处信息共享机制的责任,统筹协调旅游主管部门和有关部门之间的关系,明确共享信息的内容、信息共享的程序性规定,以及各部门在信息共享工作中的责任等。

第二节　旅游行政处罚

一、旅游行政处罚概述

(一)旅游行政处罚的概念和原则

2013年5月12日国家旅游局颁布《旅游行政处罚办法》,自2013年10月1日起施行。

旅游行政处罚是指县级以上旅游主管部门及其委托的旅游质监执法机构,依照法定职权和程序,对本地区违反旅游相关行政法规尚未构成犯罪的旅游经营者和从业人员,给予行政制裁的行为。

根据《旅游行政处罚办法》第三条的规定,实施旅游行政处罚,应当遵循以下原则:

1. 合法合理原则

县级以上旅游主管部门实施旅游行政处罚时,一方面,只有对行政法规、地方性法规或者规章规定给予行政处罚的旅游经营者和从业人员,才能依法给予行政处罚;另一方面,实施行政处罚要依照《旅游行政处罚办法》规定的程序实施,不能违反法定的程序,而且实施的行政处罚必须以事实为依据,与违法行为的事实、性质、情节以及社会危害程度相当。

2. 公正公开原则

旅游行政处罚的公正原则,就是县级以上旅游主管部门在对违法的旅游经营者和从业人员进行行政处罚时,必须依法裁判,公平处罚。对性质相同、情节相近、危害后果基本相当、违法主体类同的违法行为,处罚种类及处罚幅度应当基本一致。不能同等情况给予不同处罚,也不能不同情况给予相同处罚。另外,还不能违反公正的程序。旅游行政处罚的公开原则是指县级以上人民政府旅游主管部门对于有关旅游行政处罚的法规、执法人员身份、主要事实根据等与行政处罚有关的情况,除可能危害公共利益或者损害其他公民或者组织的合法权益并由法律、法规特别规定的以外,都应向当事人公开。同时,为保证旅游行政处罚的公正,旅游行政执法人员如果是旅游行政处罚案件的当事人或者其近亲属,或者行政执法人员或者其近亲属与本案有直接利害关系,或者行政执法人员与当事人有其他关系,可能影响公正执法的,应当自行回避,当事人及其代理人也有权申请其回避。

3.处罚与教育相结合的原则

旅游行政处罚,不仅是惩罚违法的旅游经营者和从业人员,并通过惩罚防止其再次违法,而且是寓教育于惩罚之中,使违法的旅游经营者和从业人员通过处罚受到教育,自觉遵守法律秩序,同时教育其他的旅游经营者和从业人员要遵守法律法规。

4.职能分离原则

旅游行政处罚的职能分离原则主要包括:旅游行政罚权的设定机关与实施机关相分离;做出处罚决定的机关与收缴罚款的机构相分离,旅游主管部门和执法人员应当严格执行罚缴分离的规定,不得非法自行收缴罚款。罚没款及没收物品的变价款,应当全部上缴国库,任何单位和个人不得截留、私分或者变相私分。

5.一事不再罚原则

所谓"一事不再罚",是指县级以上旅游主管部门不得以同一事实和同一依据,对旅游行政处罚案件的当事人的同一个违法行为给予两次罚款的行政处罚。

(二)旅游行政处罚的种类和实施主体

依据《旅游行政处罚办法》第四条规定,旅游行政处罚的种类包括:

1. 警告;

2. 罚款;

3. 没收违法所得;

4. 暂停或者取消出国(境)旅游业务经营资格;

5. 责令停业整顿;

6. 暂扣或者吊销导游证、领队证;

7. 吊销旅行社业务经营许可证;

8. 法律、行政法规规定的其他种类。

根据《旅游行政处罚办法》第八条和第九条的规定,旅游行政处罚的实施主体包括县级以上旅游主管部门及法律、法规授权从事旅游执法的机构两类。

法律、法规授权从事旅游执法的机构,应当在法定授权范围内以自己的名义实施行政处罚,并对该行为的后果独立承担法律责任。

县级以上旅游主管部门应当在法定职权范围内实施行政处罚。

旅游主管部门可以在其法定职权范围内委托符合法定条件的旅游质监执法机构实施行政处罚,并对该行为的后果承担法律责任。旅游主管部门委托实施行政处罚时,可以设定委托期限,应当与受委托机构签订书面委托书,载明受委托机构名称、委托的依据、事项、权限和责任等内容,报上一级旅游主管部门备案,并将受委托机构名称、委托权限和事项向社会公示。受委托机构在委托范围内,以做出委托的旅游主管部门的名义实施行政处罚。

二、旅游行政处罚的管辖

(一)地域管辖

旅游行政处罚的地域管辖,简单地讲,就是旅游行政处罚由违法行为发生地的县级以上旅游主管部门管辖。

　　国家旅游局负责查处在全国范围内有重大影响的案件。

　　省、自治区、直辖市旅游主管部门负责查处本地区内重大、复杂的案件。

　　设区的市级和县级旅游主管部门的管辖权限,由省、自治区、直辖市旅游主管部门确定。

　　吊销旅行社业务经营许可证、导游证、领队证或者取消出国(境)旅游业务经营资格的行政处罚,由设区的市级以上旅游主管部门做出。

　　(二)移送管辖

　　当旅游主管部门发现已立案的案件不属于自己管辖时,应当在 10 日内移送有管辖权的旅游主管部门或者其他部门处理。接受移送的旅游主管部门认为案件不属于本部门管辖的,应当报上级旅游主管部门指定管辖,不得再自行移送。违法行为构成犯罪的,应当按照《行政执法机关移送涉嫌犯罪案件的规定》,将案件移送司法机关,不得以行政处罚代替刑事处罚。

　　旅行社组织境内旅游,旅游主管部门在查处地接社的违法行为时,发现组团社有其他违法行为的,应当将有关材料或其副本送组团社所在地县级以上地方旅游主管部门。旅行社组织出境旅游违法行为的处罚,由组团社所在地县级以上地方旅游主管部门管辖。

　　(三)指定管辖

　　指定管辖是指上级旅游主管部门以决定的方式指定下一级旅游主管部门对某一行政处罚行使管辖权。上级旅游主管部门有权查处下级旅游主管部门管辖的案件,也可以把自己管辖的案件移交下级旅游主管部门查处。下级旅游主管部门对其管辖的案件,认为需要由上级旅游主管部门查处的,可以报请上级旅游主管部门决定。

　　两个以上旅游主管部门都有管辖权的行政处罚案件,由最先立案的旅游主管部门管辖,或者由相关旅游主管部门协商;协商不成的,报共同的上级旅游主管部门指定管辖。

三、旅游行政处罚的适用与决定程序

(一)旅游行政处罚的适用

各级旅游主管部门在行使旅游行政处罚时,应当综合考虑违法行为的具体方式、手段、程度或者次数、危害的对象或者所造成的危害后果、当事人的主观过错程度、改正违法行为的态度、措施和效果。

当事人的同一违法行为同时违反两个以上法律、法规或者规章规定的,效力高的优先适用。

法律、法规、规章规定两种以上处罚可以单处或者并处的,可以选择适用;规定应当并处的,不得选择适用。

违法行为轻微并及时纠正,且没有造成危害后果的,不予处罚。违法行为在 2 年内未被发现的,不再给予行政处罚,但法律另有规定的除外。

对于主动消除或者减轻违法行为危害后果、受他人胁迫实施违法行为的、配合行政机关查处违法行为有立功表现的当事人,以及其他依法应当从轻或者减轻处罚的情形,应当从轻或者减轻处罚。

执法人员在现场检查中发现违法行为或者实施行政处罚时,应当责令当事人立即改正违法行为。不能立即改正的,应当责令限期改正,限期改正期限一般不得超过 15 日,改正期间当事人应当停止相关违法行为。

责令改正应当以书面形式做出,可以一并列入行政处罚决定书。单独出具责令改正通知书的,应当说明违法行为的事实,以及责令改正的依据、期限、要求。

(二)旅游行政处罚的决定程序

旅游行政处罚的决定程序是指行政处罚实施主体在做出处罚决定过程中所要遵循的步骤、方式、时限和顺序。根据行政处罚法的规定,处罚决定程序有简易程序和一般程序两种。

1. 旅游行政处罚的简易程序

旅游行政处罚的简易程序是指当场处罚程序。对于违法事实清楚、证据确凿并有法定依据,对公民处以 50 元以下、对法人或者其他组织处以 1000 元以下罚款或者警告的旅游行政处罚,可以适用简易程序,当场做出行政处罚决定。

旅游行政处罚简易程序的内容包括:

当场做出旅游行政处罚决定时,执法人员应当制作笔录,并遵守下列规定:

(1)不得少于两人,并向当事人出示行政执法证件。

(2)向当事人说明违法的事实、处罚的理由和依据以及拟给予的行政处罚。

(3)询问当事人对违法事实、处罚依据是否有异议,并告知当事人有陈述、申辩的权利,听取当事人的陈述和申辩。

(4)责令当事人改正违法行为,并填写预定格式、编有号码、盖有旅游主管部门印章的行政处罚决定书,由执法人员和当事人签名或者盖章,并将行政处罚决定书当场交付当事人。

(5)依法当场收缴罚款的,应当向当事人出具省、自治区、直辖市财政部门统一制发的罚款收据。

当场做出行政处罚决定的,执法人员应当在决定之日起 3 日内向旅游主管部门报告;当场收缴的罚款应当在规定时限内存入指定的银行。

当场处罚决定书应当载明《旅游行政处罚办法》第五十一条规定的内容和做出处罚的地点。

2. 旅游行政处罚的一般程序

一般程序也称普通程序,是除简易程序以外做出处罚所适用的程序。这一程序适用范围十分广泛,比简易程序要复杂、严格,是处罚中的基本程序。一般程序包括以下七个具体步骤:

(1)立案。旅游主管部门在监督检查、接到举报、处理投诉或者接受移送、交办的案件,发现当事人的行为涉嫌违反旅游法律、法规、规章时,对符合下列条件的,应当经案件承办机构或者旅游主管部门负责人批准,在7个工作日内立案;案件情况复杂的,经承办机构负责人批准,立案时间可以延长至14个工作日内。

①对该行为可能做出行政处罚的。

②属于本部门管辖的。

③违法行为未过追责时效的。

旅游主管部门对不符合立案条件的,不予立案;立案后发现不符合立案条件的,应当撤销立案。

对实名投诉、举报不予立案或者撤销立案的,应当告知投诉人、举报人,并说明理由。

在现场检查中发现旅游违法行为时,认为证据以后难以取得的,可以先行调查取证,并在10日内决定是否立案和补办立案手续。

(2)调查取证。对已经立案的案件,案件承办机构应当指定两名以上的执法人员承办,及时组织调查,获取当事人的陈述和辩解、证人证言、现场笔录、勘验笔录、询问笔录、听证笔录、鉴定意见、视听资料、电子数据和书证、物证等旅游行政处罚的证据。其中能据以认定事实的证据,应当合法取得,并经查证属实。旅游主管部门办理移送或者指定管辖的案件,应当对原案件办理部门依法取得的证据进行核实。需要委托其他旅游主管部门协助调查取证的,应当出具书面委托调查函。受委托的旅游主管部门应当予以协助;有正当理由确实无法协助的,应当及时函告。

旅游行政执法人员在调查、检查时应当遵守的规定：

①不得少于两人。

②佩戴执法标志，并向当事人或者有关人员出示执法证件。

③全面、客观、及时、公正地调查违法事实、违法情节和危害后果等情况。

④询问当事人时，应当告知其依法享有的权利。

⑤依法收集与案件有关的证据，不得以诱导、欺骗等违法手段获取证据。

⑥如实记录当事人、证人或者其他有关人员的陈述。

⑦除必要情况外，应当避免延误团队旅游行程。

旅游行政执法人员在调查、检查时，有权进入有关场所进行检查、勘验、先行登记保存证据、录音、拍照、录像；有权询问当事人及有关人员，要求其说明相关事项和提供有关材料；有权查阅、复制经营记录和其他有关材料。

旅游行政执法人员在调查取证时，有下列情形之一的，可以终结调查：

①违法事实清楚、证据充分的。

②违法事实不成立的。

③作为当事人的自然人死亡的。

④作为当事人的法人或者其他组织终止，无法人或者其他组织承受其权利义务，又无其他关系人可以追查的。

⑤其他依法应当终结调查的情形。

调查终结后，对违法行为应当给予处罚的，执法人员应当提出行政处罚建议，并报案件承办机构或者旅游主管部门负责人批准；不予处罚或者免予处罚的，报案件承办机构或者旅游主管部门负责人批准后，终止案件。

（3）告知。旅游主管部门在做出行政处罚决定前，应当以书面形式告知当事人做出行政处罚决定的事实、理由、依据和当事人依法享有的陈述、申辩权利。

旅游主管部门可以就违法行为的性质、情节、危害后果、主观过错等因素，以及选择的处罚种类、幅度等情况，向当事人做出说明。

旅游主管部门应当充分听取当事人的陈述和申辩并制作笔录，对当事人提出的事实、理由和证据，应当进行复核。当事人提出的事实、理由或者证据成立的，应当予以采纳；不能成立而不予采纳的，应当向当事人说明理由。

旅游主管部门不得因当事人申辩而加重处罚。

（4）听证。听证是指旅游主管部门在做出处罚决定之前，对除涉及国家秘密、商业秘密或者个人隐私的旅游行政处罚案件外，为保障当事人的合法权益，遵循公开、公正和效率的原则，公开举行由当事人参加的听证会，对事实进行质证、辩驳，从而查明事实的过程。听证是一般程序中的特殊程序，只适用于需要听证的案件。

根据《旅游行政处罚办法》的规定，旅游主管部门做出较大数额罚款、没收较大数额违法所得、取消出国（境）旅游业务经营资格、责令停业整顿、吊销旅行社业务经营许可证、导游证或者领队证等行政处罚决定前，应当以书面形式告知当事人有申请听证的权利。其中"较大数额"，对公民为1万元人民币以上、对法人或者其他组织为5万元人民币以上；地方人民代表大会及其常务委员会或者地方人民政府另有规定的，从其规定。

听证的具体步骤一般包括：

①通知听证。对于申请人提出听证申请的，旅游主管部门接到申请后，应当在30日内举行听证，并在听证7日前，将举行听证的时间、地点、主持人，以及当事人可以申请听证回避、公开、延期、委托代理人、提供证据等事项，书面通知当事人。

②组织听证。听证应当由旅游主管部门负责法制工作的机构

承办,由旅游主管部门负责人指定的非本案调查人员担任的主持人一名和听证员若干组织,也可以由主持人一人组织。一名书记员负责记录。涉及专业知识的听证案件,可以邀请有关专家担任听证员。

听证参加人由案件调查人员、当事人和与本案处理结果有直接利害关系的第三人及其委托代理人等组成。公开举行的听证,公民、法人或者其他组织可以申请参加旁听。

当事人在听证中有下列权利:当事人有正当理由要求延期的,经听证承办机构负责人批准可以延期一次,并通知听证参加人。延期不得超过 15 日;认为听证主持人、听证员或者书记员与本案有直接利害关系的,有权向旅游主管部门提出回避申请。对案件事实、适用法律及有关情况进行陈述和申辩;对案件调查人员提出的证据进行质证并提出新的证据;核对听证笔录,依法查阅案卷相关证据材料。此外,当事人应当按期参加听证,未按期参加听证且未事先说明理由的,视为放弃听证权利。

当事人、案件调查人员、第三人、有关证人举证、质证应当客观、真实,如实陈述案件事实和回答主持人的提问,遵守听证纪律。

③终止听证。当申请人撤回听证申请,申请人无正当理由不参加听证会、在听证中擅自退场,或者严重违反听证纪律被听证主持人责令退场,或者有应当终止听证的其他情形的,可以终止听证。听证举行过程中终止听证的,应当记入听证笔录。

④提交听证报告。听证结束后,听证主持人应当向旅游主管部门提交听证报告,对违法事实清楚、证据充分、适用法律、法规、规章正确,过罚相当的,建议做出处罚;对违法事实清楚、证据充分,但适用法律、法规、规章错误或者处罚显失公正的,建议重新做出处罚;对违法事实不清、证据不足,或者由于违反法定程序可能影响案件公正处理的,建议另行指定执法人员重新调查。

听证会结束后,行政处罚决定做出前,执法人员发现新的违法事实,对当事人可能加重处罚的,应当按照《旅游行政处罚办法》第三十六条、第四十条的规定,重新履行处罚决定告知和听证告知程序。

(5)审查。旅游行政处罚案件调查终结并依法告知、听证后,需要做出行政处罚的,执法人员应当填写行政处罚审批表,经案件承办机构负责人同意后,报旅游主管部门负责人批准。

旅游主管部门应当对调查结果进行审查,根据下列情况,分别做出处理:

①确有应受行政处罚的违法行为的,根据情节轻重及具体情况,做出行政处罚决定。

②违法行为轻微,依法可以不予行政处罚的,不予行政处罚。

③违法事实不能成立的,不得给予行政处罚。

④违法行为已构成犯罪的,移送司法机关。

对情节复杂的案件或者因重大违法行为给予公民3万元以上罚款、法人或者其他组织20万元以上罚款,取消出国(境)旅游业务经营资格,责令停业整顿,吊销旅行社业务经营许可证、导游证、领队证等行政处罚的,旅游主管部门负责人应当集体讨论决定。地方人民代表大会及其常务委员会或者地方人民政府对集体讨论的情形另有规定的,从其规定。

(6)决定。经过审查,对于旅游行政处罚案件应当自立案之日起的3个月内做出决定,并制作行政处罚决定书。案情复杂或者重大的,经旅游主管部门负责人批准可以延长,但不得超过3个月。但是,案件办理过程中组织听证、鉴定证据、送达文书,以及请示法律适用或者解释的时间,不计入期限。旅游行政处罚决定书应当载明下列内容:

①当事人的姓名或者名称、证照号码、地址、联系方式等基本情况;

②违反法律、法规或者规章的事实和证据；

③行政处罚的种类和依据；

④行政处罚的履行方式和期限；

⑤逾期不缴纳罚款的后果；

⑥不服行政处罚决定，申请行政复议或者提起行政诉讼的途径和期限；

⑦做出行政处罚决定的旅游主管部门名称和做出决定的日期，并加盖部门印章。

(7)旅游行政处罚文书的送达。旅游行政处罚文书的送达就是依照法定的程序与方式，将旅游处罚决定书交付当事人。送达的方式有直接送达、留置送达、委托送达、邮寄送达和公告送达等。

四、旅游行政处罚的执行与结案

(一)旅游行政处罚的执行原则

除处罚机关或行政复议机关认为需要停止执行的，申请人申请停止执行，行政复议机关认为其要求合理决定停止执行，或者人民法院认为执行会造成难以弥补的损失，并且停止执行不损害社会性公共利益，裁定停止执行的；法律、法规规定的其他情形之外，当事人应当在行政处罚决定书确定的期限内，无条件地全面、实际履行处罚决定。

(二)旅游行政处罚中罚款的履行

1. 罚缴分离

即旅游主管部门和执法人员对旅游行政处罚案件的当事人做出罚款的处罚时，一般不得自行收缴罚款。如果是依法当场收缴罚款的，应当向当事人出具省、自治区、直辖市财政部门统一制发的罚款收据，并应当在规定时限内存入指定的银行。

2.履行缴纳罚款的期限

被处以罚款的,应当自收到行政处罚决定书之日起 15 日内,向指定的银行缴纳罚款。

3.罚款的分期、暂缓缴纳

当事人确有经济困难,需要延期或者分期缴纳罚款的,应当在行政处罚决定书确定的缴纳期限届满前,向做出行政处罚决定的旅游主管部门提出延期或者分期缴纳的书面申请。

批准当事人延期或者分期缴纳罚款的,应当制作同意延期(分期)缴纳罚款通知书,送达当事人,并告知当事人缴纳罚款时,应当向收缴机构出示。

延期、分期缴纳罚款的,最长不得超过 6 个月,或者最后一期缴纳时间不得晚于申请人民法院强制执行的最后期限。

4.到期不缴纳罚款的处罚

当事人到期不缴纳罚款的,做出处罚决定的旅游主管部门可以每日按罚款数额的 3% 加处罚款,但加处罚款的数额不得超出罚款额;或向旅游主管部门所在地有管辖权的人民法院申请强制执行。

(三)申请人民法院予以强制执行

1.申请人民法院强制执行前的催告

旅游主管部门申请人民法院强制执行前,应当催告当事人履行义务。催告应当以书面形式做出,并载明履行义务的期限、履行义务的方式、涉及金钱给付的,应当有明确的金额和给付方式、当事人依法享有的陈述权和申辩权。

旅游主管部门应当充分听取当事人的意见,对当事人提出的事实、理由和证据,应当进行记录、复核。当事人提出的事实、理由或者证据成立的,应当采纳。

2.向人民法院申请强制执行

当事人逾期既不向人民法院提起行政诉讼,又不履行处罚决定的,以及催告书送达 10 日后当事人仍未履行义务的,做出处罚决定的旅游主管部门可以向所在地有管辖权的人民法院申请强制执行。

　　旅游主管部门向人民法院申请强制执行,应当在行政处罚决定书送达后,当事人未申请行政复议或者提起行政诉讼的,在处罚决定书送达之日起 3 个月后起算的 3 个月内;复议决定书送达后当事人未提起行政诉讼的,在复议决定书送达之日起 15 日后起算的 3 个月内;人民法院对当事人提起行政诉讼做出的判决、裁定生效之日起 3 个月内。

　　旅游主管部门向人民法院申请强制执行,应当提供强制执行申请书、处罚决定书及做出决定的事实、理由和依据、旅游主管部门的催告及当事人的陈述或申辩情况、申请强制执行标的情况、法律、行政法规规定的其他材料。强制执行申请书应当由旅游主管部门负责人签名,加盖旅游主管部门的印章,并注明日期。

　　(四)旅游行政处罚的结案

　　对于旅游行政处罚案件,有下列情形之一的,应当结案:

　　1. 行政处罚决定由当事人履行完毕的。

　　2. 行政处罚决定依法强制执行完毕的。

　　3. 不予处罚或者免予处罚等无须执行的。

　　4. 行政处罚决定被依法撤销的。

　　5. 旅游主管部门认为可以结案的其他情形。

　　结案的旅游行政处罚案件,应当制作结案报告,报案件承办机构负责人批准。结案报告应当包括案由、案源、立案时间、当事人基本情况、主要案情、案件办理情况、复议和诉讼情况、执行情况、承办人结案意见等内容。旅游行政处罚案件结案后 15 日内,案件承办人员应当将案件材料立卷,案卷材料可以分为正卷、副卷,立卷完成后应当立即将案卷统一归档。

第三节　旅游纠纷与旅游投诉处理

一、旅游纠纷的解决途径

旅游纠纷是指旅游者与旅游经营者之间因旅游发生的合同纠纷或者侵权纠纷。根据《旅游法》第九十二条的规定,当旅游者与旅游经营者发生纠纷时,可以通过下列途径解决:

(一)双方协商

双方协商又称双方和解,即由旅游者和旅游经营者双方协商,在自愿平等的基础上,本着解决问题的诚意,通过摆事实讲道理,交换意见互谅互让,从而协商解决纠纷的一种方法。这种方法直接、及时、平和,成本较低,对双方都有利。但双方协商的缺点在于协商结果无法律上的强制力,一旦一方或双方反悔,则需要通过其他途径再行解决。

(二)向消费者协会、旅游投诉受理机构或者有关调解组织申请调解

调解是指在中立第三方的主持下,通过劝解、疏导等,使双方自愿进行协商,达成协议、解决纠纷的方法。与仲裁、诉讼相比、调解程序简便快捷;与双方当事人协商和解相比,调解因有处于中立地位的第三方参与,双方当事人更容易达成一致。

关于主持调解的第三方的选择,旅游法第九十三条规定,"消费者协会、旅游投诉受理机构和有关调解组织在双方自愿的基础上,依法对旅游者与旅游经营者之间的纠纷进行调解"。旅游者是消费者,旅游纠纷是消费纠纷,根据《消费者权益保护法》的规定,消费者协会具有调解功能,旅游纠纷的双方可以向消费者协会申请调解;根据《旅游法》的规定,旅游投诉受理机构具有调解功

能,争议双方也可向其申请调解;除此之外,法定的调解机构还有人民调解委员会,《中华人民共和国人民调解法》对人民调解委员会的调解程序和调解协议效力等内容做了规定,民间也还有各种各样的调解组织。

根据《旅游法》的规定,采用调解的方式处理旅游纠纷,首先要遵循自愿原则,即调解工作必须在双方当事人自愿的基础上进行,而且调解协议的内容必须出自双方自愿;其次,要遵循合法原则,即调解工作要以事实为根据,在分清是非的基础上,正确地适用实体法来确定双方当事人的权利和义务,调解协议的内容不得与民事法律中的禁止性规定相冲突,不得侵害国家利益、社会公共利益,不得违反公序良俗和损害第三人的合法权益。最后,调解终结原则。旅游纠纷调解结束时,要制作调解协议书,由旅游者、旅游经营者、调解人员共同签字确认。从调解纠纷工作看,不论最终旅游者和旅游企业是否达成协议,一般情况下,就同一纠纷,调解部门只需要调解一次,如果其他部门已经受理了旅游纠纷,调解机构就不再受理。同时,如果旅游者和旅游企业最终不能达成一致,调解破裂可以结案。如果一个旅游纠纷已经调解完毕,没有新的损害证据,旅游者提出再次调解,也可以不再受理。

需要特别说明的是,根据我国现行法律法规,除经人民调解委员会调解并经人民法院司法确认的调解协议外,一般的调解协议,不具有法律强制力,由双方自愿履行,一旦当事人一方或双方反悔,则需通过其他途径再行解决。

(三)根据与旅游经营者达成的仲裁协议提请仲裁机构仲裁

当旅游者与旅游经营者发生纠纷时,如果协商或者调解不成,纠纷双方可以根据事先或事后达成的书面仲裁协议自愿将纠纷提交第三方裁决。根据《仲裁法》的规定,纠纷双方用仲裁方式解决纠纷,应当双方自愿,达成书面仲裁协议,没有仲裁协议,一方申请仲裁的,仲裁机构不予以受理。仲裁没有级别管辖和地域管辖,仲裁机构也不按行政区划设置,旅游纠纷双方可以按双方的意愿选择任何仲裁机构对纠纷进行仲裁。仲裁裁决具有强制性,旅游纠纷双方达成书面仲裁协议后,双方都应当履行,否则另一方有权申请人民法院强制执行。仲裁实行一裁终局制度,裁决做出后,除被人民法院裁定撤销或者不予以执行的外,产生法律效力,旅游纠纷双方就同一争议再申请仲裁或者向人民法院起诉的,仲裁委员会或人民法院不予受理。

（四）向人民法院提起诉讼

诉讼是人民法院代表国家通过行使司法审判权来解决争议的一种途径。人民法院做出的判决或裁定一经生效,就有国家强制力保证其实施,具有最高的权威性和最终的决定力。旅游纠纷主要是旅游者与经营者之间就民事权益所产生的争议,应按民事诉讼程序进行。需要说明的是,双方协商、调解不是提起诉讼的必经程序,只要一方认为有必要,即可直接向法院提起诉讼。

综上可见,双方协商、调解、仲裁和诉讼各有不同的特点,当旅游者与旅游经营者之间发生纠纷时,可以根据自身需要来选择运用,保护自己的合法权益。另外,当旅游纠纷中的旅游者一方人数众多并有共同请求时,可推选代表人参加协商、调解、仲裁、诉讼活动。

二、旅游投诉概述

（一）旅游投诉的定义与特点

《旅游投诉处理办法》经 2010 年 1 月 4 日国家旅游局第一次局长办公会议审议通过,自 2010 年 7 月 1 日起施行。

《旅游投诉处理办法》第二条规定,旅游投诉,是指旅游者认为旅游经营者损害其合法权益,请求旅游行政管理部门、旅游质量监督管理机构或者旅游执法机构（以下统称"旅游投诉处理机构"）,对双方发生的民事争议进行处理的行为。

旅游投诉的特点是：

1. 投诉人是与所投诉的案件有直接利害关系的旅游者。有直接利害关系的旅游者，指旅游经营者或者旅游履行辅助人的行为直接导致其合法人身、财产权益受到损害而依法行使相应请求权的旅游者。这里的"旅游经营者"，是指旅行社、景区以及为旅游者提供交通、住宿、餐饮、购物、娱乐等服务的经营者；"履行辅助人"，是指与旅行社存在合同关系，协助其履行包价旅游合同义务，实际提供相关服务的法人或者自然人。

2. 被投诉人有损害旅游者合法权益的行为发生，且这种损害行为具有违反旅游合同约定或者侵害旅游者人身、财产权益的性质。

3. 投诉人的人身、财产权益损害与被投诉人的违约或者侵害行为之间有因果关系。

4. 投诉所涉及的纠纷应当发生在旅游活动中，双方的争议属于民事争议。

5. 旅游投诉受理机关是旅游投诉处理机构，其处理投诉的行为，是旅游行政管理部门的行政调解行为。

（二）旅游投诉受理机构

《旅游投诉处理办法》规定，旅游投诉处理机构是旅游行政管理部门、旅游质量监督管理机构或者旅游执法机构的统称。

旅游者在旅游过程中，可能与旅游相关的各个环节、不同行业的经营者发生纠纷，这些不同环节、不同行业各有主管部门负责监管，旅游者往往并不清楚县级以上人民政府内部各个部门的职责范围和监管权限。当与旅游经营者发生纠纷时，旅游者要准确地向有权限的部门进行投诉，既不方便，也不利于纠纷的及时解决。因此，《旅游法》第九十一条规定，县级以上人民政府应当指定或者设立统一的旅游投诉受理机构。受理机构接到投诉，应当及时进行处理或者移交有关部门处理，并告知投诉者。县级以上人民政府应当承担起统筹各部门受理有关旅游投诉的职能,指定或者设立统一的旅游投诉受理机构,并对该机构的职能、运作等事项做出配套规定。

旅游投诉受理机构的主要职能包括:

1. 统一接受旅游者的投诉

"受理"是指接受旅游者的投诉请求,据此,投诉受理机构在接到旅游者的投诉请求后,需要如实将投诉人姓名、联系方式、具体请求事项等有关情况记录在案。

2. 自行处理或将投诉转交各有关部门进行处理

旅游投诉受理机构接到旅游者投诉请求并记录在案后,需要按照政府各部门职责分工,及时将投诉交有关部门进行办理。如政府指定的旅游投诉统一受理机构本身即具有一定的投诉处理权,如旅游质量监督机构、旅游执法机构等,在接到投诉请求后,要秉持"以旅游者为本"的理念,应当在规定时限内尽快自行处理。对于不属于自身职责范围的投诉,及时转给有受理权限的部门,请他们快速处理投诉。

3. 将有关信息告知投诉人

旅游投诉受理机构接受投诉后,不论自己有权处理的,还是转办其他部门处理的,都要将确定的处理部门或机构的联系人、联系方式等信息告知投诉人。由投诉受理机构负责处理的,投诉受理机构还应当向投诉人告知投诉处理结果;移交其他部门处理的,投诉受理机构也应当跟踪了解处理情况,并告知投诉人。

此外,《旅游投诉处理办法》还规定,旅游投诉处理机构应当每季度公布旅游者的投诉信息,为受理的投诉制作档案并妥善保管相关资料。

(三)旅游投诉人与被投诉人

1. 旅游投诉人

旅游投诉人是指与旅游投诉事项有直接利害关系,以自己的名义请求旅游投诉受理机构维护自身旅游合法权益的旅游者。包括三类:一是旅游合同纠纷中发生争议的旅游合同关系中的旅游者;二是侵权纠纷中因旅游经营者的责任致使其人身、财产受到损害的旅游者;三是因不可抗力、意外事故致使旅游合同不能履行或者不能完全履行而发生争议的旅游者。

2. 旅游被投诉人

被投诉人是指被旅游投诉人投诉违反旅游合同或者侵犯其旅游合法权益,需要承担相应民事责任,并经旅游投诉受理机构通知应诉的旅游经营者。主要包括旅游经营者及其从业人员。

根据《旅游投诉处理办法》,旅游投诉人享有下列权利和义务:

(1)有权与被投诉人和解。

(2)有权放弃或变更投诉请求。

(3)有权委托代理人进行投诉活动;投诉人4人以上,以同一事由投诉同一被投诉人的,可以共同投诉。

(4)旅游投诉受理机构调解不成,或者调解书生效后没有执行的,投诉人可以按照国家法律、法规的规定,向仲裁机构申请仲裁或者向人民法院提起诉讼。

(5)投诉人应当按要求向旅游投诉受理机构递交书面投诉书,并按被投诉人数提出副本。投诉事项比较简单的,投诉人可以口头投诉,由旅游投诉受理机构进行记录或者登记。

(6)投诉人应当对自己的投诉提供证据。

根据旅游投诉处理办法,旅游被投诉人享有下列权利和义务:

(1)被投诉人有权与投诉人自行和解。

(2)有权依据事实,反驳投诉请求,提出申辩,请求保护其合法权益。

(3)被投诉人应当在接到通知之日起十日内做出书面答复,提出答辩的事实、理由和证据。

（4）被投诉人应当对自己的答辩提供证据，不得隐瞒阻碍调查工作。

（四）旅游投诉书

旅游投诉书是旅游投诉人在其旅游合法权益遭受侵害或与旅游经营者、旅游履行辅助人发生旅游合同纠纷时，向旅游投诉受理机构投诉，陈明事实和理由，要求旅游投诉受理机构依法解决旅游纠纷，维护其合法权益的一种书状。

旅游投诉书是投诉人维护其合法权益的工具，是旅游投诉受理机构受理投诉的根据，是被投诉人答辩的依据，在旅游投诉中有重要的地位和作用。

向旅游投诉受理机构投诉是一种严肃的法律行为，因而制作投诉书必须严肃、认真，符合规定要求。

制作投诉书的要求主要有以下几点：

1. 投诉人与投诉事项有直接利害关系。

2. 有明确的被投诉人、具体的投诉请求、事实和理由。

投诉书一般应当采取书面形式，一式两份。投诉事项比较简单的，投诉人可以口头投诉，由旅游投诉处理机构进行记录或者登记，并告知被投诉人；投诉书应载明下列事项：

1. 投诉人的姓名、性别、国籍、通信地址、邮政编码、联系电话及投诉日期等。

2. 被投诉人的名称、所在地。

3. 投诉的要求、理由及相关的事实根据。

投诉要求也称请求事项，是投诉的目的和要求。请求事项由旅游纠纷的性质决定，诸如要求赔偿经济损失，要求追究违约责任等；请求事项为多项的，可分项列写。事实与理由是投诉书的重点。投诉人书写投诉书时，要客观真实地陈述投诉的事件内容，陈述的事件经过应尽量具体、详细，切忌含糊其辞、内容不清；提供的证据要真实有效，主要包括旅游合同、旅游行程表、旅游发票，与旅行社签订的各种有效凭证或材料,以及旅游中权益受到侵害的事实凭证,如车船票据、门票、购物发票等;提出的赔偿请求和主张要合法合理。

（五）代理投诉与共同投诉

1.代理投诉

代理投诉是投诉人委托代理人进行投诉。《旅游投诉处理办法》规定,投诉人可以委托代理人投诉,投诉人委托代理人进行投诉活动的,应当向旅游投诉受理机构提交授权委托书,并载明委托权限。

2.共同投诉

《旅游法》第九十四条规定,旅游者与旅游经营者发生纠纷,旅游者一方人数众多并有共同请求的,可以推选代表人参加协商、调解、仲裁、诉讼活动。

《旅游投诉处理办法》规定,投诉人4人以上,以同一事由投诉同一被投诉人的,为共同投诉。共同投诉可以由投诉人推选1至3名代表进行投诉。代表人参加旅游投诉受理机构处理投诉过程的行为,对全体投诉人发生效力,但代表人变更、放弃投诉请求或者进行和解,应当经全体投诉人同意。

（六）旅游投诉时效

1.旅游投诉的时效期限

《旅游投诉处理办法》规定,投诉人向旅游投诉受理机构投诉的时效期限为90日。超过时效期限的投诉不予受理。

2.投诉时效期限的开始

投诉时效的开始,是权利人开始行使权利的时间,以权利人知道或者应当知道其权利被侵害时算起。应当知道,是一种法律上的推定,即不管当事人实际上是否知道权利受到侵害,只要客观是存在着知道的条件和可能即可。由于当事人主观上的过错,应当知道而没有知道其权利受到侵害的,旅游投诉处理机构就应当开始计算投诉时效。这样规定的目的,是防止权利人以不知道权利被侵害为借口,规避投诉时效的规定。

《旅游投诉处理办法》规定,超过旅游合同结束之日90天的旅游投诉处理机构不予受理。时效期限自旅游合同结束之日或者投诉人合法权益被侵害之日算起。

3.投诉时效的延长

投诉时效的延长,是指在投诉时效期限届满以后,投诉人因有特殊情况和正当理由而向旅游投诉受理机构提出投诉时,旅游投诉受理机构可将法定时效期间予以延长。这是一项保护权利人的措施。特殊情况,一般指客观障碍,使投诉人在法定期间内不能行使请求权。《旅游投诉处理办法》中未对特殊情况和时效的延长作明确的规定,旅游投诉受理机构应当从严掌握。

三、旅游投诉的管辖

(一)旅游投诉管辖的定义

旅游投诉管辖,是指各级旅游投诉受理机构和同级旅游投诉受理机构之间在受理旅游投诉时的分工和权限。

(二)旅游投诉管辖形式

1.级别管辖

旅游投诉的级别管辖,是指划分上下级旅游投诉受理机构之间对处理投诉的分工和权限。上级旅游投诉处理机构有权处理下级旅游投诉处理机构管辖的投诉案件。

2.地域管辖

地域管辖,是指同级旅游投诉受理机构之间,横向划分在各辖区内处理旅游投诉的分工和权限。即确定旅游投诉受理机构行政权力的地域范围。

确定旅游投诉受理机构行政权力的地域范围是根据各级行政区划确定的:省级旅游投诉受理机构在本省行政区域内依法行使

管辖权;县级旅游投诉受理机构在本县行政区域内依法行使管辖权。

《旅游投诉处理办法》规定的地域管辖的标准:

(1)旅游投诉由旅游合同签订地或者被投诉人所在地县级以上地方旅游投诉受理机构管辖。

根据1986年4月11日最高人民法院法(经)复〔1986〕15号《关于如何确定合同签订地问题的批复》中的规定,"凡书面合同写明了合同签订地点的,以合同写明的为准;未写明的,以双方在合同上共同签字盖章的地点为合同签订地;双方签字盖章不在同一地点的,以最后一方签字盖章的地点为合同签订地"。旅游合同的签订地可以依据上述规定确定。

被投诉人是自然人的,其所在地是其长久居住的住所。《民法通则》第十五条规定,公民以他的户籍所在地的居住地为住所,经常居住地与住所不一致的,经常居住地视为住所。被投诉人是法人的,根据《民法通则》的规定,法人以其主要办事机构所在地为住所。法人的办事机构,是指法人组织机构的一部分,即负责对外处理法人事务的机构。在法人的管理机构中,有的仅负责内部事务,有的肩负对内、对外处理法人事务的双重职责,只有后者才能作为法人的办事机构。法人的办事机构可以有一个,也可以有多个。旅游企业法人,以其主要办事机构所在地或主要营业场所所在地为其所在地。

(2)需要立即制止、纠正被投诉人的损害行为的,应当由损害行为发生地旅游投诉受理机构管辖。

损害行为发生地,是指导致投诉人人身、财产权利或其他权利受到损害的被投诉人的过错行为发生地。需要立即制止、纠正被投诉人的损害行为的,应当由损害行为发生地旅游投诉处理机构管辖。

上述标准没有先后顺序之分。可以本着完全尊重投诉人意愿的精神,允许投诉人自愿选择。只要投诉人提出,旅游合同签订地、被投诉人所在地的旅游投诉处理机构都有权管辖该投诉案件。而需要立即制止、纠正被投诉人的损害行为的,则应当由损害行为发生地旅游投诉处理机构管辖。

2. 移送管辖与指定管辖

(1)移送管辖。移送管辖,是指旅游投诉处理机构受理投诉后,发现该投诉案件自己无权管辖,依据法律规定将其移送至有管辖权的旅游投诉处理机构处理。受移送的投诉处理机构,认为受移送的案件依照规定不属其管辖的,应当报请上级旅游投诉处理机构指定管辖,不得再移送。

(2)指定管辖。指定管辖,是指上级旅游投诉处理机构以决定方式指定下一级旅游投诉处理机构对某一旅游投诉案件行使管辖权。《旅游投诉处理办法》规定:发生管辖争议的,旅游投诉处理机构可以协商确定,或者报请共同的上级旅游投诉处理机构指定管辖。

四、旅游投诉的受理与处理

(一)旅游投诉受理的概念与特征

1. 旅游投诉受理的概念

旅游投诉的受理,是指旅游投诉处理机构对旅游投诉案件接受、审理。具体而言,是指有管辖权的旅游投诉处理机构在接到旅游投诉人的投诉状或者口头投诉后,经审查认定符合受理条件予以立案的行为。

2. 旅游投诉受理的特征

(1)受理应当符合旅游投诉的受理条件。根据《旅游投诉处理办法》第十条的规定,受理应当符合的条件包括以下两方面:

①投诉人与投诉事项有直接利害关系;

②有明确的被投诉人、具体的投诉请求、事实和理由。

（2）旅游投诉案件属于受理机关的管辖范围。依据《旅游投诉处理办法》第八条，投诉人可以就下列事项向旅游投诉处理机构投诉：

①认为旅游经营者违反合同约定的；

②因旅游经营者的责任致使投诉人人身、财产受到损害的；

③因不可抗力、意外事故致使旅游合同不能履行或者不能完全履行，投诉人与被投诉人发生争议的；

④其他损害旅游者合法权益的。

（二）旅游投诉受理的程序

旅游投诉受理的程序，是指旅游投诉处理机构接受投诉人的投诉，依法审查投诉所依据的程式和顺序。

根据《旅游投诉处理办法》的规定，旅游投诉受理的程序是：

1. 投诉人递交符合《旅游投诉处理办法》所要求的投诉状或者口头投诉；

2. 旅游投诉处理机构在接到投诉后，应当在 5 个工作日内做出以下处理：

（1）投诉符合《旅游投诉处理办法》的，予以受理。

（2）投诉不符合《旅游投诉处理办法》的，应当向投诉人送达《旅游投诉不予受理通知书》，告知不予受理的理由；对于不符合受理条件的口头投诉，旅游投诉处理机构可以口头告知投诉人不予受理及其理由，并进行记录或者登记。

（3）依照有关法律、法规和《旅游投诉处理办法》规定，旅游投诉处理机构无管辖权的，应当以《旅游投诉转办通知书》或者《旅游投诉转办函》，将投诉材料转交有管辖权的旅游投诉处理机构或者其他有关行政管理部门，并书面告知投诉人。

（三）旅游投诉受理机构不予受理的情形

1. 人民法院、仲裁机构、其他行政管理部门或者社会调解机构已经受理或者处理的；

2. 旅游投诉处理机构已经做出处理,且没有新情况、新理由的;

3. 不属于旅游投诉处理机构职责范围或者管辖范围的;

4. 超过旅游合同结束之日 90 天的;

5. 不符合《旅游投诉处理办法》第十条规定的旅游投诉条件的;

6.《旅游投诉处理办法》规定情形之外的其他经济纠纷。

对于不属于旅游投诉处理机构职责范围或者管辖范围的投诉事项,旅游投诉处理机构应当及时告知投诉人向有管辖权的旅游投诉处理机构或者有关行政管理部门投诉。对于投诉书书写不合格的,旅游投诉处理机构应当帮助投诉人增删内容和事项。只要符合其他受理条件,旅游投诉处理机构不得以此为由做出不予受理的决定。

(四)旅游投诉处理的程序

旅游投诉处理程序,是指旅游投诉处理机构受理旅游投诉案件后,在查明事实的基础上,遵循自愿、合法的原则进行调解,促使投诉人与被投诉人相互谅解,达成协议所必须经过的程式和顺序。

根据《旅游投诉处理办法》,旅游投诉处理的程序是:

1. 及时将立案受理决定通知被投诉人

旅游投诉处理机构处理旅游投诉,应当立案办理,填写《旅游投诉立案表》,并附有关投诉材料,在受理投诉之日起 5 个工作日内,将《旅游投诉受理通知书》和投诉书副本送达被投诉人。

对于事实清楚、应当即时制止或者纠正被投诉人损害行为的,可以不填写《旅游投诉立案表》和向被投诉人送达《旅游投诉受理通知书》,但应当对处理情况进行记录存档。

2. 被投诉人在法定时限内做出书面答复

被投诉人应当在接到通知之日起 10 日内做出书面答复,提出答辩的事实、理由和证据。被投诉人应当对自己的答辩提供证据。

　　书面答复,是指被投诉人为维护其合法权益,针对投诉人提出的事实、理由、根据和请求事项,用对自己有利的事实、理由、根据和请求事项来回答、辩解、反驳指责时做出的一种书状。

　　进行书面答复是被投诉人的义务,同时对旅游投诉处理机构而言,被投诉人针对投诉人的指责所作的回答、辩解,有助于旅游投诉处理机构处理投诉案件时兼听双方的理由、根据和请求,全面了解案情,辨明是非。书面答复对于正确解决旅游纠纷有着重要作用。一般来说,书面答复应载明的事项有:被投诉的事由、调查核实的过程、基本事实与证据、责任与处理意见。

　　3.旅游投诉处理机构审查事实、理由及证据

　　旅游投诉处理机构应当对双方当事人提出的事实、理由及证据进行审查。旅游投诉处理机构认为有必要收集新的证据,可以根据有关法律、法规的规定,自行收集或者召集有关当事人进行调查。

　　需要委托其他旅游投诉处理机构协助调查、取证的,应当出具《旅游投诉调查取证委托书》,受委托的旅游投诉处理机构应当予以协助。

　　对专门性事项需要鉴定或者检测的,可以由当事人双方约定的鉴定或者检测部门鉴定。没有约定的,当事人一方可以自行向法定鉴定或者检测机构申请鉴定或者检测。

　　鉴定、检测费用按双方约定承担。没有约定的,由鉴定、检测申请方先行承担;达成调解协议后,按调解协议承担。鉴定、检测的时间不计入投诉处理时间。

　　4.被投诉人与投诉人自行协商解决

　　在投诉处理过程中,投诉人与被投诉人自行和解的,应当将和解结果告知旅游投诉处理机构;旅游投诉处理机构在核实后应当予以记录并由双方当事人、投诉处理人员签名或者盖章。

　　5.旅游投诉处理机构主持调解

　　旅游投诉处理机构受理投诉后,应当坚持合法、自愿的原则,

居间主持投诉双方通过和解的方式解决纠纷,促成双方达成调解协议。

6.旅游投诉处理机构做出处理

旅游投诉处理机构应当在受理旅游投诉之日起 60 日内,做出以下处理:

(1)双方达成调解协议的,应当制作《旅游投诉调解书》,载明投诉请求、查明的事实、处理过程和调解结果,由当事人双方签字并加盖旅游投诉处理机构印章。

(2)调解不成的,终止调解,旅游投诉处理机构应当向双方当事人出具《旅游投诉终止调解书》。调解不成的,或者调解书生效后没有执行的,投诉人可以按照国家法律、法规的规定,向仲裁机构申请仲裁或者向人民法院提起诉讼。

思考题:

1.依据《旅游法》我国旅游市场监管的主体是谁? 其基本职能有哪些?

2.《旅游法》对旅游监管部门和工作人员执法有哪些规范性要求?

3.旅游主管部门和工作人员履行监管职责有哪些禁止性规定?

4.什么是旅游行政处罚? 旅游行政处罚的种类和程序有哪些规定?

5.什么是旅游纠纷? 可以通过哪些途径解决?

6.什么是旅游投诉? 有哪些特点?

7.旅游投诉人、被投诉人的权利义务和投诉时效是怎样规定的?

8.旅游投诉管辖的原则与地域管辖的确定标准是什么?

第十三章　河北省地方旅游法规

本章导读

> 通过本章学习:
>
> ——了解河北省发展旅游业的鼓励政策;了解河北省制定的四个旅游专项管理规章制度的基本内容。
>
> ——识记旅游业、旅游资源和旅游经营者的概念,河北省发展旅游业的方针、原则,旅游者的权利和义务,旅游经营者的权利义务。
>
> ——理解并掌握旅行社经营规范,导游活动规范要求,河北省主要的旅游行业管理制度。
>
> ——应用河北省有关旅游法规、规章分析解决实际案例。

第一节　河北省旅游条例

一、《河北省旅游条例》概述

(一)河北省发展旅游业的方针、原则

《河北省旅游条例》经河北省第十届人民代表大会常务委员会第六次会议于2003年11月29日通过,自2004年1月1日起施行。该《条例》是河北省为保护和合理开发利用旅游资源,规范旅游市场秩序,维护旅游者和旅游经营者的合法权益,促进旅游业发展,根据有关法律、法规的规定,结合本省实际制定的地方性旅游法规。

　　《河北省旅游条例》共分八章,分别为总则、旅游业发展、旅游资源保护与开发、旅游者的权利与义务、旅游经营者的权利与义务、旅游业监督与管理、法律责任和附则。

　　《河北省旅游条例》的总则部分共有五条内容,分别对制定本《条例》的目的、相关的基本概念、本《条例》的适用范围、发展旅游业的方针和原则以及旅游业监督与管理的主体等问题进行了说明和规定。

　　1.旅游业:是指旅游经营者利用旅游资源和设施,为旅游者提供交通、游览、餐饮、住宿、购物、文化娱乐、休闲度假、健身等综合性服务的行业。

　　2.旅游资源:是指对旅游者产生吸引力,可以为旅游业发展所利用,能产生经济效益、社会效益和环境效益的自然景观、人文景观、文化艺术和民俗风情等。

　　3.旅游经营者:是指依照本《条例》规定从事旅游业经营活动的企业和个人。

　　河北省发展旅游业的方针和原则:《河北省旅游条例》规定,发展旅游业应当实行政府主导、市场运作、企业经营、社会参与、可持续发展的方针,坚持经济效益、社会效益和环境效益相统一原则。

　　为了加强河北省旅游业的管理,《河北省旅游条例》明确规定:县级以上人民政府旅游行政管理部门负责本行政区域内旅游业的监督与管理。

　　(二)河北省发展旅游业的鼓励政策

　　1.县级以上人民政府应当根据国家和本省的有关规定,按照谁投资谁受益的原则,扩大投资、融资渠道;鼓励境外投资者和国内各类经济组织及个人投资开发旅游资源、经营旅游项目,并依法保护投资者的合法权益。

　　2.鼓励外国以及香港特别行政区、澳门特别行政区、台湾地区的旅游经营者在本省投资设立旅行社或者与本省投资者共同投资设立合资、合作经营旅行社。

3.县级以上人民政府应当扶持旅游资源丰富的民族自治地方和经济贫困地区发展旅游业。鼓励发挥行业自身优势,开发工业、农业、林业、水利、科技、体育、文化等类旅游经营项目。鼓励开发生产具有河北历史文化内涵和独具本地特色的旅游商品、纪念品。

4.旅游资源丰富、旅游景点相对集中、旅游经济效益显著的区域,按照国家和本省有关规定,可以建立国家级或者省级旅游度假区、生态旅游区、旅游扶贫实验区。申请建立国家级旅游度假区,经省人民政府旅游行政管理部门审核,由省人民政府报国务院审批。申请建立省级旅游度假区,由省人民政府旅游行政管理部门审核,报省人民政府批准。

5.省人民政府应当鼓励发展旅游教育,拓宽办学渠道,加强旅游院校建设,培养旅游专业人才。旅游行政管理部门应当会同发展和改革、教育、人事、劳动和社会保障等部门加强旅游职业培训工作,提高旅游从业人员的素质。

6.鼓励本省旅游经营者加强同外省特别是周边省市旅游经营者的联系与合作。省外旅行社可以组织旅游团队直接到本省进行旅游活动,政府有关部门应当为其在交通、咨询、服务等方面提供方便,不得歧视、刁难、设置障碍。

7.鼓励旅游行业协会建立和完善行业自律制度,发挥旅游行业协会的咨询、服务作用。

二、河北省旅游业监督管理

(一)旅游资源的保护与开发

对旅游资源的保护措施主要包括:

1.县级以上人民政府应当对旅游资源有效保护、合理开发、永续利用。任何单位和个人不得破坏旅游资源。

2. 县级以上人民政府旅游行政部门应当会同相关部门做好旅游资源的普查、评价，建立旅游资源档案。

3. 禁止任何单位和个人在旅游景区采石、开矿、挖沙、建坟、取土、伐木、烧荒、捕猎、倾倒固体废弃物、排放污水和有害气体。不得在旅游景区建设污染、损害环境的各类生产设施；建设其他设施，应当符合环境保护法及有关法规的规定。

旅游资源开发的基本要求是：

1. 开发旅游资源、建设旅游项目应当符合旅游发展规划和有关法律、法规规定，并与城市或者区域发展总体规划相适应，其建筑规模和风格与周围环境相协调，防止盲目开发。

2. 不同行政区域和不同部门之间对旅游资源开发利用有争议的，由共同的上级人民政府协调决定。

3. 旅游景区应当按照国家标准合理设置游客中心、停车场、厕所、环卫和通信设施，配备景区导游人员。旅游景区应当设置中外文对照的指示牌、说明牌、警示牌，采用国际标准的公共信息图形符号。

4. 对旅游景区不符合旅游发展规划、破坏旅游环境和景观的设施，县级以上人民政府应当限期拆除、迁移或者改建。

5. 旅游景区可以实行所有权和经营权的分离。旅游景区经营权的转让，应当符合国家和省的有关规定，并按规定报批。

（二）旅游者的权利与义务

《河北省旅游条例》规定，旅游者的合法权益受法律保护。旅游者接受旅游服务，享有下列权利：

1. 要求旅游经营者全面、真实地提供有关服务内容、标准、费用等方面的情况；

2. 自主选择旅游经营者及其所提供的服务方式，自主选择旅游项目和旅游商品；

3.要求旅游经营者履行旅游合同,获得质价相当的服务;

4.人身、财产安全得到保障;

5.人格尊严、民族风俗习惯和宗教信仰受到尊重;

6.人身、财产受到损害时,有权要求旅游经营者给予赔偿,有权向旅游行政管理部门或者有关部门投诉、起诉;

7.法律、法规规定的其他权利。

《河北省旅游条例》规定,旅游者进行旅游活动时,应当履行下列义务:

1.遵守有关法律、法规和社会公德,尊重旅游地的民族风俗习惯和宗教信仰;

2.保护旅游资源和生态环境,爱护名胜古迹、文物和旅游设施;

3.遵守旅游秩序和安全规定,防止旅游安全事故的发生;

4.履行旅游合同所约定的义务。

(三)旅游经营者的权利与义务

根据《河北省旅游条例》的规定,旅游经营者从事旅游经营活动享有下列权利:

1.依法自主经营;

2.拒绝任何部门强行推销商品;

3.拒绝违反法律、法规、规章规定的收费和罚款;

4.拒绝无合法证件人员的检查;

5.拒绝旅游者提出的违反其职业道德、侮辱其人格尊严的要求。

根据《河北省旅游条例》的规定,旅游经营者从事旅游经营活动,应当履行下列义务:

1.旅游经营者在经营活动中应当遵守职业道德,依法经营;遵循平等、自愿、公平、诚实信用的原则;公开服务项目和收费标准。

2.旅游经营者应当建立和保存完整的业务档案,接受旅游行政管理部门的监督和管理,如实提供旅游经营情况和旅游统计等有关资料。旅游经营者应当加强对从业人员的教育和培训,按照国家和旅游行业标准,实行规范化、标准化服务。

3.旅游经营者应当配备旅游安全设施和安全设备,对旅游设施定期检查、维修,建立安全管理责任制,保障旅游者的人身、财产安全。游乐设施运营应当按照国家有关规定取得技术检验部门验收的合格证书。

4.旅游经营者对有可能发生危及旅游者人身、财产安全的情况,应当向旅游者做出真实说明和设置明确的警示标志,并采取有效措施防止危害的发生。旅游者的人身、财产安全受到损害时,旅游经营者应当采取有效措施进行救护或者查找。旅游安全事故必须迅速向当地人民政府和有关部门报告,县级以上人民政府应当及时组织旅游、公安、交通、卫生等有关部门对旅游安全事故迅速展开抢救工作。

5.旅游经营者应当按照国家有关规定取得服务质量等级,实行服务质量标准化管理。未取得服务质量等级的旅游经营者,不得使用服务质量等级标志和称谓进行广告宣传或者经营活动。鼓励旅游经营者申请企业质量体系认证。

《河北省旅游条例》明确规定,旅游经营者不得经营含有下列内容的旅游服务项目:

1.损害国家利益和民族尊严;

2.民族、种族、宗教、性别歧视;

3.淫秽、迷信、赌博;

4.法律、法规禁止的其他内容。

旅游经营者不得有下列行为:

1.超越核定的经营范围从事旅游经营活动;

2.擅自使用其他旅游经营者的名称或者假冒其他旅游经营者的注册商标、品牌;

3.进行价格欺诈,损害旅游者和其他旅游经营者利益;

4.制造和散布有损其他旅游经营者企业形象和商业信誉的虚假信息;

5.向旅游者提供虚假旅游服务信息或者发布虚假广告宣传;

6.制造、销售伪劣商品或者欺骗、胁迫旅游者消费;

7.法律、法规禁止的其他行为。

(四)旅游行业监督与管理

对旅行社监督管理的举措主要有:

1.旅行社应当按照国家规定向旅游行政管理部门缴纳质量保证金,由旅游行政管理部门进行专项管理,不得挪作他用。

2.旅行社从事旅游业务经营活动,应当投保旅行社责任保险,与旅游者订立书面旅游合同,按照国家规定收取费用,并向旅游者出具正式单据。

3.未经国务院旅游行政管理部门批准,任何单位不得经营公民自费出国(境)旅游业务以及赴香港特别行政区、澳门特别行政区和台湾地区的旅游业务。

4.旅游行政管理部门对旅行社开业、变更名称、变更经营范围、停业、吊销经营许可证实行公告制度。

对导游人员监督管理的举措主要包括:

1.导游人员从事导游活动实行资格认证制度。旅行社和旅游景区管理机构聘用的导游人员和旅行社组织出国(境)旅游聘用的领队,应当持有旅游行政管理部门颁发的资格证书。旅行社和旅游景区管理机构不得聘用未取得资格证书的人员从事导游服务工作。

2.导游人员进行导游活动,应当经旅行社或者旅游景区管理机构委派,佩戴导游证,遵守职业道德,使用健康、文明的导游词,按照国家和旅游行业标准提供服务。

对旅游景区监督管理的举措有：

1. 旅游景区管理机构应当科学制定景区规划,加强对环境、秩序、安全和服务质量的管理。在旅游景区内从事经营活动,应当服从其管理机构的管理。任何单位和个人不得擅自摆摊、占点,妨碍旅游者观光、摄影,不得纠缠、诱骗、胁迫旅游者购物或者接受服务。

2. 旅游景区应当遵守国家和省价格行政管理部门有关门票价格的管理规定。旅游景区门票价格上调时,应当自公布之日起,对国内旅游团队推迟 60 日执行,对国(境)外旅游团队推迟 90 日执行。

3. 旅游行政管理部门按照国家标准对旅游景区实行质量等级评定和星级复核制度。

三、违反《河北省旅游条例》的法律责任

1. 违反《河北省旅游条例》规定,在旅游景区采石、开矿、挖沙、建坟、取土、伐木、烧荒、捕猎、倾倒固体废弃物、排放污水和有害气体的;或在旅游活动中经营法规明令禁止的旅游经营项目或从事法规明令禁止的经营行为的,由县级以上人民政府有关行政管理部门依照有关法律、法规的规定予以处罚;构成犯罪的,依法追究刑事责任。

2. 违反《河北省旅游条例》规定,旅游经营者不配备旅游安全设施和安全设备,不对旅游设施定期检查、维修,不建立安全管理责任制,不能保障旅游者的人身、财产安全的;或游乐设施运营不按照国家有关规定取得技术检验部门验收的合格证书的;或旅行社从事旅游业务经营活动,不投保旅行社责任保险,不与旅游者订立书面旅游合同,不按照国家规定收取费用,不向旅游者出具正式单据的,由县级以上人民政府旅游行政管理部门责令限期改正;逾期不改正的,停业整顿 15 日至 30 日,可以并处 5000 元以上 2 万元以下罚款。

3. 违反《河北省旅游条例》规定,未取得营业执照或者经营许可证的单位和个人从事旅游经营活动的,由县级以上人民政府旅游行政管理部门责令停止非法经营,没收违法所得,并处1万元以上5万元以下罚款。

4. 违反《河北省旅游条例》规定,未经国务院旅游行政管理部门批准,擅自经营公民自费出国(境)旅游业务以及赴香港特别行政区、澳门特别行政区和台湾地区的旅游业务的,由县级以上人民政府旅游行政管理部门责令停止非法经营,没收违法所得,并处违法所得2倍以上5倍以下罚款。

5. 违反《河北省旅游条例》规定,未取得导游资格证书的人员从事导游服务工作,旅行社和旅游景区管理机构聘用未取得资格证书的人员从事导游服务工作的,由县级以上人民政府旅游行政管理部门责令改正,没收违法所得,并处1000元以上1万元以下罚款。

6. 违反《河北省旅游条例》规定,导游人员进行导游活动,未经旅行社或者旅游景区管理机构委派,不佩戴导游证,不遵守职业道德,不使用健康、文明的导游词,不按照国家和旅游行业标准提供服务的,由县级以上人民政府旅游行政管理部门给予警告,责令改正;逾期不改正的,处500元以上5000元以下罚款;情节严重的,由省旅游行政管理部门吊销导游证。

7. 违反《河北省旅游条例》规定,在旅游景区内从事经营活动,不服从其管理机构的管理。擅自摆摊、占点,妨碍旅游者观光、摄影,纠缠、诱骗、胁迫旅游者购物或者接受服务的,由县级以上人民政府旅游行政管理部门责令改正;拒不改正的,处以100元以上1000元以下罚款;情节严重的,由工商行政管理部门责令停业整顿,或者暂扣营业执照。

8. 违反《河北省旅游条例》规定,挪用旅行社质量保证金的,由同级人民政府或者上一级人民政府旅游行政管理部门责令退回,并给予单位负责人和直接责任人行政处分;构成犯罪的,依法追究刑事责任。

9. 当事人对本条例规定的行政处罚决定不服的,可以依法申请行政复议或者提起行政诉讼。当事人逾期不申请复议、不起诉又不履行处罚决定的,由做出处罚决定的机关申请人民法院强制执行。

第二节　河北省旅游专项管理

一、旅行社管理

(一)《河北省旅行社管理若干办法》概述

为了加强对旅行社的管理,保障旅游者和旅行社的合法权益,维护旅行社市场秩序,提高旅游品质,促进旅行社业健康持续发展,河北省旅游局依据《旅行社条例》、《旅行社条例实施细则》和国家旅游局有关文件精神,结合河北省旅行社业发展实际,于2012 年制定了《河北省旅行社管理若干办法》,该《办法》自2012年7月1日起施行,有效期为5年。

《河北省旅行社管理若干办法》所称旅行社,是指从事招徕、组织、接待旅游者等活动,为旅游者提供相关旅游服务,开展国内旅游业务、入境旅游业务或者出境旅游业务的企业法人。河北省旅游行政管理部门负责全省旅行社的监督管理工作,开展河北省旅行社质量信誉等级评定工作。县级以上旅游行政管理部门负责本行政区域内旅行社的监督管理工作。该《办法》适用于河北省境内旅行社的经营活动和监督管理工作。

(二)旅行社经营原则与规范

旅行社在经营活动中应当遵循自愿、平等、公平、诚信的原则,提高服务质量,维护旅游者的合法权益。

旅行社经营中应该做到：

1.旅行社营业场所的设置应符合要求。具体包括：

(1)营业场所应设在方便识别和出入的公众场所。

(2)在营业场所入口处设置规范的企业名称、标识或工商部门注册商标。

(3)在营业场所醒目位置悬挂《旅行社业务经营许可证》、《企业法人营业执照》和《税务登记证》，三证完整、有效且内容与实际经营活动相符。

(4)在营业场所合理位置悬挂旅行社诚信公约、旅游投诉须知和服务规范等，做到制度上墙。

(5)在营业场所合理位置设置顾客休息处。

(6)在营业场所明显位置放置旅游产品介绍、收费价目表、宣传资料等，所提供的旅游信息必须真实可靠。

2.旅行社为旅游者安排或者介绍的旅游活动不得含有损害国家利益、民族尊严的内容，不得含有民族、种族、宗教歧视的内容，以及淫秽、赌博、毒品等违反法律、法规规定的活动内容。

3.旅行社不得以低于旅游成本的报价招徕旅游者。未经旅游者同意，旅行社不得在旅游合同约定之外提供其他有偿服务。

4.旅行社聘用导游人员、领队人员应当依法签订劳动合同，向其支付不低于当地最低工资标准的报酬，并承担规定的劳动保障义务；导游员、领队人员的报酬由基本工资和带团补贴两部分构成。

旅行社组织中国内地居民出境旅游，必须为旅游团队安排领队全程陪同，组织国内旅游必须为旅游团队安排导游。领队和导游必须持有国家规定的领队证和导游证。

5.旅行社需要对旅游业务做出委托代理的，必须按照《国家旅游局关于试行旅行社委托代理招徕旅游者业务有关事项的通知》(旅监管发[2010]77号)的规定进行。

6. 出团前,旅行社对可能危及旅游者人身、财产安全的事项,应当向旅游者做出真实的说明和明确的警示,并采取防止危害发生的必要措施。

7. 旅行社的门市部必须做到与设立社"四统一",即统一人事管理,统一财务管理,统一组团活动和导游安排,统一旅游线路和价格。设立社应当对其所属门市部进行统一标牌,统一形象设计。旅行社的接待服务人员要统一着装,挂牌上岗,服务热情,举止大方,语言文明,普通话标准。

旅行社不得有承包挂靠现象,门市部不得独立经营旅游业务,以自己的名义制作发布旅行社业务广告、签订旅游合同及合作协议。

8. 旅行社要建立内部管理台账制度,做好台账资料的收集、整理、归类工作,确保台账的规范性和完整性。管理制度应包括质量管理、安全管理、导游管理、广告审核管理、门市管理、投诉管理、财务管理、员工学习培训记录、诚信档案、操作规程等。

旅行社要建立团队业务档案管理制度,团队业务档案要完整、清晰,并保存两年以上。内容包括旅游合同、行程计划单、派团单、团队双方传真确认件、饭店协议、景点协议、租车协议、游客意见反馈表、导游带团小结等,实行一团一结算,一团一归档。

9. 旅行社要建立健全旅游安全保障制度,明确专、兼职安全管理人员及职责、任务,实行法人代表或总经理为企业安全第一责任人制度。

旅行社要制订旅游安全事故应急救援处理预案,采取多种形式开展宣传教育培训活动。

10. 旅行社发布旅游广告应符合以下要求:

(1)旅行社要严格按照核定的经营范围发布旅游广告,所发布的广告应符合《中华人民共和国广告法》和《旅行社条例》的规定。

（2）旅行社刊登广告时,应标明旅行社全称、地址、旅游经营许可证号码和联系电话。不得使用本旅行社名称以外的任何名称,不得出现超范围经营内容。

（3）旅行社刊登广告时,使用的荣誉称号必须注明获得荣誉称号的年份,不得使用超过两年度的荣誉称号。

（4）经营范围不同的旅行社不得联合刊登广告。

旅行社的广告、宣传资料、行程等表述必须明确、易懂,不得出现"豪华"、"准星级"、"三人标准间"等字样。

11.旅行社按时上报各类统计报表,并做好网上填报工作,不得瞒报、漏报。

实行旅行社包机、专列等大型团队申报制度和服务质量监督制度,根据实际需要旅游监管部门派遣服务质量监督员对大型团队实施全程跟踪监督。

（三）规范旅游服务合同

旅行社要使用国家旅游局和国家工商行政管理总局联合制定的,省旅游局、设区市旅游局和扩权县（市）旅游局统一印制的规范的旅游合同。

旅游合同要载明下列事项：

1.旅行社的名称及其经营范围、地址、联系电话和旅行社业务经营许可证编号；

2.旅行社经办人的姓名、联系电话；

3.签约地点和日期；

4.旅游行程的出发地、途经地和目的地；

5.旅游行程中交通、住宿、餐饮服务安排及其标准；

6.旅行社统一安排的游览项目的具体内容及时间；

7.旅游者自由活动的时间和次数；

8.旅游者应当交纳的旅游费用及交纳方式；

9.解除或者变更合同的条件和提前通知的期限；

10. 违反合同的纠纷解决机制及应当承担的责任;

11. 旅游服务监督、投诉电话;

12. 双方协商一致的其他内容。

旅行社与旅游者签订旅游合同时,应当对旅游合同的具体内容做出真实、准确、完整的说明。旅行社和旅游者签订的旅游合同约定不明确或者对格式条款的理解发生争议的,应当按照通常理解予以解释;对条款有两种以上解释的,应当做出有利于旅游者的解释;格式条款与非格式条款不一致的,应当采用非格式条款。

旅游合同要由印制的旅游行政管理部门统一编号,统一发放。各地旅游管理部门要建立旅游合同发放管理档案,按编号领取并进行登记,做到使发放的每份合同均能查询到使用单位。各旅行社要按合同序号(编号)由小到大使用旅游合同,作废的旅游合同要统一归档保存,备查。

(四)对旅行社的奖励措施

鼓励旅行社承办各类商务会议活动。对于引进、申办、承办各类大型国际展会、重要文化活动和体育赛事等活动的旅行社,社会效益、经济效益突出的,给予奖励。

鼓励旅行社设计、研发、推介精品旅游线路,对推介精品线路和研发新线路有成效的旅行社给予奖励。

对新入选全国"百强"旅行社和连续三年入选全国"百强"旅行社的企业,分别给予奖励。

对评定为"五钻级"的旅行社给予一次性奖励。"五钻级"旅行社和全国"百强"旅行社参加由省旅游局组织的省内、区域、全国乃至境外旅游交易会、展览会时,不收取展览、展位费。

(五)旅行社服务质量赔偿标准

1. 旅行社不履行合同或者履行合同不符合约定的服务质量标准,旅游者和旅行社对赔偿标准未做出合同约定的,旅游行政管理部门或者旅游质监执法机构在处理相关旅游投诉时,参照本赔偿标准执行。

2. 由于不可抗力等不可归责于旅行社的客观原因或旅游者个人原因,造成旅游者经济损失的,旅行社不承担赔偿责任。

3. 旅行社与旅游者订立合同或收取旅游者预付旅游费用后,因旅行社原因不能成行的,旅行社应在合理期限内通知旅游者,否则按下列标准承担赔偿责任:

(1)国内旅游应提前7日(不含7日)通知旅游者,否则应向旅游者全额退还预付旅游费用,并按下述标准向旅游者支付违约金:出发前7日至4日,支付旅游费用总额10%的违约金;出发前3日至1日,支付旅游费用总额15%的违约金;出发当日,支付旅游费用总额20%的违约金。

(2)出境旅游(含赴台游)应提前30日(不含30日)通知旅游者,否则应向旅游者全额退还预付旅游费用,并按下述标准向旅游者支付违约金:出发前30日至15日,支付旅游费用总额2%的违约金;出发前14日至7日,支付旅游费用总额5%的违约金;出发前6日至4日,支付旅游费用总额10%的违约金;出发前3日至1日,支付旅游费用总额15%的违约金;出发当日,支付旅游费用总额20%的违约金。

4. 旅行社未经旅游者同意,擅自将旅游者转团、拼团的,旅行社应向旅游者支付旅游费用总额25%的违约金。解除合同的,还应向未随团出行的旅游者全额退还预付旅游费用,向已随团出行的旅游者退还未实际发生的旅游费用。

5. 在同一旅游行程中,旅行社提供相同服务,因旅游者的年龄、职业等差异增收费用的,旅行社应返还增收的费用。

6. 因旅行社原因造成旅游者未能乘坐预定的公共交通工具的,旅行社应赔偿旅游者的直接经济损失,并支付直接经济损失20%的违约金。

7. 旅行社安排的旅游活动及服务档次与合同不符,造成旅游者经济损失的,旅行社应退还旅游者合同金额与实际花费的差额,并支付同额违约金。

8.导游或领队未按照国家或旅游行业服务标准提供导游或者领队服务,影响旅游服务质量的,旅行社应向旅游者支付旅游费用总额1%至5%的违约金。

9.旅行社及导游或领队违反旅行社与旅游者的合同约定,损害旅游者合法权益的,旅行社按下述标准承担赔偿责任:

(1)擅自缩短游览时间、遗漏旅游景点、减少旅游服务项目的,旅行社应赔偿未完成约定旅游服务项目等合理费用,并支付同额违约金。遗漏无门票景点的,每遗漏一处旅行社向旅游者支付旅游费用总额5%的违约金。

(2)未经旅游者签字确认,擅自安排合同约定以外的用餐、娱乐、医疗保健、参观等另行付费项目的,旅行社应承担另行付费项目的费用。

(3)未经旅游者签字确认,擅自违反合同约定增加购物次数、延长停留时间的,每次向旅游者支付旅游费用总额10%的违约金。

(4)强迫或者变相强迫旅游者购物的,每次向旅游者支付旅游费用总额20%的违约金。

(5)旅游者在合同约定的购物场所所购物品系假冒伪劣商品的,旅行社应负责挽回或赔偿旅游者的直接经济损失。

(6)私自兜售商品,旅行社应全额退还旅游者购物价款。

(7)旅行社违反合同约定,中止对旅游者提供住宿、用餐、交通等旅游服务的,应当承担旅游者在被中止旅游服务期间所订的同等级别的住宿、用餐、交通等必要费用,并向旅游者支付旅游费用总额30%的违约金。

(六)旅行社违法的处罚

1.旅行社转让、出租、出借旅行社业务经营许可证的,由旅游行政管理部门责令停业整顿1个月至3个月,并没收违法所得;情节严重的,吊销旅行社业务经营许可证。

2.旅行社未在规定期限内向其质量保证金账户存入、增存、补足质量保证金或者提交相应的银行担保的,由旅游行政管理部门责令改正;拒不改正的,吊销旅行社业务经营许可证。

3.旅行社不投保旅行社责任险的,由旅游行政管理部门责令改正;拒不改正的,吊销旅行社业务经营许可证。

4.旅行社为旅游者安排或者介绍的旅游活动含有违反有关法律、法规规定内容的,由旅游行政管理部门责令改正,没收违法所得,并处2万元以上10万元以下的罚款;情节严重的,吊销旅行社业务经营许可证。

5.有下列情形之一的旅行社,由旅游行政管理部门或者工商行政管理部门责令其改正,处10万元以上50万元以下的罚款;情节严重的,吊销旅行社业务经营许可证:

(1)拒不履行旅游合同约定的义务的;

(2)非因不可抗力改变旅游合同安排的行程的;

(3)欺骗、胁迫旅游者购物或者参加需要另行付费的游览项目的。

6.旅行社违反旅游合同约定,造成旅游者合法权益受到损害,不采取必要的补救措施的,由旅游行政管理部门或者工商行政管理部门责令改正,处1万元以上5万元以下的罚款;情节严重的,由旅游行政管理部门吊销旅行社业务经营许可证。

7.有下列情形之一的,由旅游行政管理部门责令改正,停业整顿1个月至3个月;情节严重的,吊销旅行社业务经营许可证:

(1)旅行社不向接受委托的旅行社支付接待和服务费用的;

(2)旅行社向接受委托的旅行社支付的费用低于接待和服务成本的;

(3)接受委托的旅行社接待不支付或者不足额支付费用的旅

游团队的。

8. 旅行社及其委派的导游人员、领队人员有下列情形之一的,由旅游行政管理部门责令改正,对旅行社处2万元以上10万元以下的罚款;情节严重的,责令旅行社停业整顿1个月至3个月,或者吊销旅行社业务经营许可证:

(1)发生危及旅游者人身安全的情形,未采取必要的处置措施并及时报告的;

(2)旅行社组织出境旅游的旅游者非法滞留境外,旅行社未及时报告并协助提供非法滞留者信息的;

(3)旅行社接待入境旅游的旅游者非法滞留境内,旅行社未及时报告并协助提供非法滞留者信息的。

9. 旅行社在经营过程中,有下列情形之一的,由旅游行政管理部门或者工商行政管理部门责令改正,没收违法所得,违法所得10万元以上的,并处违法所得1倍以上5倍以下的罚款;违法所得不足10万元或者没有违法所得的,并处10万元以上50万元以下的罚款:

(1)未取得相应的旅行社业务经营许可,经营国内旅游业务、入境旅游业务、出境旅游业务的;

(2)分社的经营范围超出设立分社的旅行社经营范围的;

(3)旅行社服务网点从事招徕、咨询以外的活动的。

二、导游员管理

为进一步加强导游员队伍建设,维护导游员和旅游消费者的合法权益,规范导游员活动,提高导游员服务质量,河北省旅游局依据《导游人员管理条例》和《旅行社条例》,结合河北省导游员队伍现状,制定了《河北省导游员管理若干办法》,自2012年7月1日起施行,有效期5年,该《办法》适用于对河北省内导游员导游活动的规范和导游员的管理。

(一)导游员的分类分级管理

导游员分为专职和兼职导游员。对导游员的管理遵循分级管理和属地管理原则。省旅游局负责全省导游员服务管理机构的审核备案和管理工作,设区市旅游局负责本行政区导游员服务管理机构的日常监管和考核,保证其服务质量。凡考取《导游员资格证》的,须进入旅行社或导游员服务管理机构接受管理,没有纳入管理的不予办理导游证 IC 卡。

1. 旅行社具体负责专职导游员的管理和服务

旅行社负责为专职导游员建立档案,负责对专职导游员进行业务培训,负责对专职导游员工作质量的考核奖惩和管理,接受并处理对专职导游员的投诉,负责对专职导游员的年审初评。

2. 导游员服务管理机构(导游员服务管理公司或导游员服务中心)具体负责兼职导游员的管理和服务

导游员服务管理机构负责为兼职导游员建立档案,代办导游员等级证和导游证 IC 卡,负责兼职导游员的日常管理;组织兼职导游员参加年度审核、年审培训和日常政治业务培训;负责对兼职导游员服务质量的考核和奖惩。负责向旅行社推荐兼职导游员,办理有关聘用手续;为兼职导游员办理相关保险;协调有关兼职导游员投诉事宜,保障兼职导游员的合法权益。

导游员档案应当包括以下内容:

(1)旅行社与导游员签订的《劳动合同》或导游员在导游员服务管理机构的注册登记证明;

(2)导游员的身份证、学历证明复印件;

(3)导游员的《导游员资格证》或《导游员等级证》、导游证 IC 卡复印件;

(4)《申请导游证 IC 卡登记表》;

(5)县级以上医院出具的健康状况证明;

(6)业务信息;

（7）教育培训信息；

（8）诚信信息，包括奖罚记录、计分情况、投诉情况、年审情况等内容；

（9）其他应进入档案的有关资料。

（二）导游员的资格证、导游证 IC 卡管理

从事导游员业务的应经过河北省导游员资格考试合格，取得导游员资格证，并办理导游证 IC 卡。省旅游局按照国家有关规定负责全省导游员资格考试的考务工作。

导游员资格考试坚持考试和培训分开、培训自愿的原则，不得强迫考生参加培训。

经考试合格的，由省旅游局在考试结束之日起 30 个工作日内颁发《导游员资格证》。获得《导游员资格证》3 年未从事导游业务的，《导游员资格证》自动失效。

获得《导游员资格证》并在一家旅行社或导游员服务管理机构注册的，持劳动合同或导游员服务管理机构登记证明材料向省旅游局申请办理导游证 IC 卡。省旅游局受理申报后，15 日内颁发导游证 IC 卡；对申报材料不符合要求的，应当面或以书面形式通知申报人限时补正。

取得《导游员资格证》申请办理导游证 IC 卡的，须参加由省旅游局或其委托的设区市旅游局举办的岗前培训考核。

初级导游员和中级导游员的考核由省旅游局组织评定；高级导游员和特级导游员的考核由国家旅游局组织评定。

《导游员资格证》和导游证 IC 卡由国家旅游局印制，在全国范围内使用，任何单位不得另行颁发其他形式的《导游员资格证》和导游证 IC 卡。

（三）导游活动的规范与管理

1. 导游员进行导游活动须经旅行社委派，严格遵守国家有关法律法规，严格执行《导游服务质量标准》。

2. 导游员带团时要注重仪容仪表,着装整洁得体,须佩戴导游证,携带社旗。导游员进行导游活动时,应当向旅游者讲解旅游地点的人文、自然情况,介绍风土人情和习俗;不得在讲解、介绍中掺杂庸俗下流的内容。不得向旅游者兜售物品或者购买旅游者的物品,不得以明示或者暗示的方式向旅游者索要小费。

3. 导游员带团时须携带出团通知书和团队行程接待计划,并严格执行接待计划,不得擅自变更。游客要求变更或增加自费旅游项目的,须在行程接待计划单上标明,并由导游员及全体游客签字报告旅行社后,方可变更。

4. 导游员接团后应向游客告知权利义务、行程计划、游客须知等事项。导游员带团结束时,须征求游客意见。

5. 导游员应认真履行旅游合同约定,不得擅自增加购物次数,不得欺骗、胁迫旅游者消费。

6. 因导游员服务质量受到游客投诉的,由旅游合同签订地县级以上旅游质量监督管理所按照国家有关规定予以调解处理。省级旅游质量监督管理所负责省内重大旅游投诉工作的督导,协调跨省(市)旅游投诉工作。

(四)导游员的计分与年审管理

对导游员实行计分管理。具体办法按照国家旅游局《导游人员管理实施办法》执行。

导游员计分办法实行年度 10 分制。导游员 10 分分值被扣完后,由最后扣分的旅游行政执法单位暂时保留其导游证,并出具保留导游证证明,并于 10 日内通报导游员所在地旅游局和登记注册单位。正在带团过程中的导游员,可持旅游执法单位出具的保留证明完成团队剩余行程。

对导游员的违法、违规行为除扣减其相应分值外,依法应予处罚的,依据有关法律给予处罚。

对导游员实行年度审核制度,导游员须参加年度审核。省旅游局负责制定全省导游员年审工作政策,由省旅游局或其委托的设区市旅游局组织实施。年审以考评为主,考评的内容应包括:当年从事导游业务情况、扣分情况、接受行政处罚情况、游客反映情况、教育培训情况等。考评等级为通过年审、暂缓通过年审和不予通过年审。

(五)导游员的培训管理

导游员培训分为岗前、在岗和年审培训。

各级旅游局、旅行社和导游员服务管理机构是导游员政治业务培训的主体,根据导游员的职业特点和业务需要,通过课堂培训、知识竞赛、技能比赛、现场观摩、典型示范等方式对本行政区域导游员实施培训。

1. 网上培训

省旅游局负责开发全省统一的导游员网络培训平台,编制统一的培训大纲和培训教材,开发统一的培训课件,实行统一的培训考核。利用网络培训平台,抓好导游员服务技能提升和业务知识的更新。

2. 年审培训

导游员必须参加省旅游局或其委托的设区市旅游局举办的年审培训;省旅游局或其委托的设区市旅游局组织导游员年审培训工作。每年累计培训时间不得少于 56 小时。

3. 赛训结合

省、市旅游局每两年举办一次导游员服务技能大赛,实现以赛促训,以赛带训,促进导游员综合素质的提升。

(六)导游员的网络信息管理

河北省旅游局依托旅游政务网,开发河北省导游员网络信息平台,建立导游员网上信誉档案,将导游员的基本信息、带团情况、违规、奖惩等情况全部刊登在互联网上,接受业内和社会的监督与评价。公众可登录河北导游员信息网查询导游员的基本情况,选择导游员带团、评价导游员的服务质量。

导游员网络信息平台发布的主要内容有：

1. 有关导游员管理服务的文件、标准和要求。

2. 导游员获得市级以上旅游行政管理部门授予的荣誉称号和评优表彰等情况。

3. 导游员服务质量评价结果。

4. 导游员年审结果。

5. 导游员投诉情况和受处罚情况。

6. 导游员先进事迹和典型事例宣传。

7. 导游员业务知识。

8. 其他信息。

三、星级饭店管理

为促进河北省旅游星级饭店的健康持续发展，全面加强星级饭店的管理水平，提升星级饭店的服务质量和人员素质，保障旅游消费者和旅游经营者的合法权益，河北省旅游局依据中华人民共和国国家标准《旅游饭店星级的划分与评定》（GB/T14308—2010）及其实施办法，制定了《河北省旅游星级饭店管理若干办法》。自2012年7月1日起施行，有效期5年。

《河北省旅游星级饭店管理若干办法》所称旅游饭店是指以间（套）夜为单位出租客房，以住宿服务为主，并提供商务、会议、休闲、度假等相应服务的住宿设施，按不同习惯可能也被称为宾馆、酒店、旅馆、旅社、宾舍、度假村、俱乐部、大厦、中心等。《办法》适用于河北省境内旅游饭店的星级评定、复核及管理工作。

全省各级旅游饭店星级评定机构应严格按照本办法的相关要求，开展饭店星级评定、复核及监督管理工作。星级饭店应按照《统计法》和《旅游统计调查制度》的要求，按时向旅游行政管理部门报送相关统计数据。

（一）星级评定的组织机构及职责权限

1. 河北省旅游局设立河北省旅游饭店星级评定委员会（以下简称"省星评委"）。省星评委是负责全省星评工作的最高机构。

（1）职能：统筹负责全省旅游饭店星评工作；聘任与管理省级星评员；组织四星级饭店的评定和复核工作；授权并监管地方旅游饭店星级评定机构开展工作。

（2）组成人员：省星评委由河北省旅游局领导、监管部门、纪检监察部门领导以及旅游专家组成。

（3）办事机构：省星评委下设办公室，作为省星评委的办事机构，设在河北省旅游局监督管理处。

（4）职责和权限：贯彻执行并按时保质完成全国星评委部署的各项工作任务；负责并督导本省各级旅游饭店星级评定机构的工作；对地方旅游饭店星级评定机构违反规定所评定及复核的结果拥有否决权；向全国星评委推荐五星级饭店并严格把关；组织实施四星级饭店的评定及复核工作；按照国家旅游局《饭店星评员章程》聘任、管理及培训省级星评员，报国家旅游局备案后监管其工作；组织和监管全省星级饭店统计工作，定期发布全省星级饭店行业经营情况；统筹负责全省旅游星级饭店节能减排工作。积极探索建立符合本省实际的旅游星级饭店节能减排考核体系；组织实施"金叶级绿色旅游饭店"的评定及复核工作；授权和监管地方旅游饭店星级评定机构开展"银叶级绿色旅游饭店"的评定及复核工作；组织实施河北省旅游星级饭店服务技能大赛；组织实施"河北省饭店职业英语等级测试"；组织实施河北省旅游星级饭店岗位培训。

2. 全省各设区市、扩权县（市）旅游局参照省星评委模式设地方旅游饭店星级评定委员会（以下简称"地方星评委"）。地方星评委报省星评委备案后，根据省星评委的授权开展星级评定、复核及日常监管工作。

　　扩权县(市)旅游管理机构不健全或没有相关职能的,暂由设区市星评委实施。

　　地方星评委依照省星评委的授权开展以下工作:贯彻执行并按时保质完成省星评委部署的各项工作任务;对属地所有星级饭店实施日常监管;向省星评委申请五星级饭店并严格把关;向省星评委推荐四星级饭店并严格把关;组织实施三星级及以下饭店的评定及复核工作;按照国家旅游局《饭店星评员章程》聘任、管理及培训地方星评员,报河北省旅游局备案后监管其工作;组织和监管属地星级饭店统计工作,定期发布属地星级饭店行业经营情况;统筹负责属地旅游星级饭店节能减排工作。积极探索建立符合本地区实际的旅游星级饭店节能减排考核体系;组织实施"银叶级绿色旅游饭店"的评定及复核工作;向省星评委推荐"金叶级绿色旅游饭店"并严格把关;组织实施属地旅游星级饭店服务技能大赛;组织实施属地旅游星级饭店岗位培训;依据省星评委的授权开展其他工作。

　　(二)星级申报及标志使用要求

　　饭店星级评定遵循企业自愿申报的原则。凡在河北省境内正式营业一年以上的旅游饭店,均可申请星级评定。经评定达到相应星级标准的饭店,由全国旅游饭店星级评定机构颁发相应的星级证书和标志牌。星级标志的有效期为三年。

　　饭店星级标志应置于饭店前厅最明显位置,接受公众监督。饭店星级标志已在国家工商行政管理总局商标局登记注册为证明商标,其使用要求必须严格按照《星级饭店图形证明商标使用管理规则》执行。任何单位或个人未经授权或认可,不得擅自制作和使用。

　　任何饭店以"准×星"、"超×星"或者"相当于×星"等作为宣传手段的行为均属违法行为。超过期限且未通过评定性复核程序的饭店继续使用星级标志的行为均属于违法行为。未评定星级和已被取消星级的饭店继续使用星级标志的行为均属于违法行为。

对侵犯星级标志注册商标专用权的行为,任何组织和个人可以向当地工商行政管理部门投诉或者举报。各级旅游星评机构可以协调当地工商行政部门开展针对"假冒星级"的联合检查行动,净化旅游饭店市场环境。

饭店星级证书和标志牌由全国星评委统一制作、核发。河北省星评委协助办理相关事宜。

每家星级饭店原则上只可申领一块星级标志牌。如星级标志牌破损或丢失,应及时报告,经属地星评委查明属实后,可报省星评委向全国星评委申请补发。

星级饭店如有更名,应及时凭工商部门有关文件报属地星评委和省星评委备案;如因更名需更换星级证书,可凭工商部门有关文件证明报属地星评委查明核实后进行更换,同时须交还原星级证书。

(三)星级评定的标准和程序

饭店星级评定依据国家旅游局《旅游饭店星级的划分与评定》(GB/T14308—2010)实施办法的有关要求进行。全省各级旅游饭店星级评定机构要不断拓展服务、管理工作领域,加强饭店设计指导,推动提高饭店设计专业化水平。新建、改造饭店都要特别重视规划设计环节,注重功能布局、节能环保和弘扬河北文化。

星级评定强调属地管理原则。饭店申请星级须经属地星评委同意或推荐,不得越级申报,否则省星评委不予受理。

星级评定强调整体性,不能因为某一区域所有权或经营权的分离,或因为建筑物的分隔而区别对待。饭店内所有区域应达到同一星级的质量标准和管理要求,否则,相应级别星评委对饭店所申请星级不予批准或就低不就高进行评定。

饭店取得星级后,因各种原因停业一年以上;或因改造发生建筑规格、设施设备和服务项目的变化,导致达不到原星级标准的,必须向相应级别星评委申报,接受复核或重新评定。否则,相应级别星评委有权做出或建议做出"取消星级"的处理,并收回该饭店的星级证书和标志牌。

五星级饭店评定按照国家旅游局《旅游饭店星级的划分与评定》(GB/T14308—2010)实施办法第十六条规定执行。省星评委自收到地方星评委申请报告起一个月内完成资料审核及省级评定检查。对于经检查达到推荐要求的饭店,省星评委向全国星评委正式推荐。对于经检查未予通过的饭店,省星评委出具书面反馈意见并督导饭店进行整改。

四星级按照以下程序评定:

第一,申请。申请评定四星级的饭店应在对照《旅游饭店星级的划分与评定》(GB/T14308—2010)充分准备的基础上,按属地原则向地方星评委和省星评委逐级递交星级申请材料。申请材料包括:《中国星级饭店评定报告书》(以下简称"报告书")、消防验收合格证(复印件)、卫生许可证(复印件)、工商营业执照(复印件)、饭店装修设计说明等。

第二,推荐。地方星评委收到饭店申请材料后,应严格按照《旅游饭店星级的划分与评定》(GB/T14308—2010)的要求,于一个月内对申报饭店进行星评工作指导。对符合申报要求的饭店,以地方星评委名义向省星评委递交推荐报告。

第三,审查。省星评委在接到地方星评委推荐报告和饭店星级申请材料后,应在一个月内完成审定申请资格、核实申请报告等工作。对未通过资格审查的饭店,省星评委应下发正式文件通知地方星评委。

第四,省级评定检查。对于通过资格审查的饭店,省星评委发出《星级评定检查通知书》,委派两到三名省级或国家级星评员,以明察或暗访的形式对申请四星级的饭店进行省级评定检查。评定检查工作应在36小时内完成。检查未予通过的饭店,应根据省星评委反馈的有关意见进行整改。省星评委待接到饭店整改完成并申请重新检查的报告后,于一个月内再次安排评定检查。

第五,审核。检查结束后一个月内,省星评委应根据检查结果对申请四星级的饭店进行审核。审核的主要内容及材料有:省级评定检查报告(须有星评员签名)、省级评定检查反馈会原始记录材料(须有星评员及饭店负责人签名并加盖饭店公章)、报告书(打分总表须有星评员签名)、《省级星评员工作评价表》等。

第六,批复。对于经审核认定达到标准的饭店,省星评委应做出批准其为四星级旅游饭店的批复,并协助办理四星级证书和标志牌。对于经审核认定达不到标准的饭店,省星评委应做出不批准其为四星级饭店的批复。

第七,申诉。申请星级评定的饭店对评定检查过程及其结果如有异议,可以从该具体行政行为之日起60日内向经办机构申请复查或者向河北省旅游局申诉。河北省旅游局根据调查结果予以答复,或报请国家旅游局予以答复。

第八,抽查。河北省旅游局根据国家旅游局有关规定,派出暗访员随机抽查星级评定情况,对星评工作进行监督。一旦发现星评过程中存在不符合程序的现象或检查结果不符合标准要求的情况,河北省旅游局可对星级评定结果予以否决,并对执行该任务的星评员进行处理。

一星级到三星级饭店的评定程序,各级星评委应严格按照相应职责和权限,参照四星级饭店评定程序执行。一星、二星、三星级饭店的评定检查工作应在24小时内完成,省星评委保留对一星级到三星级饭店评定结果的否决权。

(四)星级复核及处理制度

建立星级饭店动态管理机制,实行有进有出,扶优汰劣,督促已取得星级的饭店持续达标。星级复核分为年度复核、评定性复核、随机复核三类。

年度复核工作由星级饭店内审员对照星级标准自查自纠,并将自查结果报告属地星评委。属地星评委根据自查结果进行抽查。

评定性复核对评定星级满三年的饭店实施,由相应级别星评委组织,工作程序与星级评定一致,提倡星评员采取明察与暗访相结合的方式。评定性复核工作结束后,星评员要向相应级别星评委提交评定检查报告。相应级别星评委应向饭店通报评定性复核结论,并负责督促落实后续整改工作和及时反馈相关信息。

接受评定性复核的星级饭店,如其正在进行大规模装修改造,或者其他适当原因而致使暂停营业,可以在评定性复核当年年前提出延期申请。经查属实后,相应级别星评委可以酌情批准其延期一次。延期复核的最长时限不应超过一年,如延期超过一年,须重新申请星级评定。

随机复核由河北省旅游局组织,以暗访方式为主进行。河北省旅游局依据行业监管及市场投诉情况,派出暗访员随机抽查星级饭店的设施设备、服务质量、年度复核以及评定性复核结果。一旦发现饭店设施设备和服务质量未达到相应星级标准要求,或复核过程中存在不符合程序的现象或检查结果不符合标准要求的情况,河北省旅游局可对星级饭店进行处理或对星级复核结果予以否决。

对复核结果达不到相应标准的饭店,相应级别星评委视情节轻重做出或建议做出限期整改、取消星级的处理,报省星评委备案并公布处理结果。对于取消星级的饭店,应将其星级证书和星级标志牌收回。

整改期限原则上不能超过一年。被取消星级的饭店,自取消星级之日起一年后,方可重新申请星级评定。

四、旅游景区管理

根据河北省人民政府《关于加快发展旅游业的实施意见》(冀政[2010]81号)有关精神和要求,为进一步推进河北省旅游景区规范管理,提升质量,塑造品牌,做大做强,河北省旅游局制定了《河北省旅游景区管理若干办法》。本《办法》适用于河北省境内旅游景区的开发以及质量等级(以下简称A级)评定、复核及管理工作。《办法》自2012年7月1日起施行,有效期5年。

(一)旅游景区规划管理

旅游景区开发应当委托具有相应资质等级的旅游规划单位编制旅游规划,经专家评审后报当地政府批准实施,并根据发展状况及时修编。旅游景区规划要与当地国民经济和社会发展规划、城乡总体规划、土地利用总体规划和旅游发展总体规划等相衔接。

所有创建国家3A级以上旅游景区都要依照国家标准要求制定创建提升规划,并严格实施。

对国家4A级以上旅游景区规划的论证、评审工作,省旅游局要加强监督指导。

(二)旅游景区评定管理

河北省旅游局设立省旅游景区质量等级评定委员会(以下简称"景评委")。省景评委是负责全省旅游景区质量等级评定工作的最高机构。

1.职能

统筹负责全省旅游景区质量等级评定工作;聘任与管理省级景评员;授权并监管地方旅游景区质量等级评定机构开展工作。

2.组成人员

省景评委由河北省旅游局领导、规划财务处主管人员及相关专家组成。

3.办事机构

省景评委下设办公室,作为省景评委的办事机构,设在河北省旅游局规划财务处。

4.职责和权限

贯彻执行并按时保质完成全国景评委部署的各项工作任务;负责并督导本省各级旅游景区质量等级评定机构的工作;.对地方旅游景区质量等级评定机构违反规定所评定及复核的结果拥有否决权;向全国景评委推荐 5A、4A 级旅游景区并严格把关;组织实施 3A 级及以下旅游景区的质量等级评定及复核工作。

全省各设区市、扩权县(市)旅游局参照省景评委模式设地方旅游景区质量等级评定委员会(以下简称"地方景评委")。地方景评委报省景评委备案后,根据省景评委的授权开展旅游景区质量等级的评定、复核及日常监管工作。扩权县(市)旅游管理机构不健全或没有相关职能的,暂由设区市景评委实施。

地方景评委依照省景评委的授权开展以下工作:向省景评委推荐 3A 级旅游景区,并严格把关;组织实施属地 2A 级和 1A 级旅游景区的评定及复核;属非扩权县(市、区)辖区的由非扩权县(市、区)景评委初评,报设区市景评委评定;所有景区的评定结果,地方景评委要及时向省景评委备案。

各级旅游景区质量等级评定工作按照"创建、申请、评定、公告"的程序进行。

(1)创建。申请质量等级评定的旅游景区要按照《旅游景区质量等级的划分与评定》(GB/T17775—2003)、《旅游厕所质量等级的划分与评定》(GB/T18973—2003)、GB/T 10001《标志用公共信息图形符号》等国家标准,以及《服务质量与环境质量评分细则》、《景观质量评分细则》、《游客意见评分细则》等具体评定细则的要求,制订创建计划,明确责任目标,落实各项创建措施。

(2)申请。旅游景区在创建计划完成后进行自检。自检结果达到相应等级标准和细则规定的旅游景区,填写《旅游景区质量等级评定报告书》,编写创建工作汇报,汇总档案资料,并向当地景评委提出评定申请。

(3)评定。分为初评、整改、评定三个步骤。

①初评。旅游景区所在地景评委对景区的评定申请进行审核,有初评权限的直接进行初评,无初评权限的报有初评权限的上级景评委进行初评。初评达不到等级标准的,相应级别景评委应根据国家标准提出具体整改意见。

②整改。创建景区应按照相关景评委提出的意见进行整改。该景评委认为景区达到相应等级标准后,应以正式文件形式向负责评定的景评委申请评定。

③评定。评定工作分为现场评定和景评委组织会商。现场评定工作由负责评定景评委派专家评定小组承担。评定小组采取现场检查、资料审核、抽样调查等方式进行现场评定。负责评定景评委结合现场评定结果和景区相关创建申报材料,组织会商确定最终评定结果。对已通过现场评定的旅游景区,负责评定景评委从景区相关创建申报材料受理之日起,20日内确定最终评定结果。

(4)公告。通过评定的旅游景区,由负责评定的景评委批准其质量等级,并向社会公告。省景评委适时公告全省新达标的各级旅游景区名单。

全省所有未评A级的旅游景区要全部纳入创A计划,已评A级的旅游景区全部制订升级计划,凡不是A级旅游景区的,省级奖励补助资金原则上不予支持。所有拟创建A级旅游景区都要先培训再创建,保证创建工作起步标准,建设标准,规范高效。A级旅游景区评定工作要严格执行国家标准,从严要求,宁缺毋滥。

(三)旅游景区监督管理

各级景评委对所辖旅游景区要进行复核,分为年度复核和五年期满的评定性复核,年度复核重点抽查上一年度新评景区。

实行 A 级旅游景区暗访制度。由省景评委委派景区质量等级检查人员以随机抽查方式,通过现场查验、服务体验、游客调查等方式,对全省 A 级旅游景区的服务质量、基础设施等进行暗访,以保证检查的有效性和客观性。暗访检查结束后,检查员要及时向省景评委出具文字、影像等暗访报告。各设区市、扩权县(市)景评委也要定期组织暗访工作。

建立 A 级旅游景区退出机制,实现动态管理,有进有出,优胜劣汰。对标准下降或出现严重问题的旅游景区将按国家规定给予降级或取消等级处理。具体处理办法、程序及权限按照国家旅游局《旅游景区质量等级管理办法》的有关规定执行。

与旅游行业监管、行风建设等工作相结合,加大旅游景区管理服务质量监督力度,规范旅游景区经营行为。

督导旅游景区完善安全监管体系和安全责任制,加强应急、紧急救援、保险、预警等专项工作,加大假日旅游、旅游旺季等重点时段旅游景区安全工作监督检查力度。

(四)旅游景区支持提升

1. 鼓励旅游景区创建和升级改造,对新评国家 5A、4A 级旅游景区给予专项奖励。省级旅游发展专项资金加大对旅游景区高标准厕所、停车场、道路、游客中心、购物店、标志系统、数字化管理等公共服务设施的支持力度。

2. 支持旅游景区从导游、住宿、餐饮、购物、演艺、安全、卫生、环保等环节开展质量提升活动,实现人性化、亲情化、精细化、品牌化服务。

3. 支持"智慧景区"建设,鼓励 A 级旅游景区实现展示数字化、运营数字化、管理数字化和安全数字化。

4. 支持旅游景区使用节能环保新设备、新工艺,利用新能源新材料和节能节水减排技术,创建绿色环保景区。

5. 支持国内外企业通过参股、并购、合资合作等方式投资旅游景区。支持符合条件的旅游景区企业通过上市融资。

6.支持鼓励4A级以上旅游景区承办各类公务和商务活动。

思考题:

1.《河北省旅游条例》规定的河北省发展旅游业的方针和原则是什么?

2.河北省加快发展旅游业的鼓励政策有哪些?

3.《河北省旅游条例》规定的旅游者、旅游经营者的权利和义务分别有哪些?

4.河北省加强旅行社、导游员、星级饭店和旅游景区管理的主要规章依据是什么? 其基本内容有哪些?

参考文献

[1]《中华人民共和国旅游法》.［M］.北京:中国旅游出版社,2013.

[2]《〈中华人民共和国旅游法〉解读》编写组.《中华人民共和国旅游法》解读[M].北京:中国旅游出版社,2013.

[3]李飞,邵琪伟.《中华人民共和国旅游法释义》[M].北京:法律出版社,2013.

[4]《旅游法规》编写委员会.旅游法规[M].北京:中国旅游出版社,2011.

[5]周崴主编.《旅游法规实用教程》[M].北京:北京大学出版社,2012.8.

[6]袁义主编.《旅游法规》[M].西安:西安交通大学出版社,2010.12.

[7]贵立义.《经济法概论》[M].大连:东北财经大学出版社,2012.

[8]黄恢月.《旅游法实务详解》[M].北京:中国旅游出版社,2014.

[9]韩玉灵.《旅游法教程》[M].北京:高等教育出版社,2003.

[10]李岳德.《中华人民共和国行政处罚法》释义[M].北京:中国法制出版社,1996.

出版后记

《中华人民共和国旅游法》的颁布是我国旅游业发展进程中的里程碑,为了及时反映《旅游法》的立法精神和基本内容,2013年10月河北省旅游局启动新一轮导游资格考试教材修编工作。在省旅游局的统一领导下,河北省高校旅游法学教学与研究第一线教师们集思广益,编写了河北省导游人员资格考试教材《旅游法律法规》。本书是教师们集体智慧与合作的结晶,河北旅游职业学院教授张国成、讲师王占龙,河北大学副教授王子新,河北省旅游局旅游经济师刘博等共同研究制订了本书的编写大纲,经多次讨论研究并报省旅游局领导同意后确定了编写计划,分工写作,各章的撰写分工如下:

第一章,张娴,石家庄旅游学校中学一级教师;

第二章,张国成,河北旅游职业学院教授;

第三章,王子新,河北大学副教授;

第四章,王占龙,河北旅游职业学院讲师;

第五章,丁新军,唐山学院副教授;

第六章,刘丽娟,燕山大学讲师;

第七章,丁新军,唐山学院副教授;

第八章,王立升,廊坊师范学院副教授;

第九章,王占龙,河北旅游职业学院讲师;

第十章,张娴,石家庄旅游学校中学一级教师;

第十一章,王立升,廊坊师范学院副教授;

第十二章,王子新,河北大学副教授;

第十三章,刘博,河北省旅游局旅游经济师。

初稿完成后,由主编张国成教授进行了修改统稿,对全书体例和部分章节标题进行了调整,最后定稿。王占龙、王子新、刘博、丁新军协助主编做了大量工作。因此,全书中的理论创新点和独到见解,均属于各章作者,而本书中可能存在的问题当由主编负责。在本书编写过程中,我们参阅了大量的文献、教材和专著,对此,我们心存感激。

本书的出版,始终在河北省旅游局人事处的关怀与支持下,特别是王安良、单云、龙媛媛几位领导给予了无微不至的指导与帮助,可以说,没有省旅游局领导的支持,这本书是无法呈现给读者的。在此,对他们的支持与帮助表示衷心的感谢!

主编:张国成

2014 年 4 月 28 日